普通高等院校船舶与海洋工程“十三五”规划教材
· 黑龙江省优秀学术著作出版资助项目

浮体静力学与动稳性理论

主　编　胡开业
副主编　盛其虎　常　欣

内 容 简 介

浮体静力学以流体静力学为基础，研究浮体在不同装载工况下的浮性、初稳性、大倾角稳性、动稳性和破损稳性等问题。浮体静力学是船舶、平台等浮体的设计、建造和营运有关专业的一门重要的专业课程。

本书系统地介绍了浮体静力学与动稳性理论知识，内容包括浮体形状及近似计算方法；浮体的浮性；浮体的初稳性；浮体的大倾角稳性、动稳性和稳性衡准；浮体的破损稳性等。

本书可作为高等院校船舶与海洋工程专业的本科生教材和研究生教材，同时也可供从事船舶与海洋工程研究、设计的科技人员参考。

图书在版编目(CIP)数据

浮体静力学与动稳性理论/胡开业主编. —哈尔滨：哈尔滨工程大学出版社，2018.5(2022.1 重印)
ISBN 978-7-5661-1565-2

Ⅰ.①浮… Ⅱ.①胡… Ⅲ.①船舶—静力学—研究 ②船舶稳定性—研究 Ⅳ.①U661.2

中国版本图书馆 CIP 数据核字(2017)第 233294 号

选题策划 张玮琪 雷 霞
责任编辑 唐欢欢 张如意
封面设计 刘长友

出版发行 哈尔滨工程大学出版社
社　　址 哈尔滨市南岗区南通大街 145 号
邮政编码 150001
发行电话 0451-82519328
传　　真 0451-82519699
经　　销 新华书店
印　　刷 北京中石油彩色印刷有限责任公司
开　　本 787 mm×1 092 mm 1/16
印　　张 16.25
字　　数 367 千字
版　　次 2018 年 5 月第 1 版
印　　次 2022 年 1 月第 2 次印刷
定　　价 49.00 元
http://www.hrbeupress.com
E-mail:heupress@hrbeu.edu.cn

前　言

近二十年来，随着海洋工程蓬勃发展，新型海洋浮式结构物不断涌现以适应不同的海上工程应用需求。与此同时，随着计算机技术的发展，浮体（包括船舶和海洋工程结构物）静力学数值分析技术也得到了长足的发展，船舶与海洋工程设计软件在工业界得到了广泛的应用。为了跟上船舶与海洋工业蓬勃发展的步伐，使浮体静力学及动力学更好地与科学研究和工业界需求接轨，本书从一般浮体静力学的角度出发，重点加强了基础力学知识的阐述，之后针对船舶与一般海洋浮式结构各自的特殊性进行了演绎，适当增加了实际工程应用和科研案例，试图使读者对浮体静力学及动稳性有一个全面的了解，以更好地将静力学用于实际工程和科研。

本书的主要内容有船舶与海洋结构物静力学基础理论、船体描述、船舶浮性、初稳性、大倾角稳性、破损稳性、动稳性、海洋平台静力学、稳性规范等。

本书的第 1 ~2 章由常欣编写；第 3 ~6 章及附录 B、附录 C 由胡开业编写；第 7 ~8 章及附录 A 由盛其虎编写，全书由胡开业统稿。在本书的编写过程中，哈尔滨工程大学船舶工程学院流体力学研究所的段文洋教授、丁勇教授、马山教授在内容安排及取舍方面提出了宝贵的意见，研究生赵宾、水源可及哈尔滨工程大学出版社的编辑在书稿审校方面给予了帮助和支持，作者在此表示衷心的感谢！

本书的出版得到了哈尔滨工程大学、黑龙江省新闻出版广电局在出版经费上的支持，作者在此对上述机构表示感谢。

由于作者水平有限，加之编写时间紧迫，书中一定还会有不妥之处，望广大读者加以批评指正。

编　者

2018 年 3 月

目　　录

第1章　浮体形状及型线图

浮体的性能(特别是航行性能)与其形状、几何特性密切相关,因此在研究浮体性能之前,首先须了解浮体形状的表示方法,即用哪些参数能够描述浮体的几何特性、曲面表示方法。

本章知识要点:

1. 船体形状的表示方法,即船舶的主尺度、船形系数和尺度比;

2. 型线图的构成。

1.1　浮体类型概述

本书所研究的浮体,主要包括船舶和各类海工平台。

船舶是水上运输和工程作业的主要工具,其种类繁多、数目庞大。

船舶按用途分有民用船和军用船;按船体材料分有木船、钢船、水泥船和玻璃钢船等;按航行的区域分有远洋船、近洋船、沿海船和内河船等;按动力装置分有蒸汽机船、内燃机船、汽轮船和核动力船等;按推进方式分有明轮船、螺旋桨船、平旋推进器船和风帆助航船等;按航行方式分有自航船和非自航船;按航行状态分有排水型船和非排水型船。民用船舶通常是按用途进行划分的。因分类方式的不同,同一条船舶可有不同的称呼。按用途的不同,可分为客货船;普通货船;集装箱船、滚装船、载驳船;散粮船、煤船;兼用船(矿石/油船、矿石/散货船/油船);特种货船(运木船、冷藏船、汽车运输船等);油船、液化气体船、液体化学品船、木材船、冷藏船、打捞船、海难救助船、破冰船、敷缆船、科学考察船和渔船等。

油轮(图1-1)、集装箱船(图1-2)和散货船(图1-3)被称为世界三大主力船型,这三类船舶在世界航运界占有非常重要的地位,主导着世界造船业和航运业。

船舶由主船体和上层建筑两部分组成。

1.1.1　主船体(mail hull)

主船体又称船舶主体,是指上甲板(或强力甲板)以下的船体,由甲板及船壳外板组成一个水密的船舶主体,其内部被甲板、纵横舱壁等分隔成许多舱室。

1. 外板(planking)

外板是指构成船体底部、舭部及舷侧外壳的板,又称船壳板。

图1-1 油轮

图1-2 集装箱船

图1-3 散货船

2. 甲板(deck)

甲板是指在船深方向把船体内部空间分隔成层的纵向连续的大型板架。按照甲板在船深方向位置的高低不同,自上而下分别将甲板称为上甲板、二层甲板、三层甲板及双层底等。

3. 上甲板(upper deck)

上甲板是指船体的最高一层全通(纵向自船首至船层连续的)甲板;三层甲板以下的甲板统称为下甲板。

上甲板以下局部设置的甲板为平台甲板或平台。在保证船体强度中起主要作用的甲板称为强力甲板。

主船体内沿船宽方向设置的竖壁称为横舱壁,沿船长方向设置的竖壁称为纵舱壁。各层甲板与各舱壁将主船体分隔成各种用途的大小不同的舱室。这些舱室一般以其用途而命名。

最前端的一道水密横舱壁称为防撞舱壁或艏尖舱舱壁。在防撞舱壁之前的舱室称为艏尖舱,而在最后一道水密横舱壁之后的舱室称为艉尖舱。安置主机、副机的处所称为机舱。

1.1.2　上层建筑(superstructure)

在上甲板以上,由一舷伸至另一舷的或其侧壁板离舷侧板向内不大于船宽 4% 的围蔽建筑物称为甲板室。如果不严格区分,可将上甲板以上的各种围蔽建筑物统称为上层建筑。

1. 船首楼(forecastle)

位于船首部的上层建筑称为船首楼。船首楼的长度一般为船长 L 的 10% 左右,超过 25%L 的船首楼称为长船首楼。船首楼一般只设一层,其作用是减小船首部上浪,改善船舶航行条件。

2. 桥楼(bridge)

位于船中部的上层建筑称为桥楼。长度大于 15%L,且不少于本身高度 6 倍的桥楼称为长桥楼。桥楼主要用来布置驾驶室和船员居住处所。

3. 船尾楼(poop)

位于船尾部的上层建筑称为船尾楼。当船尾楼的长度超过 25%L 时称为长尾楼,船尾楼的作用可减小船尾上浪,保护机舱,并可布置为船员住舱及其他舱室。

4. 甲板室(deckhouse)

甲板室是指宽度与船宽相差较大的围蔽建筑物,大型船舶的甲板面积很大,在上甲板的中部或尾部设有甲板室,因甲板室两侧的甲板是露天的,所以有利于甲板上的操作和便于前后行走。

5. 上层建筑的甲板(superstructure deck)

(1)罗经甲板(compass deck)

罗经甲板是船舶最高一层露天甲板,位于驾驶室顶部,其上设有桅桁及信号灯架,各种天线,探照灯和标准罗经等。

(2)驾驶甲板(navigation deck, bridge deck)

驾驶甲板是设置在驾驶室的一层甲板,操舵室、海图室、报务室和引航员房间均布置在该层甲板上。

(3)艇甲板(boat deck)

艇甲板是放置救生艇和救助艇的甲板,要求该层甲板位置较高,艇的周围要有一定的空旷区域,以便在紧急情况下能集合人员,使人员能迅速登艇,救生艇布置于两舷侧,以便能迅速降落水中。船长室、轮机长室、会议室、接待室一般均布置在该层甲板。

(4)起居甲板(accommodation deck)

起居甲板在艇甲板下方,是主要用来布置船员住舱及生活服务的辅助舱室的一层甲板,大部分船员房间及公共场所一般均布置在这一甲板上。

(5)游步甲板(promenocde deck)

游步甲板是在客船或客货船上供旅客散步或活动的一层甲板,该层甲板上有较宽敞的通道及供活动用的场所。

6. 船舶的舱室布置(图 1 -4)

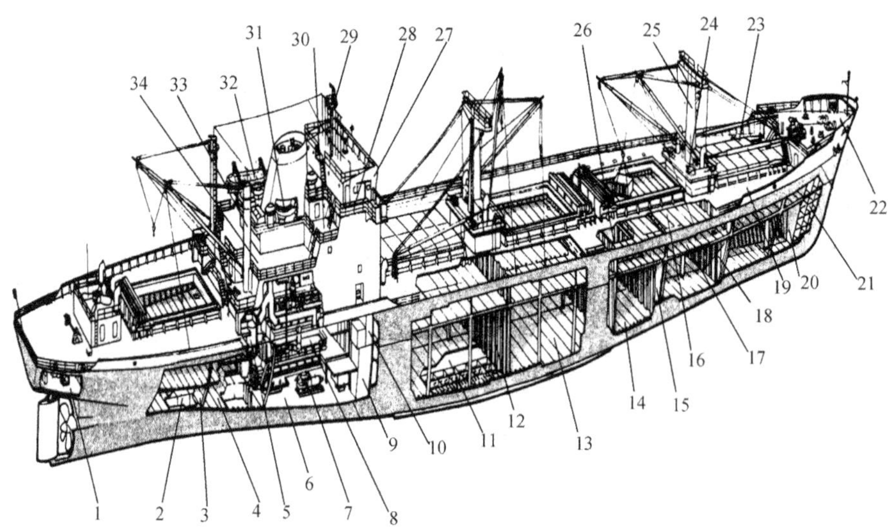

图 1 -4　船体结构图

1—舵机舱;2—轴隧;3—第五货舱;4—轴隧平台;5—贮气柜;6—机舱舱地板;7—柴油发电机;8—主机;9—燃油舱;10—燃油柜;11—双底层燃油舱;12—第四货舱;13—第三货舱;14—内底板;15—第二货舱(B);16—下甲板舱口盖;17—下甲板;18—第二货舱(A);19—上甲板;20—第一货舱;21—艏尖舱;22—艏楼甲板;23—舱口盖;24—起货机;25—桅柱;26—谷物舱口;27—驾驶室;28—桥楼;29—雷达天线桅;30—上桥楼甲板;31—废气锅炉;32—救生艇;33—吊杆柱;34—艇甲板

(1)机舱(engine room)

一般商船只设置一个机舱,要求机舱与货舱必须分开,因此在机舱的前后端均设有水密横舱壁。机舱内的双层底较其他货舱内的双层底要高,主要是为了和螺旋桨轴线配合,不致主机底座太高,以减少振动。另外,双层底高些可增加燃料舱、淡水舱的容积。

(2)货舱(cargo hold, cargo space)

货舱包括甲板间舱和底舱,其中在两层甲板之间的船舱称为甲板间舱,最下层甲板下面的船舱称为底舱。货舱是从船首向船尾排列的,一般货舱的长度不大于 30 m。

每一个货舱只设一个舱口，但有些船设有纵向舱壁，则在横向并排设置 2 ~ 3 个货舱口，如油船、集装箱船和较大型的杂货船等。

货舱内的布置要求结构整齐，不妨碍货物的积载和装卸，通风管道、管系和其他设施都要安排在甲板横梁之下或紧贴货舱的边缘。

(3)液舱(liquid tank)

液舱是指用来装载液体的舱室，如燃油、淡水、液货、压载水等。液舱一般设置在船的低处，为减小自由液面对稳性的影响，其横向的尺寸均较小，且对称于船舶纵向中心线布置。

1.1.3　海洋平台类型简介

海洋平台(offshore platform)是指为在海上进行钻井、采油、集运、观测、导航、施工等活动提供生产和生活设施的构筑物(图 1 - 5)。其类型主要有自升式平台(Jack - up drilling rig)(图 1 - 6)、半潜式平台(Semi - submersible, Semis)(图 1 - 7)、导管架平台(Jacket platform)(图 1 - 8)、单柱式(Spar)平台(图 1 - 9)、张力腿平台(Tension leg platform, TLP)(图 1 - 10)。

图 1 - 5　各类海洋平台

1. 半潜式平台

半潜式平台是在坐底式平台基础上发展起来的一种深水浮式平台，解决了固定式平台不适于深水开发的问题。自 1961 年第一代半潜式平台诞生以来，已发展到第六代，平台结构与坐底式平台相似，主要由上船体、立柱、下浮体及立柱间或下浮体间的连接横撑组成。半潜式平台的主要特点是外形结构简单，减少了建造成本，运动性能优良(纵横摇小于 ±2°、垂荡小于 ±1 m、飘移小于 1/20 水深)，抗风浪能力强(抗风 100 ~ 120 kn、波高 16 ~ 32 m)，甲板面积和可变载荷大(高达 9 000 t)，多用途(钻井、固井、测井、试油、修井、生产、起重、铺管等)，适应水深范围广(80 ~ 3 000 m)，钻机能力强(钻井深度 6 000 ~ 10 000 m)，钻井物资储存多，适应全球远海、超深水、全天候和长时间作业的需求。

2. 张力腿平台

张力腿平台(Tension Leg Platform,TLP)是在半潜式平台基础上发展起来的一种深水顺应式平台,解决了传统移动式平台运动性能和定位难以满足深水作业需求的问题,适应水深范围500 ~1 500 m。浮体结构与半潜式平台类似,一般由上部模块、甲板、船体(下沉箱)、张力钢索及锚系、底基等组成。船体(下沉箱)可以是3、4 或多组沉箱,下设3 ~6 组或多组张力钢索,垂直海底锚定。自1984 年第一座 Hutton 张力腿平台在北海建造安装以来,已发展成3 种类型,即传统型张力腿平台、迷你式张力腿平台(Mini Tension Leg Platform,Mini TLP)和延伸式张力腿平台(Extended Tension Leg Platform,ETLP)。

3. 单柱式平台

单柱式(Spar)平台适应水深范围为550 ~3 000 m。Spar 平台的主要优点:在海洋环境中运动稳定、安全性好、动态定位方便,缆索系泊系统固定使得 Spar 平台便于拖航和安装,与固定式平台相比其造价不会随水深增加而急剧提高,与张力腿平台相比其造价远低于现有的张力腿平台。

4. 自升式钻井平台

自升式钻井平台又称桩脚式钻井平台,是目前国内外应用最为广泛的钻井平台之一。自升式钻井平台可分为三大部分:船体、桩靴和升降机构。需要钻井时,将桩腿插入或坐入海底,船体还可顺着桩腿上爬,离开海面,工作时可不受海水运动的影响。钻完井后,船体可顺着桩腿爬下来,浮在海面上,再将桩脚拔出海底,并上升一定高度,即可拖航到新的井位上。

5. 导管架平台

导管架平台又称桩式平台,是由打入海底的桩柱来支承整个平台,能经受风、浪、流等外力作用,可分为群桩式、桩基式(导管架式)和腿柱式。

图1 -6 自升式平台

图1-7　半潜式平台

图1-8　导管架平台

图1-9　Spar平台

图1-10 张力腿平台

1.2 主尺度、船形系数和尺度比

不同类型的船舶具有不同的几何外形,船舶外形形状对船舶性能具有很大影响。

船舶的主尺度(principal dimensions)、船形系数(coefficients of form)及尺度比(dimensions ratio)是表示船体大小、形状、肥瘦程度的几何参数,这些参数对船舶设计制造、使用和分析性能十分有用。

1.2.1 船舶外形表示法

船体外形可用投影到三个相互垂直的基本平面来表示,这三个基本投影平面称为主坐标平面(main reference plane),如图1-11、图1-12所示。

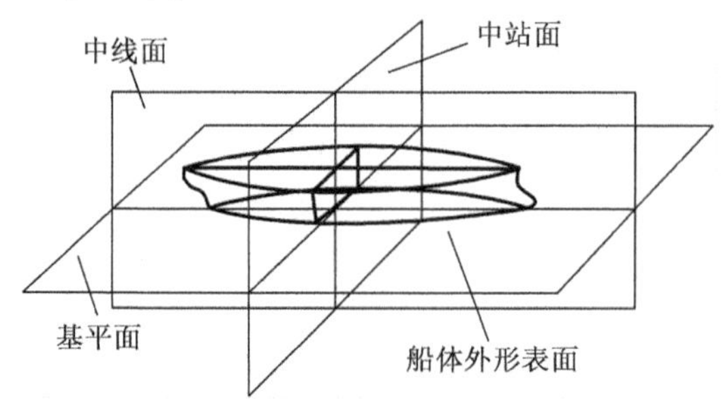

图1-11 三个基本平面

1. 中线面(central longitudinal plane)

中线面是通过船宽中心的纵向垂直平面,它把船体分成左右相互对称的两部分,中线面是船体的对称平面。

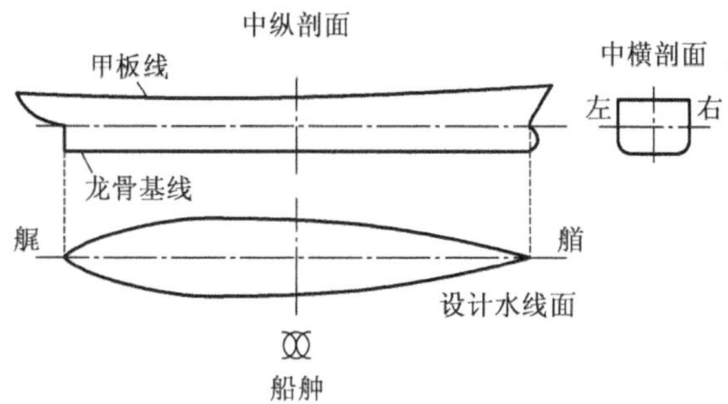

图 1-12　主坐标平面

2. 中站面(mid-station plane)

中站面是通过船长中点(这里的船长指垂线间长 L_{PP} 或设计水线长 L_{Wl})的横向垂直平面,把船分成首尾两部分,船长中点可用符号⨂表示。

3. 基平面(base plane)

基平面是能过船长中点龙骨板上缘的平行设计水线面的平面,它与中线面、中站面相互垂直。

船体的型表面(moulded surface)指船体外板表面,如图 1-13 所示,对于钢船、铝合金船,型表面为外板的内表面,对于水泥船和木船为外板的外表面。

船体型表面在中线面上的投影是中纵剖面。

船体型表面在中站面上的投影是中横剖面。

船体型表面位于设计水线处的平行于基平面的截面称为设计水线面。

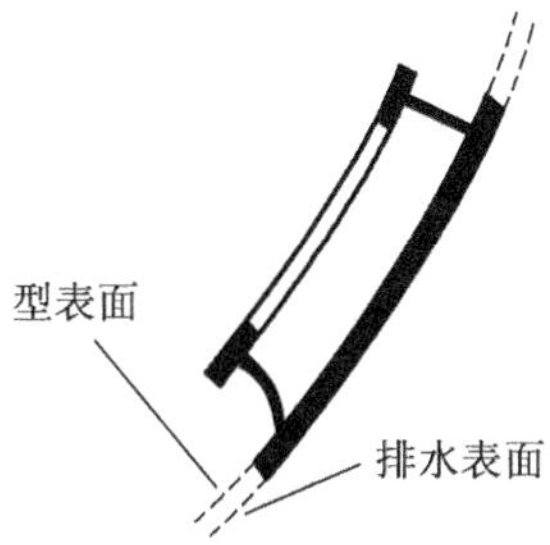

图 1-13　钢船的型表面

1.2.2　主尺度

主尺度(principal dimensions)是表示船舶大小的参数,这些参数包括船长、型宽、型深和吃水。

1. 船长(L)(ship length)

(1)船长(图 1-14)　与船长相关的概念有总长、垂线间长、设计水线长、浸体总长。

(2)总长 L_{OA}(length overall)　自船首最前端至船尾最后端平行于设计水线(Design Water Line,DWL)的最大水平距离。

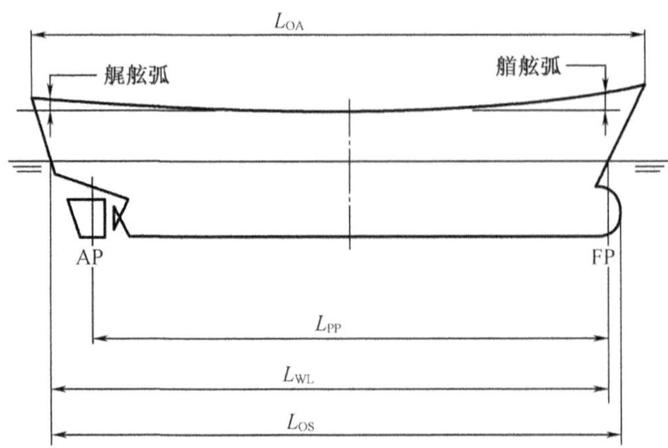

图 1－14 船长

(3) 垂线间长 (length between perpendiculars, L_{PP} 或 L_{BP}) 艏垂线 (Forward Perpendicular, FP) 与艉垂线 (After Perpendicular, AP) (图 1－15) 之间的水平距离。

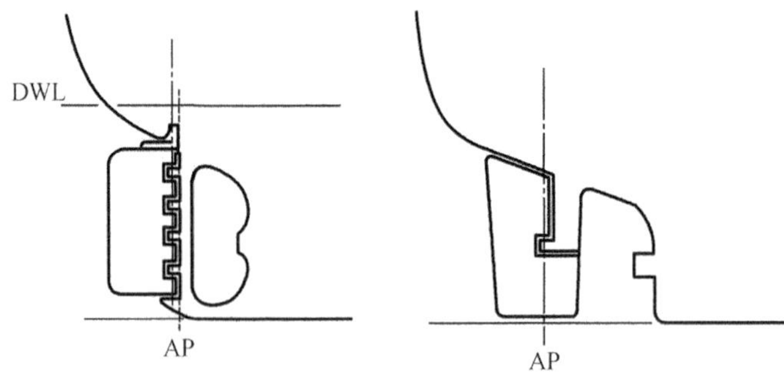

图 1－15 艉垂线

(4) 艏垂线 通过设计水线与艏柱前缘的交点所作的垂线。

(5) 艉垂线 一般在舵柱的后缘,如无舵柱,取舵杆的中心线。对于军舰,则为通过艉轮廓和设计水线的交点的垂线。

一般情况下,如无特殊说明,船长指的是垂线间长。

(6) 水线长 (Length of waterline, L_{WL}) 平行于设计水线面的任一水线面与船体型表面艏艉端交点间的距离。

(7) 设计水线长 设计水线在艏柱前缘和艉柱后缘之间的水平距离。

(8) 浸体总长 (Length overall submerged, L_{OS}) 船体水下部分的最大长度。

(9) 以上参数的应用场合 静水力性能计算用。

(10) 舷弧 (sheer) 甲板边线的纵向曲度,在艏垂线处的舷弧叫艏舷弧,在艉垂线处的舷弧叫艉舷弧。

2. 型宽(B)(moulded breadth)

型宽指船体两侧型表面(不包括船体外板厚度)之间垂直于平线面的最大水平距,一般在船长中央处。对于设计水线处、满载水线处的宽称设计水线宽、满载水线宽。

最大宽度指包括外板和伸出两舷的永久性固定突出物(如护舷材、舷伸甲板)在内的垂直于中线面的最大水平距离。

3. 型深(D)(moulded depth)

型深指在甲板边线最低点处,自龙骨板上表面(即龙骨基线)至上甲板边线的垂直距离,通常甲板边线的最低点在中横剖面处。

4. 吃水(d)(draft)

吃水指龙骨基线至设计水线的垂直距离(图1-16)。

船前后正常吃水不同,则有艏吃水、艉吃水及平均吃水,如无特别说明,吃水指平均吃水 d_M(或 d)

$$d_M = \frac{1}{2}(d_A + d_F)$$

式中　d_M——平均吃水(mean draft),中横剖面处的吃水;

d_A——艉吃水(draft aft),沿艉垂线自设计水线与龙骨线的延长线之间的距离;

d_F——艏吃水(draft fanward),沿艏垂线自设计水线与龙骨线的延长线之间的距离。

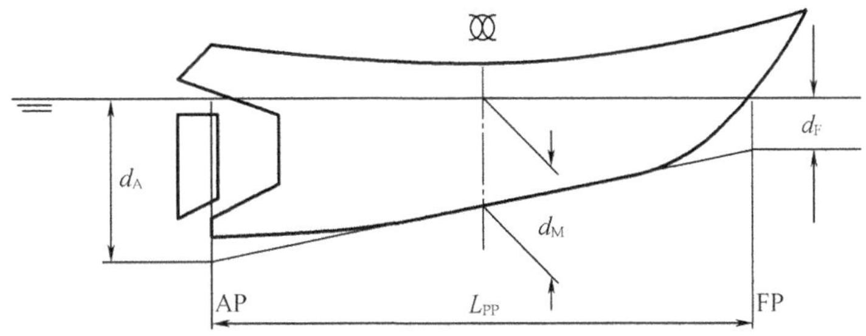

图1-16　船舶吃水

5. 干舷(F)(freeboard)

干舷是自水线至上甲板上表面的垂直距离(图1-17)。

一般船舷首、舯、尾所处的干舷是不同的,如无特殊说明,指中横剖面处的干舷 $F = D - d + t$(t 为上甲板板的厚度。)

图1-17中的梁拱(camber)表示甲板的横向曲度,它是甲板在两舷与舷顶列板交点的连线与纵中剖面线的交点,至横剖面中线与甲板板交点的垂直距离。设置梁拱可以增加甲板强度,便于排泄甲板积水。

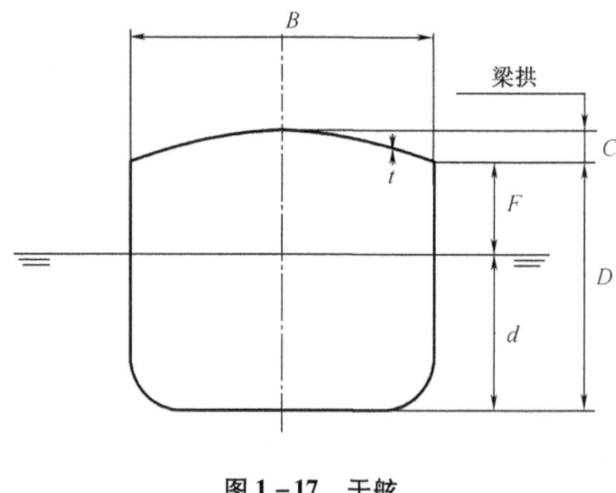

图 1-17 干舷

1.2.3 船型系数

船型系数(body coefficients)是一无因次系数,是表示船体水下部分面积或体积肥瘦程度的无因次系数,它包括水线面系数(water - plane coefficient, C_{WP})、中横剖面系数(mid - ship coefficient, C_M)、方形系数(block coefficient, C_B)、(纵向)棱形系数(prismatic coefficient, C_P)和垂向棱形系数(vertical prismatic coefficient, C_{VP})。

船型系数对船舶性能影响很大。

1. 水线面系数 C_{WP}

水线面系数(图 1-18)是与基平面平行的任一水线面的面积 A_W 与由船长 L、型宽 B 所构成的长方形面积之比

$$C_{WP} = \frac{A_W}{LB}$$

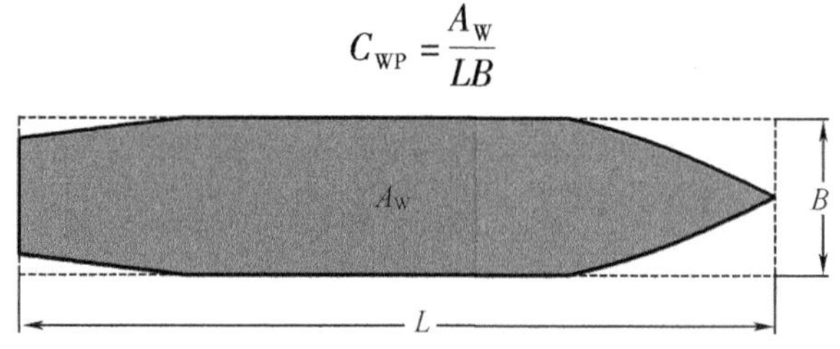

图 1-18 水线面系数 C_{WP}

水线面系数 C_{WP} 表示水线面的肥瘦程度。水线面系数与船舶的快速性、稳性有关,客船和军舰的两端较瘦削,其 C_{WP} 值也较小,货船油船的两端较丰满,其 C_{WP} 值较大。

2. 中横剖面系数 C_M

中横剖面系数(图 1-19)是中横剖面在水线以下的面积 A_M 与由型宽 B、吃水 d 所构成的长方形面积之比

$$C_M = \frac{A_M}{Bd}$$

中横剖面系数 C_M 反映中横剖面的饱满程度。通常低速的大型货船的中横剖面比较

丰满,其 C_M 值大;而高速的军舰、客船、渔船的 C_M 值小。

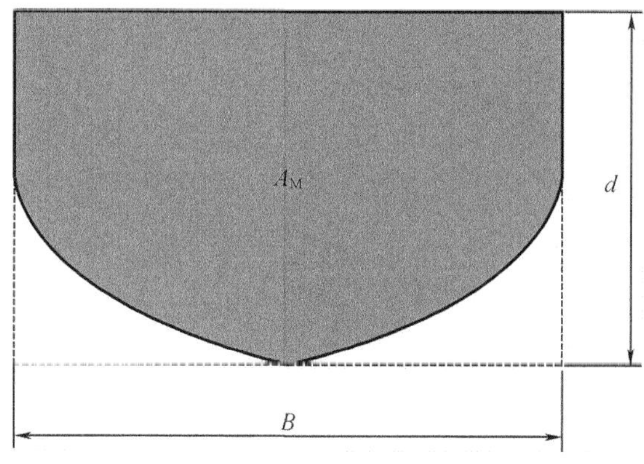

图 1-19　中横剖面系数 C_M

3. 方形系数 C_B

方形系数(图 1-20)指船体水线以下的型排水体积∇与由船长 L、型宽 B、吃水 d 所构成的长方体体积之比,即

$$C_B = \frac{\nabla}{LBd}$$

C_B 表示的船体水下体积的肥瘦程度,又称排水量系数(displace coefficient)。

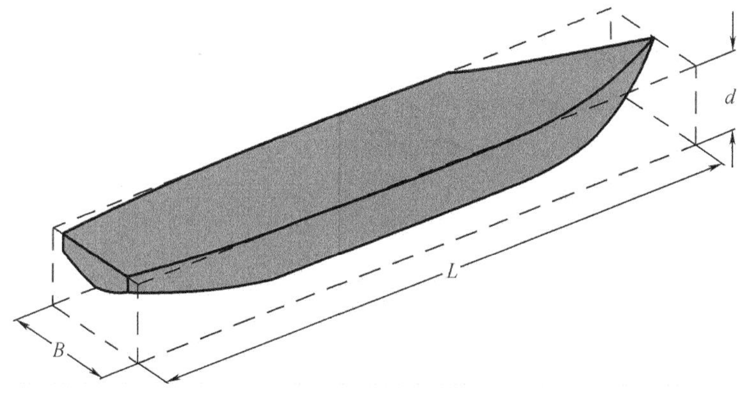

图 1-20　方形系数 C_B

4. 棱形系数 C_P

棱形系数(图 1-21)即纵向棱形系数,表示船体水线以下的型排水体积∇与相对应的中横剖面面积 A_M、船长 L 所构成的棱柱体积之比

$$C_P = \frac{\nabla}{A_M L}$$

$$C_P = \frac{\nabla}{C_M BdL} = \frac{C_B}{C_M}$$

棱形系数表示排水体积沿船长方向的分布情况,与快速性密切相关,高速船 C_P 较小,低速船 C_P 较大。

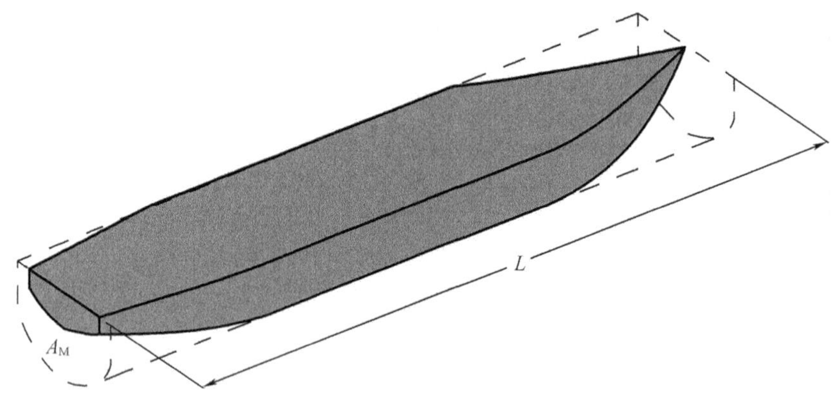

图 1-21 棱形系数 C_P

5. 垂向棱形系数 C_{VP}

垂向棱形系数(图 1-22)是船体水线以下的型体积∇与相对应的水线面面积 A_W、吃水 d 所构成的棱柱体积之比。

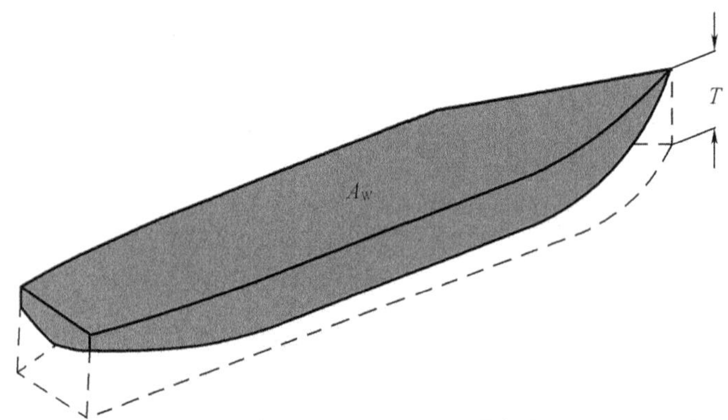

图 1-22 垂向棱形系数 C_{VP}

$$C_{VP}=\frac{\nabla}{A_W d}$$

$$C_{VP}=\frac{\nabla}{C_{WP}LBd}=\frac{C_B}{C_{WP}}$$

垂向棱形系数表示排水体积沿吃水方向的分布情况。

注:上述系数的定义,如无特殊说明,通常都是针对设计水线处而言,在计算不同水线处的各系数时,其船长、型宽通常用垂线间长 L_{PP}(或设计水线长 L_{WL})和设计水线宽 B_{WL}表示,也可用相对应于各水线处的长和宽,但需加以说明,如最大横剖面不在船中处,则应取最大横剖面处的有关数据。

1.2.4 船型系数的物理意义

船型系数为不大于 1 的无因次系数,常用船型系数有:

C_B——船体水下体积的肥瘦程度；

C_P——船体水下体积的船长分布，或艏艉部对于舯部的尖瘦或钝肥程度，C_P 较小表示船体较多集中在船舯部，艏艉尖瘦；C_P 较大表示该船水下体积分布较均匀，艏艉两端丰满；

C_{VP}——船体水下体积吃水方向分布情况，C_{VP}较小表示船体的体积集中在上部，一般为 V 形剖面；C_{VP}较大表示船体体积分布均匀，一般为 U 形剖面。

1.2.5　尺度比

尺度比（dimensions ratio）是表示船体几何特征的重要参数，常用的尺度比有：

$\frac{L}{B}$——长宽比，其大小与速航性的好坏有关；

$\frac{B}{d}$——宽度吃水比，与稳性、摇荡、速航性、操纵性和船体强度有关；

$\frac{D}{d}$——型深吃水比，与稳性、抗沉性和船体强度有关；

$\frac{L}{D}$——长深比，与船体强度和稳性有关。

表 1－1 为各类船舶主尺度比和船型系数的大致范围。

表 1－1　各类船舶主尺度比和船型系数

船舶类型		主尺度比值			船型系数		
		L/B	B/d	D/d	C_{WP}	C_M	C_B
民用船舶	远洋客船	8～10	2.4～2.8	1.6～1.8	0.75～0.82	0.95～0.96	0.57～0.71
	沿海客货船	6～7.5	2.7～3.8	1.5～2.0	0.70～0.80	0.85～0.96	0.50～0.68
	远洋货船	6～8	2.0～2.4	1.1～1.5	0.80～0.85	0.95～0.98	0.70～0.78
	拖船	3～6.5	2.0～2.7	1.2～1.6	0.72～0.80	0.79～0.90	0.46～0.60
	渔船	5～6	2.0～2.4	1.1～1.3	0.76～0.81	0.77～0.83	0.50～0.62
	油船	4.8～7.5	2.1～3.4	1.1～1.5	0.73～0.87	0.98～0.99	0.63～0.83
军舰	巡洋舰	8～11	2.8～3.3	1.7～2.0	0.69～0.72	0.76～0.89	0.45～0.65
	驱逐船	9～12	2.8～4.5	1.7～2.0	0.70～0.78	0.76～0.86	0.40～0.54
	炮艇	6.5～9	2.8～3.3	1.6～2.8	0.70～0.80	0.80～0.90	0.52～0.64
	猎潜艇	7.9～8.5	2.5～4.5	1.6～2.0	0.74～0.78	0.75～0.82	0.45～0.50
	潜艇	8～13	1.4～2.0	—	—	—	0.40～0.55

例 1－1　某海洋客船船长 $L = 160$ m，船宽 $B = 20.0$ m，吃水 $d = 7.2$ m，排水体积$\nabla = 12\,000$ m^3。中横剖面面积 $A_M = 110$ m^2，水线面面积 $A_W = 2\,000$ m^2。试求：

(1)方形系数 C_B；(2)纵向棱形系数 C_P；(3)水线面系数 C_{WP}；(4)中横剖面系数 C_M；(5)垂向棱形系数 C_{VP}。

解 (1)方形系数为

$$C_{\mathrm{B}}=\frac{\nabla}{LBd}=\frac{12\ 000}{160\times 20\times 7.2}\approx 0.52$$

(2)纵向棱形系数为

$$C_{\mathrm{P}}=\frac{\nabla}{A_{\mathrm{M}}L}=\frac{12\ 000}{110\times 160}\approx 0.68$$

(3)水线面系数为

$$C_{\mathrm{WP}}=\frac{A_{\mathrm{W}}}{LB}=\frac{2\ 000}{160\times 20}\approx 0.63$$

(4)中横剖面系数为

$$C_{\mathrm{M}}=\frac{A_{\mathrm{M}}}{Bd}=\frac{110}{20\times 7.2}==\approx 0.76$$

(5)垂向棱形系数为

$$C_{\mathrm{VP}}=\frac{\nabla}{A_{\mathrm{W}}d}=\frac{12\ 000}{2\ 000\times 7.2}\approx 0.83$$

例 1-2 某浮体其横剖面为一半径为 R 的圆形,水线通过浮体的圆心(图 1-23),计算该浮体的船型系数。

解 (1)方形系数为

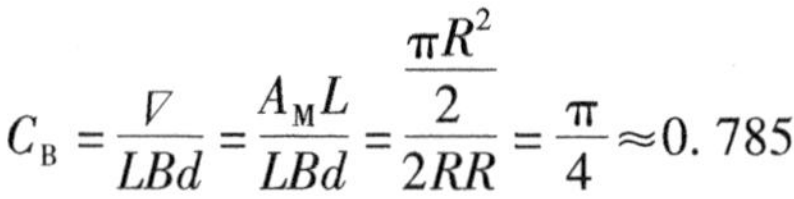

$$C_{\mathrm{B}}=\frac{\nabla}{LBd}=\frac{A_{\mathrm{M}}L}{LBd}=\frac{\frac{\pi R^2}{2}}{2RR}=\frac{\pi}{4}\approx 0.785$$

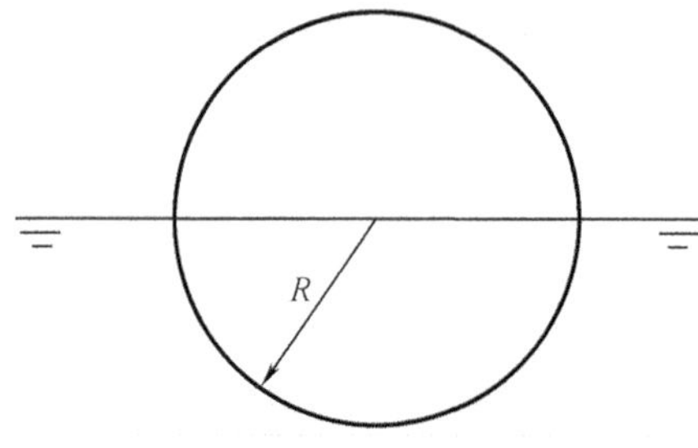

图 1-23

(2)中横剖面系数为

$$C_{\mathrm{M}}=\frac{A_{\mathrm{M}}}{B_{\mathrm{WL}}d}=\frac{\frac{\pi R^2}{2}}{2RR}=\frac{\pi}{4}\approx 0.785$$

(3)水线面系数为

$$C_{\mathrm{WP}}=\frac{A_{\mathrm{W}}}{LB}=\frac{L2R}{L2R}=1$$

(4)纵向棱形系数为

$$C_{\mathrm{P}}=\frac{C_{\mathrm{B}}}{C_{\mathrm{M}}}=\frac{\pi/4}{\pi/4}=1$$

(5)垂向棱形系数为

$$C_{VP}=\frac{C_B}{C_{WP}}=\frac{\pi/4}{1}=\frac{\pi}{4}\approx 0.785$$

例 1－3　某船水线长为 60 m,型宽为 10 m,吃水为 7 m,该船的方形系数 $C_B=0.52$,中横剖面系数 $C_M=0.72$, 水线面系数 $C_{WP}=0.63$,现对该船进行改造,在船舯处增加 15 m 长的平行中体,假设改造后该船吃水不变,试求改造后该船的船型系数。

解　该船的原始排水体积为

$$\nabla_0=C_B LBd=0.52\times 60\times 10\times 4.5=1\ 404(\mathrm{m}^3)$$

改造后该船的排水体积为

$$\nabla=\nabla_0+15BdC_M=1\ 404+15\times 10\times 4.5\times 0.72=1\ 890(\mathrm{m}^3)$$

改造后该船的方形系数为

$$C_B=\frac{\nabla}{L_{WL}B_{WL}d}=\frac{1\ 890}{75\times 10\times 4.5}=0.56$$

改造后该船的中横剖面系数为

$$C_M=0.72\ (\text{同改造前})$$

改造后该船的棱形系数为

$$C_P=\frac{C_B}{C_M}=\frac{0.56}{0.72}=0.777\ 8$$

改造后该船的垂向棱形系数为

$$C_{VP}=\frac{C_B}{C_{WP}}=\frac{0.56}{0.704}=0.795$$

例 1－4　某浮体由圆柱和圆锥组成,其外形尺度和水线位置如图 1－24 所示,计算该浮体的船型系数。

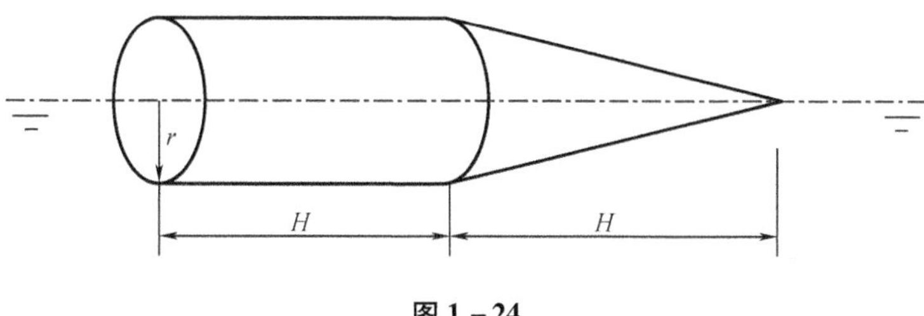

图 1－24

解　(1)方形系数为

$$C_B=\frac{\nabla}{LBd}=\frac{A_M L}{LBd}=\frac{\frac{1}{2}\pi r^2 H+\frac{1}{6}\pi r^2 H}{2H\cdot 2r\cdot r}=\frac{\frac{2}{3}\pi r^2 H}{4r^2 H}=\frac{\pi}{6}\approx 0.524$$

(2)中横剖面系数为

$$C_M=\frac{A_M}{Bd}=\frac{\frac{1}{2}\pi r^2}{2r^2}=\frac{\pi}{4}\approx 0.785$$

(3)棱形系数为

$$C_{\mathrm{P}}=\frac{C_{\mathrm{B}}}{C_{\mathrm{M}}}=\frac{\frac{\pi}{6}}{\frac{\pi}{4}}=\frac{2}{3}\approx 0.667$$

(4)水线面系数为

$$C_{\mathrm{WP}}=\frac{A_{\mathrm{WP}}}{LB}=\frac{2Hr+Hr}{4Hr}=\frac{3}{4}\approx 0.75$$

(5)垂向棱形系数为

$$C_{\mathrm{VP}}=\frac{C_{\mathrm{B}}}{C_{\mathrm{WP}}}=\frac{\pi/6}{3/4}=\frac{2\pi}{9}\approx 0.698$$

1.3 船体型线图

船舶外型是一个流线型体，表示其形状最基本的图形是型线图(lines plan)，为了使船舶航行时受到的阻力最小，船体的表面都做成流线型的光滑曲面，两头尖瘦中间肥大，因此仅用船长、船宽、船高三个尺度并不能说明船舶的真实形状和大小，它是通过称为船体外型线图的图样来表示的。

型线图所表示的船体外型为船体型表面。钢船等金属制船的型表面为外板的内表面，水泥船、木船则为船壳的外表面。以钢质船为例，型线图上所表示的船体形状包括外板型表面的形状和甲板型表面的形状，不包括船壳板和甲板板厚度在内的船体表面。

型线图是一张重要的全船图样，它有如下作用：

(1)表示了船体型表面的形状和大小；

(2)是计算船舶航海性能的主要依据；

(3)是绘制其他船舶图样的主要依据；

(4)是进行船体放样的主要依据。

型线图绘制的精确程度直接影响航行性能计算的准确性和船体建造的质量，因此对型线图的绘制精度提出较高的要求，它是船体的重要图样。

型线图由纵剖线图、横剖线图和半宽水线图三个视图(图 1-25)及型值表和主尺度栏等组成。

1. 纵剖线图(Sheer plan)

外板型表面艏艉轮廓线、外板顶线、舷墙顶线、龙骨线、纵剖线、横剖线、水线、甲板中线和甲板边线在 V 面上的投影组成的视图称为纵剖线图，如图 1-26 所示，纵剖线图相当于主视图。纵剖线图中，横剖线为垂直的直线，水线为水平的直线，它们组成了纵剖线图的格子线。

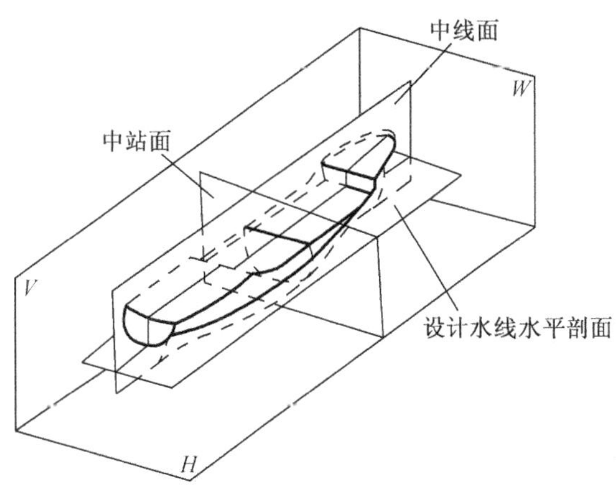

图1－25　型线图的三个基本剖面图

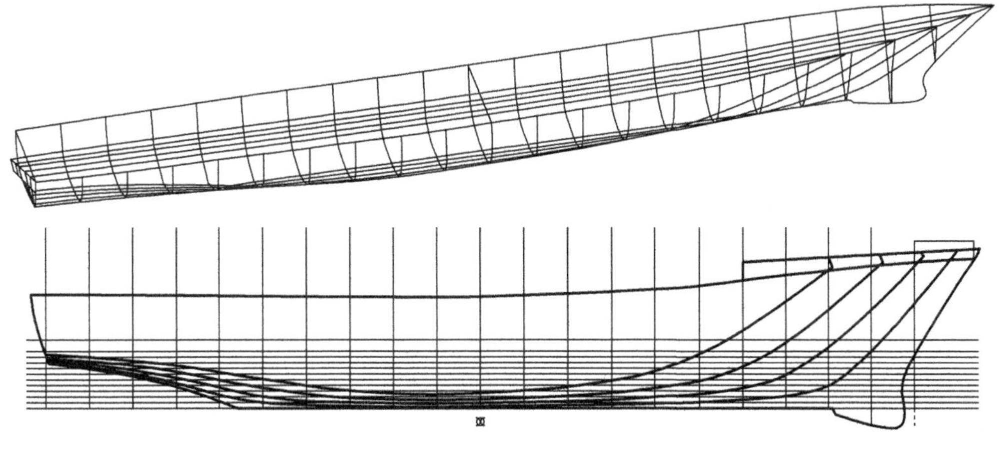

图1－26　纵剖线图

绘制纵剖线图采用的方法是沿船宽方向平行于中线面，取若干个纵剖面，将各剖面所截得的船体型表面曲线（称为纵剖线）均投影到舯线面上，即得纵剖线图。各纵剖线通常自舯线面开始往舷侧依次编号（采用罗马数字Ⅰ、Ⅱ、Ⅲ等），在纵剖线图上还需画出龙骨线、艏艉轮廓线、甲板边线、甲板舯线和舷墙顶线等的侧投影。

2. 横剖线图（Body plan）

外板型表面对 W 面的转向轮廓线、外板顶线、舷墙顶线、纵剖线、横剖线、水线、甲板中线和甲板边线在 W 面上的投影组成的视图称为横剖线图（图1－27），横剖线图相当于左视图。横剖线图中，甲板中线和纵剖线为垂直的直线，水线为水平的直线，它们组成了横剖线图的格子线。

绘制横剖线图采用的方法是沿船长方向平行于中站面，取21个（或11个）等间距的横剖面，把船长等分为20个（或10个）间距（称为站距）。将各横剖面所截得的船体型表面曲线（称为横剖线）均投影到中站面上，即得横剖线图。各横剖线从船尾至船首依次编号（称为站号），0～10站为艉半段，10～20站为艏半段，第10站即为舯横剖面（习惯上民船从船尾到船首依次编号,军船从船首到船尾依次编号)。

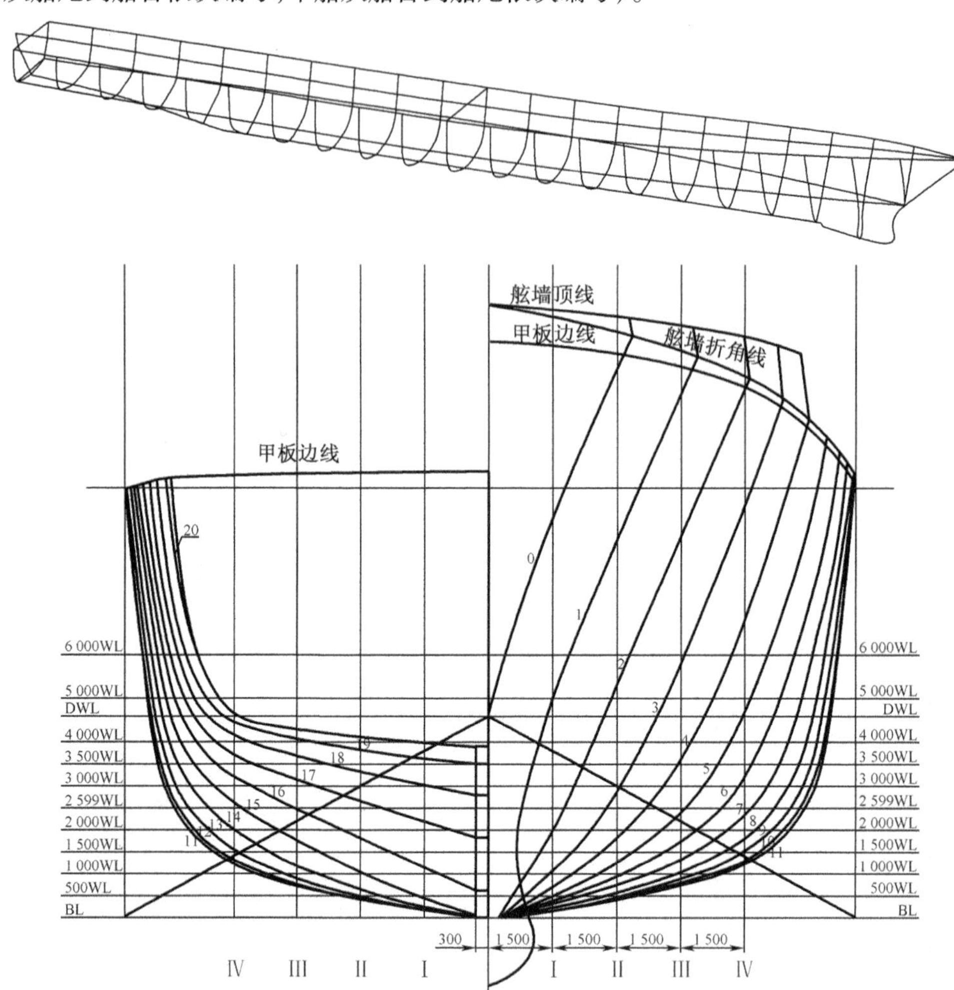

图 1 – 27 横剖线图

由于船体左右对称,将艉半段的左半边横剖线画在左边,艏半段的右半边横剖线画在右边。

各站处横剖面的甲板边缘点连接起来,称为甲板边线。舷墙顶点的连线也画出,称为舷墙顶线。

3. 半宽水线图(waterlines plane, half breadth plan)

外板型表面轮廓线、外板顶线、舷墙顶线、纵剖线、横剖线、水线、甲板中线和甲板边线在 H 面上的投影组成的视图称为半宽水线图(因为船体型表面左右对称,在水线图中只作一半,故称为半宽水线图),如图 1 – 28 所示,半宽水线图相当于俯视图。半宽水线图中,甲板中线、纵剖线为水平的直线,横剖线为垂直的直线,它们组成了半宽水线图的格子线。

绘制半宽水线图的方法是沿吃水方向平行于基平面,取若干个等间距的水平剖面,将各水平剖面所截得的船体型表面曲线(称为水线)均投影到同一水平面上,即得半宽水线图。各水线自龙骨基线向上依次编号。由于船体左右对称,每一水线只需画出半边即可,故称为半宽水线图。此外,在半宽水线图上还需要画出上甲板边线、艏艉楼甲板边线和舷墙顶线等的水平投影,以反映出它们的俯视轮廓。

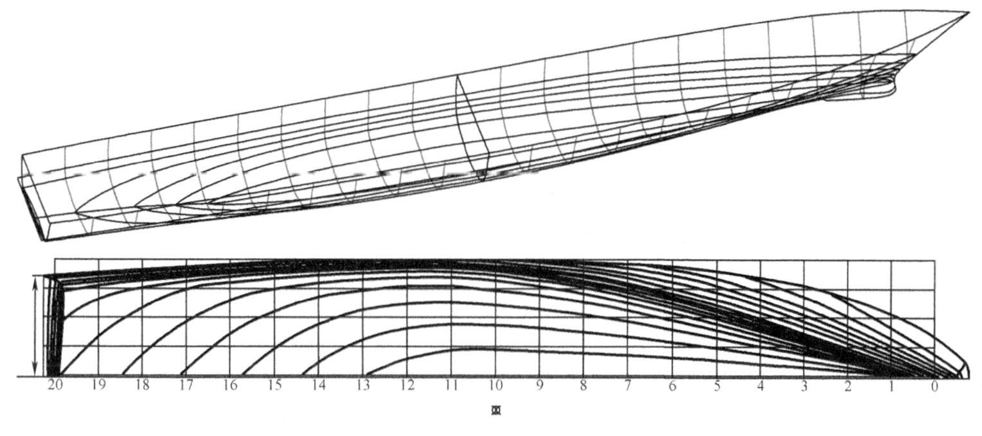

图 1-28　半宽水线图

甲板型表面与外板型表面的交线称为甲板边线,即甲板型表面的边缘线。甲板边线通常是一条艏艉部分高、中部低的曲线,也称为甲板舷弧。由于甲板在纵向和横向都具有一定的曲度,为复杂的曲面,而船体外板也为较复杂的曲面,因此甲板边线通常是一根空间曲线。对于甲板舷边为圆弧的船体,甲板边线是指横梁上缘延伸线与肋骨外缘延伸线之交点的连线,外板型表面顶缘线称为外板顶线。如果外板上部设置有舷墙结构,舷墙板内表面上端边缘线称为舷墙顶线,外板顶线和舷墙顶线通常是空间曲线。甲板边线和舷墙顶线如图 1-29 所示。

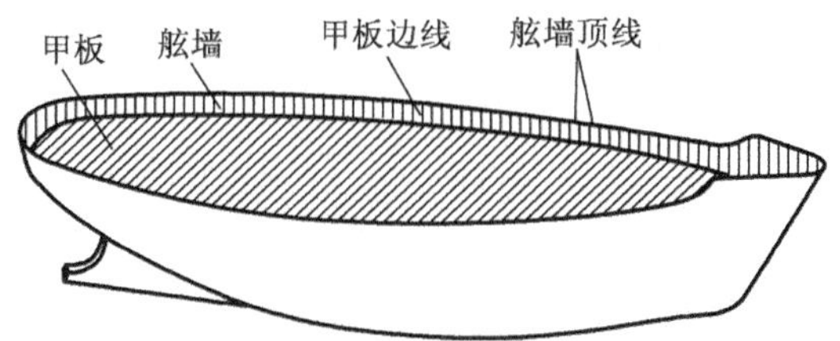

图 1-29　甲板边线和舷墙顶线

梁拱线是横向平面与甲板型表面的交线。梁拱线通常是平面曲线或折线。在甲板最宽处,中间高于两舷的尺寸为梁拱值。由于梁拱线的形状在全船是相同的,当梁拱线的形状确定后,可以根据型宽和梁拱尺寸作出梁拱线,所以习惯上型线图中不画出梁拱线的投影,而在中横剖面图等图样中加以表达。艏艉轮廓线、外板顶线、舷墙顶线、龙骨线,以及纵剖线、横剖线、水线等在三个基本投影面上的投影描述了外板型表面的形状。甲板中线、甲板边线、梁拱线等在三个基本投影面上的投影描述了甲板型表面的形状。

为了检查船体舭部型表面曲率变化较大部位的光顺性,有时会在船体舭部取 1 ~ 2

个斜剖面。由于斜剖面垂直于中站面,故它在横剖线图上的投影为斜直线,斜剖面与船体型表面所截交的曲线称为斜剖线,如图 1 - 30 所示。

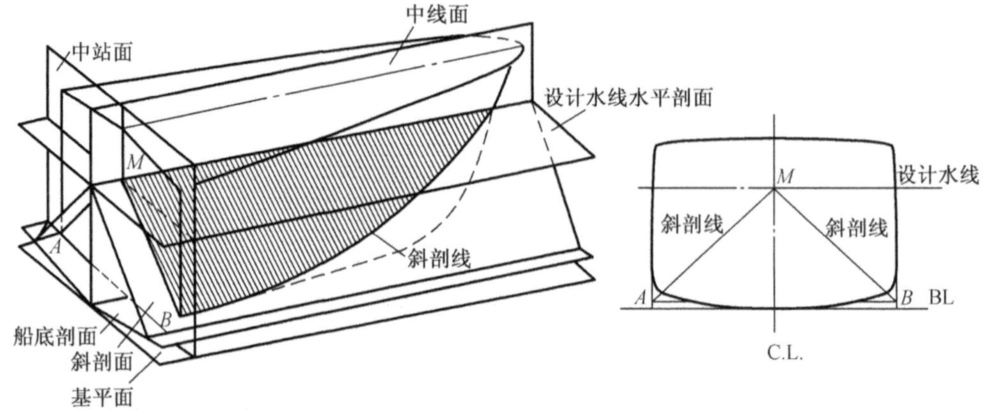

图 1 - 30　斜剖线

在绘制型线图和其他船舶图样时,一般要按以下原则进行幅面布置:

(1)要把船舶置于正浮位置;

(2)应使船首在右、船尾在左;

(3)应使左右对称平面(即中线面)平行于正面投影面 V 面;

(4)应使设计水线面平行于水平投影面 H 面;

(5)应使中站面平行于侧面投影面 W 面。

型线图的比例尺视船的大小而定,通常采用 1/100、1/50 及 1/25。大船一般用 1/100,小船有时采用 1/10。

型值表(table of offsets)是记录型线图上各型线交点型值的一种表格(表 1 - 2),它由高度值(距离基线的高度)和半宽值(距中线面的距离,为船宽的一半)组成。型值表的左半部为半宽值,表中的横栏表示每根横剖线与各水线、甲板边线、外板顶线、舷墙顶线交点的半宽值;纵栏则表示每根水线、甲板边线、外板顶线、舷墙顶线与各横剖线交点的半宽值。表的右边为高度值,表中的横栏表示每根横剖线与各纵剖线、甲板边线、外板顶线、舷墙顶线的交点的高度值;纵栏则表示每根纵剖线及甲板边线、外板顶线、舷墙顶线与各横剖线交点的高度值。

表 1 - 2 是图 1 - 31 型线图所对应的型值表,该船的主尺度见表 1 - 3。

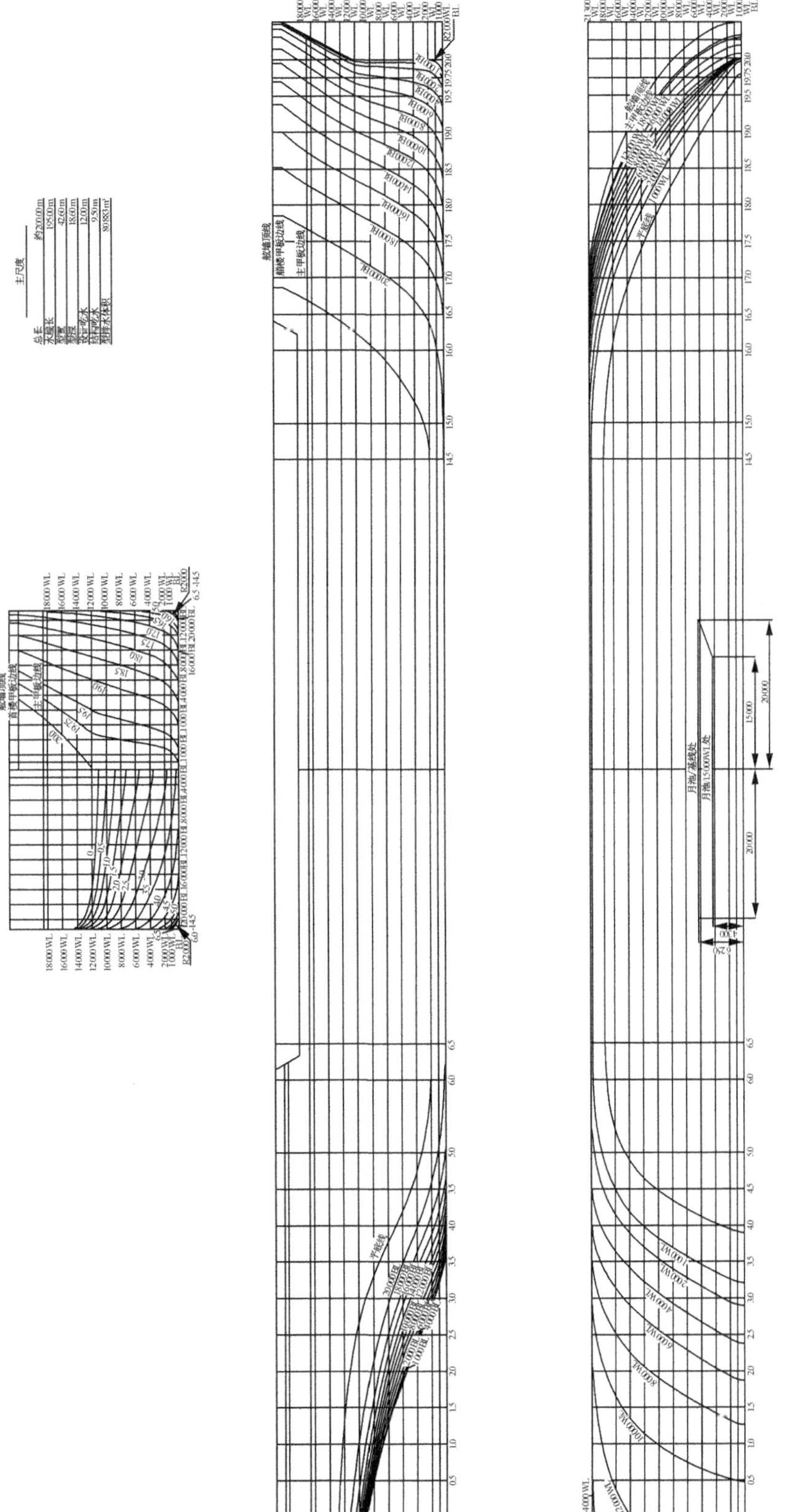

图1-31　某船船体型线图

表 1－2 梯形法表格 1

S. T.	水线半宽													
	BL	1 000	2 000	4 000	6 000	8 000	10 000	12 000	14 000	16 000	18 000	MDK	FCOK	BUWK
		WL	WL	WL	WL	WL	WL	WL	WL	WL	WL	SL	SL	SL
0.00	—	—	—	—	—	—	—	15 714	20 819	20 057	21 300	21 300	21 300	21 300
0.50	—	—	—	—	—	—	1 400	18 493	21 169	21 065	21 300	21 300	21 300	21 300
1.00	—	—	—	—	—	—	12 212	19 900	21 279	21 300	21 300	21 300	21 300	21 300
1.50	—	—	—	—	—	5 537	17 088	20 674	21 300	21 300	21 300	21 300	21 300	21 300
2.00	—	—	—	—	3 136	13 213	19 471	21 113	21 300	21 300	21 300	21 300	21 300	21 300
2.50	—	—	—	3 134	11 157	17 869	20 708	21 291	21 300	21 300	21 300	21 300	21 300	21 300
3.00	—	—	3 005	11 048	16 865	20 210	21 241	21 300	21 300	21 300	21 300	21 300	21 300	21 300
3.50	—	6 503	11 383	16 809	20 063	21 181	21 300	21 300	21 300	21 300	21 300	21 300	21 300	21 300
4.00	3 350	14 133	16 901	20 057	21 219	21 300	21 300	21 300	21 300	21 300	21 300	21 300	21 300	21 300
4.50	12 250	17 988	19 580	21 202	21 300	21 300	21 300	21 300	21 300	21 300	21 300	21 300	21 300	21 300
5.00	16 636	19 702	20 819	21 300	21 300	21 300	21 300	21 300	21 300	21 300	21 300	21 300	21 300	21 300
6.00	19 107	20 965	21 297	21 300	21 300	21 300	21 300	21 300	21 300	21 300	21 300	21 300	21 300	21 300
6.5 ~ 14.5	19 300	21 032	21 300	21 300	21 300	21 300	21 300	21 300	21 300	21 300	21 300	21 300	21 300	21 300
15.00	19 180	20 926	21 263	21 300	21 300	21 300	21 300	21 300	21 300	21 300	21 300	21 300	21 300	21 300
16.00	18 172	20 104	20 591	21 033	21 199	21 283	21 283	21 283	21 300	21 300	21 300	21 300	21 300	21 300
16.50	17 115	19 199	19 757	20 380	20 718	20 941	21 107	21 223	21 287	21 300	21 300	21 300	21 300	21 300
17.00	15 557	17 892	18 491	19 247	19 732	20 083	20 376	20 628	20 840	21 009	21 135	21 165	21 273	21 273
17.50	13 538	15 945	16 715	17 586	18 159	18 618	19 024	19 404	19 751	20 061	20 330	20 402	20 738	20 738
18.00	11 135	13 530	14 425	15 410	16 047	16 596	17 090	17 554	18 000	18 463	18 896	19 020	19 631	19 631
18.50	8 492	10 811	11 757	12 768	13 433	14 016	14 596	15 157	15 711	16 294	16 904	17 086	18 062	18 062
19.00	5 597	7 755	8 604	9 601	10 262	10 845	11 467	12 141	12 832	13 573	14 367	14 613	16 171	16 171
19.50	2 463	4 302	4 970	5 700	6 230	6 771	7 248	8 000	9 043	10 118	11 178	11 494	13 241	13 241
19.75	895	2 435	3 004	3 516	3 839	4 181	4 578	5 297	6 539	7 956	9 266	9 636	11 653	11 653
20.00	—	—	0	0	0	0	0	0	2 447	4 616	6 468	6 975	9 343	9 343

S. T.	型高													
	0	2 000	4 000	6 000	8 000	10 000	12 000	14 000	16 000	18 000	20 000	MDK	FCDK	BUWK
	BL	BL	BL	BL	BL	BL	BL	BL	BL	BL	BL	BL	SL	SL
0.00	11 000	11 083	11 118	11 195	11 282	11 392	11 495	11 748	12 000	12 396	13 251	18 600	—	—
0.50	9 951	9 985	10 041	10 173	10 319	10 478	10 654	11 076	11 388	11 844	12 704	18 600	—	—
1.00	8 731	8 776	8 862	9 057	9 271	9 487	9 718	10 258	10 613	11 132	12 069	18 600	—	—

表 1－2(续)

S.T.	型高												
	0	2 000	4 000	6 000	8 000	10 000	12 000	14 000	16 000	18 000	20 000	MDK	FCDK	BUWK
	BL	BL	BL	BL	BL	BL	BL	BL	BL	BL	BL	BL	SL	SL
1.50	7 264	7 358	7 489	7 778	8 072	8 364	8 658	9 312	9 720	10 290	11 308	18 600	—	—
2.00	5 496	5 660	5 830	6 197	6 585	6 974	7 359	8 170	8 653	9 288	10 377	18 600	—	—
2.50	3 517	3 702	3 895	4 306	4 752	5 225	5 713	6 742	7 329	8 000	9 238	18 600	—	—
3.00	1 631	1 757	1 906	2 239	2 671	3 153	3 695	4 940	5 659	6 497	7 788	18 600	—	—
3.50	345	396	459	637	886	1 212	1 630	2 822	3 631	4 591	5 939	18 600	—	—
4.00	0	0	0	0	37	126	285	966	1 611	2 564	3 948	18 600	—	—
4.50	0	0	0	0	0	0	0	56	322	1 000	2 286	18 600	—	—
5.00	0	0	0	0	0	0	0	0	0	162	1 146	18 600	—	—
6.00	0	0	0	0	0	0	0	0	0	0	223	18 600	—	—
6.5～14.5	0	0	0	0	0	0	0	0	0	0	127	18 600	—	—
15.00	0	0	0	0	0	0	0	0	0	0	171	18 600	—	—
16.00	0	0	0	0	0	0	0	0	0	0	893	18 600	—	—
16.50	0	0	0	0	0	0	0	0	0	136	2 674	18 600	22 000	23 270
17.00	0	0	0	0	0	0	0	0	28	1 189	7 479	18 600	22 000	23 270
17.50	0	0	0	0	0	0	0	45	1 094	5 388	15 747	18 600	22 000	23 270
18.00	0	0	0	0	0	0	129	1 453	5 838	14 000	—	18 600	22 000	23 270
18.50	0	0	0	0	0	413	2 447	7 942	15 008	21 760	—	18 600	22 000	23 270
19.00	0	0	0	35	1 196	5 143	11 585	17 090	22 000	—	—	18 600	22 000	23 270
19.50	0	0	847	5 116	12 000	16 000	19 561	—	—	—	—	18 600	22 000	23 270
19.75	111	799	8 000	13 507	16 222	19 402	—	—	—	—	—	18 600	22 000	23 270
20.00	12 998	13 692	15 349	17 417	19 924	21 680	—	—	—	—	—	18 600	22 000	23 270

表 1－3　某船的主尺度

项目	值
总长 L_{OA}	200 m
垂线间长 L_{PP}	195 m
型宽 B	42.6 m
型深 D	18.6 m
设计吃水 d	12 m
排水体积∇	80 883 m^3

习　　题

1. 已知某巡逻艇吃水 $d=2.04$ m，长宽比 $\frac{L}{B}=6.5$，宽度吃水比 $\frac{B}{d}=2.46$，$C_B=0.53$，求：排水体积 ∇。

2. 已知某游艇排水体积 $\nabla=26$ m^3，主尺度比为长宽比 $\frac{L}{B}=4.8$，宽度吃水比 $\frac{B}{T}=2.6$，方形系数 $C_B=0.53$，求该艇的主要尺度 L,B,d。

3. 已知某内河驳船的水下体积 $\nabla=4\ 400$ m^3，吃水 $d=2.6$ m，方形系数 $C_B=0.815$，水线面系数 $C_{WP}=0.882$，求：水线面面积 A_W。

4. 已知某军舰舰长 $L=92.0$ m，舰宽 $B=9.1$ m，吃水 $d=2.9$ m，中横剖面系数 $C_M=0.814$，方形系数 $C_B=0.468$，求：

(1) 排水体积 ∇；(2) 中横剖面面积 A_W；(3) 纵向棱形系数 C_P。

5. 某船其横剖面和水线位置如图 1-32 所示，计算该船的船型系数。

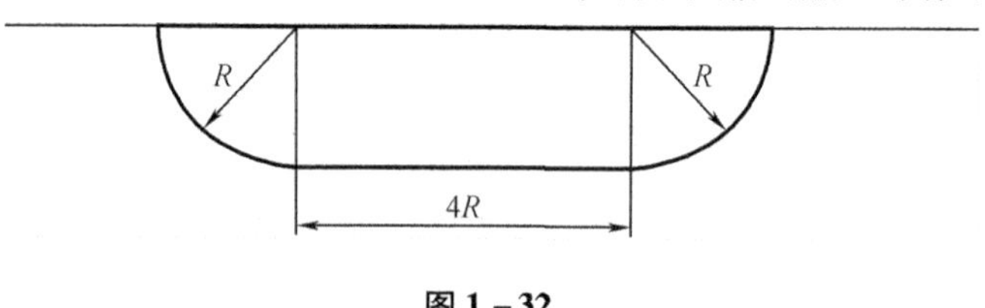

图 1-32

6. 某浮体横剖面和水线位置如图 1-33 所示，计算该浮体的船型系数。

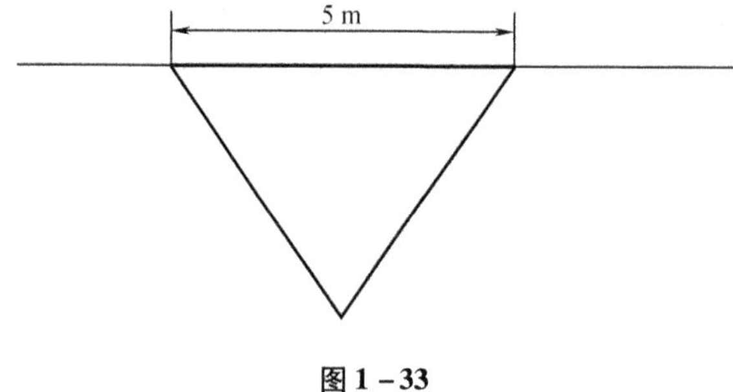

图 1-33

7. 某驳船水线长为 100 m，横剖面形状及尺寸如图 1-34 所示，计算该船的船型系数。

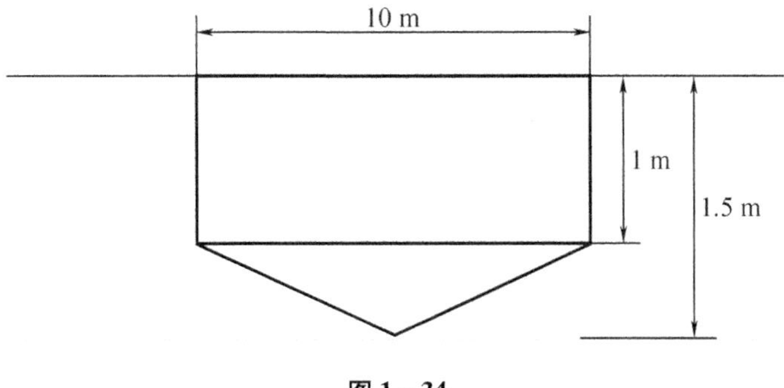

图 1 - 34

第 2 章 船体近似计算方法

本章介绍近似计算方法，包括梯形法、辛普森第一法、辛普森第二法、切比雪夫法和高斯法，通过近似计算方法，可方便地计算出浮体的横剖面、水线面的面积及面积中心的位置，排水体积及体积的中心、水线面面积惯矩等，为后续的浮体性能研究提供参考。

本章的知识要点：

梯形法、辛普森法等近似计算方法的原理。

2.1 船体近似计算概述

船体表面是一个具有双重曲率的复杂表面。

现代科学正在寻求数学表达式，以表示各种船体形状的被积函数，并运用电子计算机来解决船体计算问题。用数学形式表示的船体型线称为数学型线，有了数学型线，从船体设计计算到建造施工都可以高度自动化。对于一般的船体形状，目前多数还是给出型线图，利用型值近似积分法进行船体计算。

船体近似计算方法主要有梯形法（Trapezoidal Rule）、辛普森法（辛氏法，Simpson's Rule）、切比雪夫法（Chebyshev's Rule）、高斯法（Gauss' Rule）。

2.2 梯形法

梯形法（Trapezoidal Rule）是一种最简便的数值积分法，其基本原理是用若干直线段组成的折线近似地代替曲线，即以若干个梯形面积之和代替曲线下的面积。

设曲线 CD 为船体上某段曲线，用梯形法计算其面积的步骤如下。将底边 Od 分成间距为 l 的几等分，过等分点作垂线得 $y_0, y_1, \cdots, y_{n-1}, y_n$，从图 2-1 中可以看出折线与曲线很接近且随着等分长度的减小而愈加接近。曲线 CD 下的面积可用 n 个等高度(l)的梯形面积之和来表示，即

$$A = \int_0^d y\mathrm{d}x \approx \frac{1}{2}(y_0 + y_1)l + \frac{1}{2}(y_1 + y_2)l + \cdots + \frac{1}{2}(y_{n-1} + y_n)l$$

$$= \frac{1}{2}l[(y_0 + y_1) + (y_1 + y_2) + (y_2 + y_3) + \cdots + (y_{n-1} + y_n)] \quad (2-1)$$

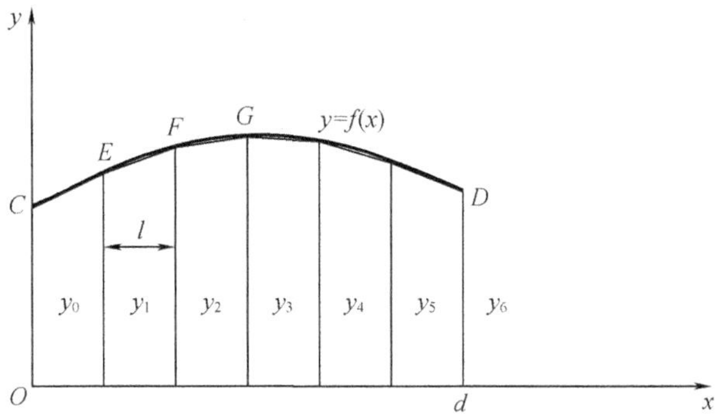

图 2－1　梯形法示意图

或

$$
\begin{aligned}
A &= \int_0^d y\mathrm{d}x \\
&\approx l\left[\frac{1}{2}y_0 + y_1 + \cdots + y_{n-1} + \frac{1}{2}y_n\right] \\
&= l\left[y_0 + y_1 + \cdots + y_{n-1} + y_n - \frac{y_0 + y_n}{2}\right] \\
&= \frac{L}{n}\left[y_0 + y_1 + \cdots + y_{n-1} + y_n - \frac{y_0 + y_n}{2}\right]
\end{aligned}
\tag{2-2}
$$

式中　L——所求面积底边的总长；

n——等分间距长；

l——等分点之间的距离，$l = \dfrac{L}{n}$。

上述公式可以简化为

$$
A = \int_0^d y\mathrm{d}x \approx \frac{L}{n}\left[\sum_{i=0}^{n} y_i - \varepsilon\right] = l\left(\sum{}' - \sum\right) = l\sum \tag{2-3}
$$

式中 $\sum{}' = \sum_{i=0}^{n} y_i$，$\varepsilon = \dfrac{y_0 + y_n}{2}$ 为修正值。

具体计算时要列表计算，梯形法近似计算有多种表格形式，表 2－1 和表 2－2 给出了两种典型的表格形式。这两种形式的表格计算的面积 A 均为 $A = l\sum$。

表 2－1　梯形法表格 1

序号	坐标值
Ⅰ	Ⅱ
1	y_0
2	y_1
3	y_2

表 2-1(续)

序号	坐标值
4	y_3
⋮	⋮
$n-1$	y_{n-2}
n	y_{n-1}
总值 $\sum'$	
修正值 ε	
修正后值 $\sum$	

表 2-2 梯形法表格 2

序号	坐标值	梯形法乘数	乘积
0	y_0	0.5	$0.5y_0$
1	y_1	1	y_1
2	y_2	1	y_2
⋮	⋮	⋮	⋮
$n-2$	y_{n-2}	1	y_{n-2}
$n-1$	y_{n-1}	1	y_{n-1}
n	y_n	0.5	$0.5y_n$
			$\sum$

式(2-3)适用于按照梯形法计算的任何积分式,如纵坐标为面积,积分为体积,即 $V=\int A\mathrm{d}x$,同理可计算静矩、惯性矩等。梯形法的特点是简单直观,便于变上限积分,在船舶性能计算中得到广泛应用。

在船中附近的曲线平直区域梯形面积与计算曲线面积之间的误差很小,而在弯曲较明显的艏艉区域,其误差则较大,为降低误差可采取缩短横向坐标间距 l 的办法(增加横向坐标的数目)。

例 2-1 某船其垂线间长 $L_{PP}=38.5$ m,在吃水为 3.2 m 处各站半宽见表 2-3,试采用梯形法计算吃水为 3.2 m 时,该船的水线面面积。

表 2-3 型值表($d=3\ 200$ mm)

水线:3 200WL,单位 mm											
站号	0	1	2	3	4	5	6	7	8	9	10
半宽	2 779	3 500	3 500	3 500	3 500	3 500	3 500	3 500	3 400	2 231	280

解　该船的站距为 $l=\frac{L_{PP}}{10}=3.85\ \text{m}$，按梯形法计算原理，列表计算如表 2－4。

表 2－4　梯形法计算水线面面积

序号	半宽/mm
0	2 779
1	3 500
2	3 500
3	3 500
4	3 500
5	3 500
6	3 500
7	3 500
8	3 400
9	2 231
10	280
总值 $\sum'$	33 190
修正值 ε	1 529.5
修正后总值 $\sum$	31 661

故水线面面积为

$$A_W=2l\sum=2\times3.85\times31.661=243.790(\text{m}^2)$$

2.3　辛普森法

辛普森法（Simpson's Rule）是采用等分间距，以若干段二次或三次抛物线近似地代替实际曲线，计算各段抛物线下面积的数值积分法，该方法又称为辛氏法、抛物线法。

由于船体的大部分型表面与抛物线相近，故采用辛氏法计算精度较梯形法更高一些。

以二次抛物线代替实际曲线的方法称为辛普森第一法，以三次抛物线代替实际曲线的方法称为辛普森第二法。

2.3.1　辛普森第一法（二次抛物线，[1,4,1]法）

船体上某段曲线 CD，如图 2－2 所示，取等间距为 l 的三个纵坐标，其值分别为 y_1、y_2

和 y_3，求曲线 CD 下的面积 A。

为方便研究，将原点 O 取在中点，假设该曲线用二次抛物线表示，即曲线 CD 的表达式为

$$y=f(x)=a_0+a_1x+a_2x^2 \tag{2-4}$$

式中 a_0、a_1 和 a_2 为待求常数。

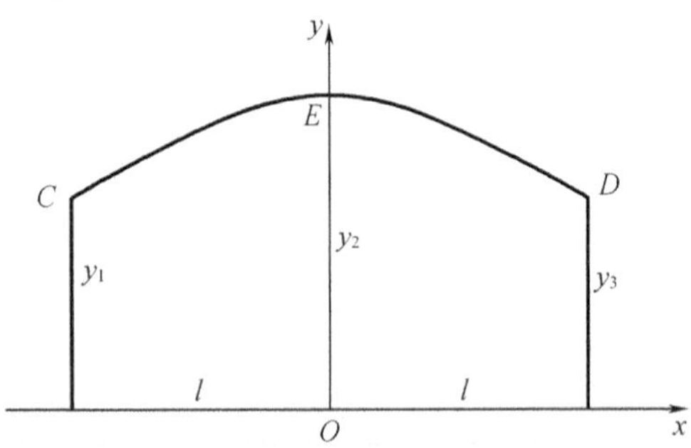

图 2-2 辛普森第一法示意图

假设二次抛物线通过图 2-2 所示的 C、E、D 三点，则

当 $x=-l$ 时，

$$y_1=f(-l)=a_0-a_1l+a_2l^2 \tag{2-5}$$

当 $x=0$ 时，

$$y_2=f(0)=a_0 \tag{2-6}$$

当 $x=l$ 时，

$$y_3=f(l)=a_0+a_1l+a_2l^2 \tag{2-7}$$

CD 下的面积可由定积分计算，即

$$A=\int_{-l}^{l}y\mathrm{d}x=\int_{-l}^{l}(a_0+a_1x+a_2x^2)\mathrm{d}x=2a_0l+\frac{2}{3}a_2l^3 \tag{2-8}$$

令面积 A 的表达式为

$$A=\alpha y_1+\beta y_2+\gamma y_3 \tag{2-9}$$

将式(2-5)、式(2-6)和式(2-7)带入式(2-9)中可得

$$\begin{aligned}A&=\alpha(a_0-a_1l+a_2l^2)+\beta a_0+\gamma(a_0+a_1l+a_2l^2)\\&=a_0(\alpha+\beta+\gamma)+a_1l(-\alpha+\gamma)+a_2l^2(\alpha+\gamma)\end{aligned} \tag{2-10}$$

式(2-8)和式(2-10)表示的面积相等，有

$$\begin{cases}\alpha+\beta+\gamma=2l\\-\alpha+\gamma=0\\\alpha+\gamma=\dfrac{2}{3}l\end{cases} \tag{2-11}$$

求解式(2-11)可得

$$\begin{cases}\alpha=\gamma=\dfrac{1}{3}l\\\beta=\dfrac{4}{3}l\end{cases} \tag{2-12}$$

将式(2－12)代入式(2－9)得到

$$A = \frac{l}{3}(y_1 + 4y_2 + y_3) \tag{2-13}$$

令 L 为曲线底边长,$L = 2l$,则式(2－13)可写为

$$A = \frac{L}{6}(y_1 + 4y_2 + y_3) = \frac{L}{\sum \text{S. M.}}(y_1 + 4y_2 + y_3) \tag{2-14}$$

式中括号内的 y 的系数[1,4,1]称为辛氏乘数;括号前分子为底边长;分母为括号内辛氏乘数之和,即 $\sum$ S. M.,所以辛普森第一法也称为[1,4,1]法。

从上述推导可以看出,辛普森第一法的应用条件为曲线底边长度的等分数目为偶数,即纵坐标数目为奇数。船舶的型线图是沿船长方向用等间距的横剖面把船长等分为20个或10个间距,符合辛普森第一法的应用条件,故该方法在船体近似计算中也得到了广泛应用,辛普森第一法也可用来求体积、静矩和惯性矩。

推广:将一个曲线图形的底边分成等间距为 l 的 n 等分(n 为偶数),如图2－3所示。

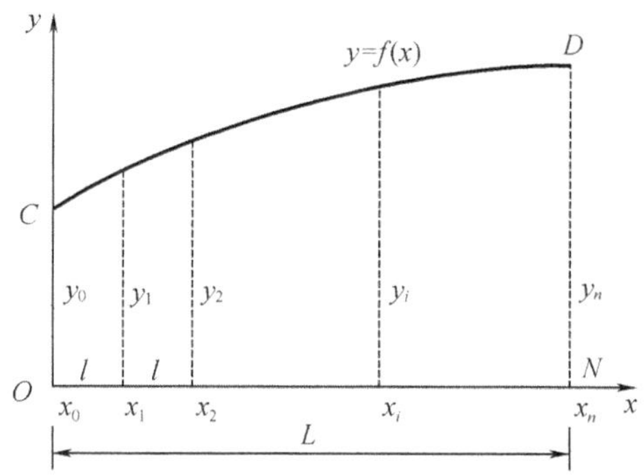

图2－3　辛普森第一法(*n* 等分)示意图

纵坐标值为 $y_0, y_1, y_2, y_3, \cdots, y_{n-1}, y_n$。

第0号到第2号纵坐标内的面积是

$$A_1 = \frac{1}{3}l(y_0 + 4y_1 + y_2) \tag{2-15}$$

第2号到第4号纵坐标内的面积是

$$A_2 = \frac{1}{3}l(y_2 + 4y_3 + y_4) \tag{2-16}$$

依此类推

$$A_i = \frac{1}{3}l(y_{n-2} + 4y_{n-1} + y_n) \tag{2-17}$$

故 CD 曲线下的面积为

$$A = \frac{1}{3}l(y_0 + 4y_1 + 2y_2 + 4y_3 + \cdots + 2y_{n-2} + 4y_{n-1} + y_n) \tag{2-18}$$

或

$$A = \frac{L}{\sum \text{S. M.}}(y_0 + 4y_1 + 2y_2 + 4y_3 + \cdots + 2y_{n-2} + 4y_{n-1} + y_n) \quad (2-19)$$

式中 l——等分间距(站距);

L——底边总长,$L = nl$;

$\sum$ S. M. ——括号内各纵坐标值前辛氏乘数的总和。

在实际应用时,式(2-18)和式(2-19)有时也写成如下形式

$$A = \frac{2}{3}l\left(\frac{1}{2}y_0 + 2y_1 + y_2 + 2y_3 + \cdots + y_{n-2} + 2y_{n-1} + \frac{1}{2}y_n\right) \quad (2-20)$$

或

$$A = \frac{2L}{\sum \text{S. M.}}\left(\frac{1}{2}y_0 + 2y_1 + y_2 + 2y_3 + \cdots + y_{n-2} + 2y_{n-1} + \frac{1}{2}y_n\right) \quad (2-21)$$

具体计算采用表格进行,见表2-5。

表2-5 辛普森第一法计算表格

坐标号	坐标值	S. M.	乘积
Ⅰ	Ⅱ	Ⅲ	Ⅳ = Ⅱ × Ⅲ
0	y_0	1	y_0
1	y_1	4	$4y_1$
2	y_2	2	$2y_2$
3	y_3	4	$4y_3$
⋮	⋮	⋮	⋮
$n-2$	y_{n-2}	2	$2y_{n-2}$
$n-1$	y_{n-1}	4	$4y_{n-1}$
n	y_n	1	y_n
总和		$\sum$	

根据表2-5的计算结果,所求的面积 $A = \frac{1}{3}l\sum$。

例2-2 一曲线具有以下纵坐标值10.86 m、13.53 m、14.58 m、15.05 m、15.24 m、15.28 m、15.22 m,坐标间距为1.68 m,试分别采用梯形法和辛普森第一法计算曲线下的面积。

解 列表计算,表格如下所示。

坐标号	坐标值	T. M.	S. M.	乘积(梯形法)	乘积(辛普森法)
Ⅰ	Ⅱ	Ⅲ	Ⅳ	Ⅴ = Ⅱ × Ⅲ	Ⅵ = Ⅱ × Ⅳ
1	10.86	1/2	1	5.43	10.86

表(续)

坐标号	坐标值	T. M.	S. M.	乘积(梯形法)	乘积(辛普森法)
Ⅰ	Ⅱ	Ⅲ	Ⅳ	Ⅴ = Ⅱ × Ⅲ	Ⅵ = Ⅱ × Ⅳ
2	13.53	1	4	13.53	54.12
3	14.58	1	2	14.58	29.16
4	15.05	1	4	15.05	60.20
5	15.24	1	2	15.24	30.48
6	15.28	1	4	15.28	61.12
7	15.22	1/2	1	7.61	15.22
$\sum$	—	—	—	86.72	261.16

梯形法计算结果

$$A = \sum \cdot l = 86.72 \times 1.68 = 145.69(\mathrm{m}^2)$$

辛普森第一法计算结果

$$A = \frac{1}{3} \cdot \sum \cdot l = \frac{1}{3} \times 261.16 \times 1.68 = 146.25(\mathrm{m}^2)$$

例 2-3　设曲线方程为 $y = \sin x$,利用下列各种方法计算 $\int_0^{\pi} \sin x\mathrm{d}x$,将其与算到小数点后 6 位值的精确解进行比较,并求出相对误差。

(1)梯形法(三坐标);

(2)辛氏法(三坐标)。

解　把积分区间分两份

$$x_1 = 0, x_2 = \frac{\pi}{2}, x_3 = \pi$$

$$y_1 = \sin x_1 = 0, y_2 = \sin x_2 = 1, y_3 = \sin x_3 = 0$$

$$A = \int_0^{\pi} \sin x\mathrm{d}x = -\cos x\Big|_0^{\pi} = 2$$

(1)梯形法(三坐标)

$$A_1 = \frac{\pi}{2}\left(\frac{1}{2}y_1 + y_2 + \frac{1}{2}y_3\right) = \frac{\pi}{2} \approx 1.570\ 796$$

相对误差

$$\left|\frac{2 - 1.570\ 796}{2}\right| \approx 21.46\%$$

(2)辛氏法(三坐标)

$$A_2 = 2 \times \frac{\pi}{2}\left(\frac{1}{6}y_1 + \frac{4}{6}y_2 + \frac{1}{6}y_3\right) = \frac{2\pi}{3} \approx 2.094\ 395$$

相对误差

$$\left|\frac{2-2.094\,395}{2}\right|\approx 4.72\%$$

2.3.2 辛普森第二法(三次抛物线,[1,3,3,1]法)

辛普森第二法是采用三次抛物线近似地代替实际曲线的方法,其示意图如图 2 - 4 所示。

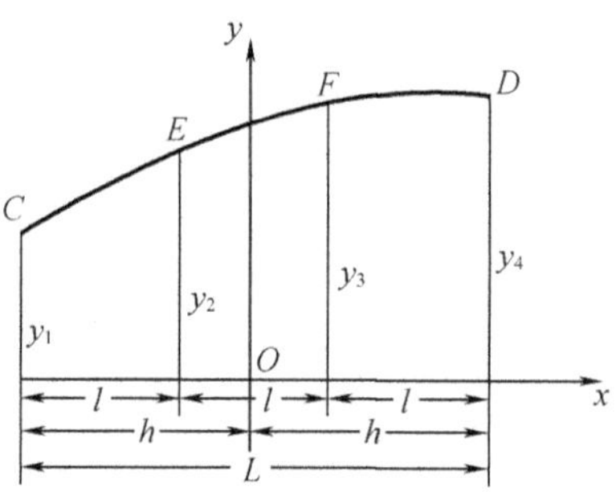

图 2 - 4 辛普森第二法示意图

设曲线 CD 为船体上的某一段曲线,取等间距的 4 个坐标 y_1、y_2、y_3、y_4,被积函数

$$y=f(x)=a_0+a_1x+a_2x^2+a_3x^3 \tag{2-22}$$

故面积为

$$\begin{aligned} A &= \int_{-h}^{h} y\mathrm{d}x \\ &= \int_{-h}^{h}(a_0+a_1x+a_2x^2+a_3x^3)\mathrm{d}x \\ &= 2a_0h+\frac{2}{3}a_2h^3 \end{aligned} \tag{2-23}$$

取

$$A=\alpha y_1+\beta y_2+\gamma y_3+\delta y_4 \tag{2-24}$$

曲线 CD 通过 C、E、F、D 四点,故当 $x=-h$ 时,

$$y_1=a_0-a_1h+a_2h^2-a_3h^3 \tag{2-25}$$

当 $x=-\frac{1}{3}h$ 时,

$$y_2=a_0-\frac{1}{3}a_1h+\frac{1}{9}a_2h^2-\frac{1}{27}a_3h^3 \tag{2-26}$$

当 $x=\frac{1}{3}h$ 时,

$$y_3=a_0+\frac{1}{3}a_1h+\frac{1}{9}a_2h^2+\frac{1}{27}a_3h^3 \tag{2-27}$$

当 $x=h$ 时,

$$y_4=a_0+a_1h+a_2h^2+a_3h^3 \tag{2-28}$$

将式(2 -25)至式(2 -28)代入式(2 -24)可得

$$A = a_0(\alpha + \beta + \gamma + \delta) + a_1 h\left(-\alpha - \frac{1}{3}\beta + \frac{1}{3}\gamma + \delta\right) + a_2 h^2\left(\alpha + \frac{1}{9}\beta + \frac{1}{9}\gamma + \delta\right) + a_3 h^3\left(-\alpha - \frac{1}{27}\beta + \frac{1}{27}\gamma + \delta\right) \tag{2-29}$$

式(2 -23)和式(2 -29)表示的面积相等,故有

$$\left.\begin{aligned} \alpha + \beta + \gamma + \delta &= 2h \\ -\alpha - \frac{1}{3}\beta + \frac{1}{3}\gamma + \delta &= 0 \\ \alpha + \frac{1}{9}\beta + \frac{1}{9}\gamma + \delta &= \frac{2}{3}h \\ -\alpha - \frac{1}{27}\beta + \frac{1}{27}\gamma + \delta &= 0 \end{aligned}\right\} \tag{2-30}$$

求解可得

$$\left.\begin{aligned} \alpha &= \frac{1}{4}h = \frac{3}{8}l \\ \beta &= \frac{3}{4}h = \frac{9}{8}l \\ \gamma &= \frac{3}{4}h = \frac{9}{8}l \\ \delta &= \frac{1}{4}h = \frac{3}{8}l \end{aligned}\right\} \tag{2-31}$$

故面积 A 的表达式可写为

$$A = \frac{3}{8}l(y_1 + 3y_2 + 3y_3 + y_4) \tag{2-32}$$

令 L 为曲线底边长,$L = 3l$,则

$$\begin{aligned} A &= \frac{L}{8}(y_1 + 3y_2 + 3y_3 + y_4) \\ &= \frac{L}{\sum \text{S. M.}}(y_1 + 3y_2 + 3y_3 + y_4) \end{aligned} \tag{2-33}$$

式中　[1,3,3,1]——辛氏乘数;

$\sum$ S. M. ——各辛氏乘数之和。

从上述推导可以看出,辛普森第二法适用于将曲线底边长度划分为三等分、六等分、九等分(纵坐标数目为 4,7,10,…)的情况。

如划分为六等分($n = 6$),辛普森第二法的计算公式为

$$\begin{aligned} A &= \frac{3}{8}L(y_1 + 3y_2 + 3y_3 + 2y_4 + 3y_5 + 3y_6 + y_7) \\ &= \frac{L}{\sum \text{S. M.}}(y_1 + 3y_2 + 3y_3 + 2y_4 + 3y_5 + 3y_6 + y_7) \end{aligned} \tag{2-34}$$

当一个曲线图形的底边分成间距为 l 的 n 等分(须为 3 的倍数),则辛普森第二法的计算公式的一般形式可写为

$$A = \frac{3}{8}l(y_0 + 3y_1 + 3y_2 + 2y_3 + \cdots + 2y_{n-3} + 3y_{n-2} + 3y_{n-1} + y_n)$$

$$= \frac{L}{\sum S.M.}(y_0 + 3y_1 + 3y_2 + 2y_3 + \cdots + 2y_{n-3} + 3y_{n-2} + 3y_{n-1} + y_n) \quad (2-35)$$

具体计算时,采用表格形式计算,如表 2-6 所示,该方法也适用于计算体积、静矩和惯性矩等。

表 2-6　辛普森第二法计算表格

坐标号	坐标值	S. M.	乘积
Ⅰ	Ⅱ	Ⅲ	Ⅳ = Ⅱ × Ⅲ
0	y_0	1	y_0
1	y_1	3	$3y_1$
2	y_2	3	$3y_2$
3	y_3	2	$2y_3$
4	y_4	3	$3y_4$
⋮	⋮	⋮	⋮
$n-3$	y_{n-3}	2	$2y_{n-3}$
$n-2$	y_{n-2}	3	$3y_{n-2}$
$n-1$	y_{n-1}	3	$3y_{n-1}$
n	y_n	1	y_n
总和			$\sum$

根据表格的计算结果,最后所求的面积 $A = \frac{3}{8}l\sum$。

2.3.3　特殊辛普森法([5,8,-1]法和[3,10,-1]法)

在船体计算时,有时会遇到曲线具有两个等分间距、三个纵坐标,但只求曲线下相邻两个纵坐标之间所包围的面积的情况,如图 2-5 所示。这种应用三个坐标来计算其中相邻两个坐标之间面积的数值积分方法,通常称为[5,8,-1]法,其推导方法与辛普森法推导过程相似,所以可以把[5,8,-1]法看作是一种求面积的特殊的辛普森法。

图 2-5 所示的 CE 曲线下的面积为

$$A_{0-1} = \frac{1}{12}l(5y_0 + 8y_1 - y_2) \quad (2-36)$$

式中 5,8 两个数字依次用于所求面积的对应的界线坐标。

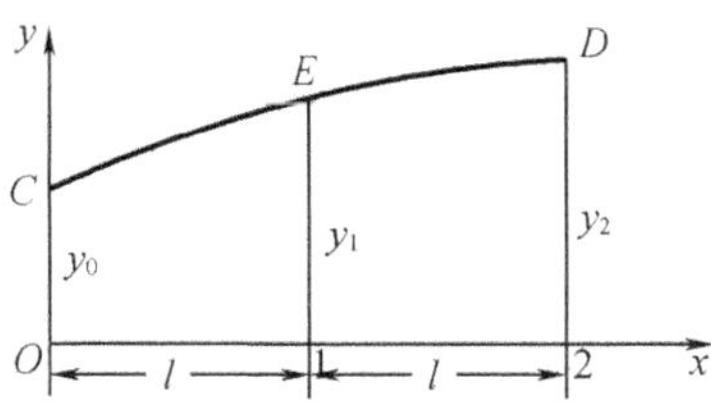

图 2-5　[5,8,-1]法示意图

ED 曲线下的面积为

$$A_{1-2}=\frac{1}{12}l(5y_2+8y_1-y_0) \tag{2-37}$$

将式(2-36)和式(2-37)相加,可得到 *CD* 曲线下的面积

$$A_{0-2}=\frac{1}{3}l(y_0+4y_1+y_2) \tag{2-38}$$

这与前面辛普森第一法推导法的结果一致。

[5,8,-1]法只能用来求面积,不能用来求静矩,如需求静矩值,可采用[3,10,-1]法,如求第 0 号纵坐标和第 1 号纵坐标之间面积对第 0 号纵坐标的静矩,可采用如下公式计算

$$M_0=\frac{1}{24}l^2(3y_0+10y_1-y_2) \tag{2-39}$$

具体计算时,可根据实际曲线的形状,将[5,8,-1]法、[3,10,-1]法与辛普森第一法和辛普森第二法联合起来应用。

2.3.4　高次抛物线的辛普森法

高次抛物线的辛普森法计算见表 2-7。

表 2-7　高次抛物线的辛普森法计算

抛物线次数	最小纵坐标数	辛氏系数
2	3	$\frac{1}{3}l(1,4,1)$
3	4	$\frac{3}{8}l(1,3,3,1)$
4	5	$\frac{2}{45}l(7,32,12,32,7)$
5	6	$\frac{5}{288}l(19,75,50,50,75,19)$
6	7	$\frac{1}{140}l(41,216,27,272,27,216,41)$

超过 3 次抛物线的辛普森法,计算公式较为复杂,在船体近似计算中应用不多。

例 2－4 计算半径 $r=1$ 的半圆的面积。

(1)采用解析方法;

(2)采用 3 坐标和 5 坐标梯形法,并计算误差;

(3)编程计算坐标数目分别为 10,1 000 和 10 000 时,采用梯形法的计算结果和对应的误差;

(4)采用 3 坐标和 5 坐标辛普森第一法,并计算误差;

(5)编程计算坐标数目分别为 11,1 001 和 9 999 时,采用辛普森第一法的计算结果和对应的误差;

(6)采用 4 坐标和 7 坐标辛普森第二法,并计算误差;

(7)编程计算坐标数目分别为 10,1 000 和 10 000 时,采用辛普森第二法的计算结果和对应的误差。

解

(1)解析方法

$$A=\frac{1}{2}\pi r^2=1.570\ 796\ 3(\mathrm{m}^2)$$

(2)辛普森第一法

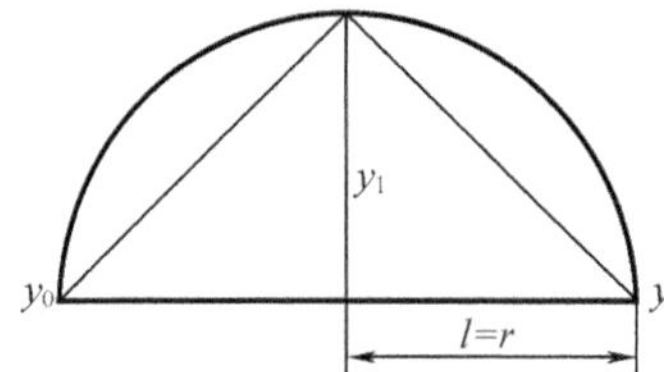

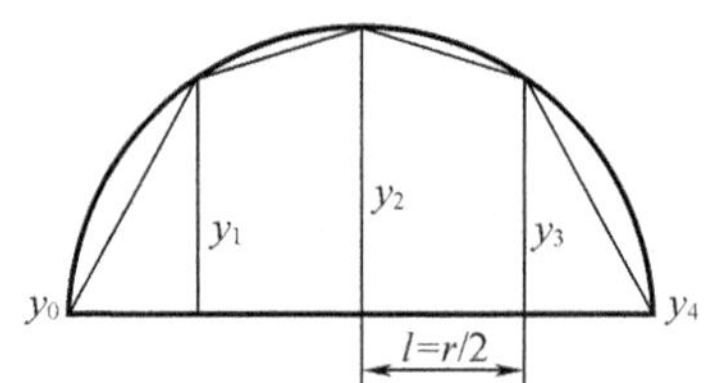

坐标数目为 3 时,间距 $l=r$,

$$\begin{aligned} A &= l\left(\sum y-\varepsilon\right) \\ &= r\left(y_0+y_1+y_2-\frac{y_0+y_2}{2}\right) \\ &= 1\times\left(0+1+0-\frac{0+0}{2}\right) \\ &= 1(\mathrm{m}^2) \end{aligned}$$

误差:$\varepsilon=\dfrac{1-1.570\ 796\ 3}{1.570\ 796\ 3}=-0.363\ 4=-36.34\%$

坐标数目为 5 时,间距 $l=\dfrac{r}{2}$,由 $y=\sqrt{r^2-x^2}$,可得

$$y_0=y(-1)=0$$

$$y_1=y(-0.5)=0.866$$

$$y_2=y(0)=1$$

$$y_3=y(0.5)=0.866$$

$$y_4=y(1)=0$$

$$A = l\left(\sum y - \varepsilon\right)$$

$$= r\left(y_0 + y_1 + y_2 + y_3 + y_4 + y_5 - \frac{y_0 + y_5}{2}\right)$$

$$= 0.5 \times \left(0 + 0.866 + 1 + 0.866 + 0 - \frac{0 + 0}{2}\right)$$

$$= 1.366(\mathrm{m}^2)$$

误差：$\varepsilon = \dfrac{1.366 - 1.5707963}{1.5707963} = -0.1304 = -13.04\%$

(3)编写 Fortran 程序

```
*     THIS PROGRAM CALCULATES THE AREA OF SEMICIRCLE BY USING
TRAPEZOIDAL RULE
      IMPLICIT DOUBLE PRECISION (A-H,O-Z)
      DIMENSION X(10000),Y(10000)
*     R=RADIUS
*     N=NUMBER OF ORDINATES
      READ(5,*)R,N
*     H=INTERVAL BETWEEN ORDINATES
      H=2.*R/FLOAT(N-1)
      DO 10 I=1,N
      X(I)=FLOAT(I-1)*H-R
10    Y(I)=DSQRT(1.-X(I)*X(I))
      ALAN=Y(1)+Y(N)
      DO 20 I=2,N-1
20    ALAN=ALAN+2.*Y(I)
      ALAN=ALAN*H/2.
      WRITE(6,*)'AREA=',ALAN
      STOP
      END
```

计算结果：

坐标数目 N	10	1 000	10 000
梯形法/m^2	1.509 615 9	1.570 743 7	1.570 794 7
解析解/m^2	1.570 796 3	1.570 796 3	1.570 796 3
误差/%	-3.9	-0.003	-0.000 1

(4)3 坐标辛普森第一法

$$A=\frac{l}{3}(y_0+4y_1+y_2)=\frac{1}{3}(0+4+0)=1.333(\mathrm{m}^2)$$

误差：$\varepsilon=\dfrac{1.333-1.5707963}{1.5707963}=-0.1514=-15.14\%$

5 坐标辛普森第一法

$$A=\frac{l}{3}(y_0+4y_1+2y_2+4y_3+y_4)$$

$$=\frac{1}{6}(0+4\times0.866+2\times1+4\times0.866+0)$$

$$=1.488(\mathrm{m}^2)$$

误差：$\varepsilon=\dfrac{1.488-1.5707963}{1.5707963}=-0.0527=-5.27\%$

(5)编写 Fortran 程序

```
*     THIS PROGRAM CALCULATES AREA BY USING SIMPSONS FIRST RULE
      IMPLICIT DOUBLE PRECISION (A-H,O-Z)
      DIMENSION X(10000),Y(10000)
*     R=RADIUS
*     N=NUMBER OF ORDINATES
      READ(5,*)R,N
*     H=SPACING BETWEEN ORDINATES
      H=2.*R/FLOAT(N-1)
*     ORDINATES
      DO 10 I=1,N
      X(I)=FLOAT(I-1)*H-R
10    Y(I)=DSQRT(1.-X(I)*X(I))
      ALAN=Y(1)+Y(N)
      DO 20 I=2,N-1,2
20    ALAN=ALAN+4.*Y(I)
      DO 30 I=3,N-2,2
30    ALAN=ALAN+2.*Y(I)
      ALAN=ALAN*H/3.
      WRITE(6,*) 'AREA=', ALAN
      STOP
      END
```

计算结果：

坐标数目 N	11	1 001	9 999
辛普森第一法/m^2	1.550 087 0	1.570 775 8	1.570 795 7
解析解/m^2	1.570 796 3	1.570 796 3	1.570 796 3
误差/%	-1.3	-0.001	-0.000 04

(6)4 坐标辛普森第二法

由于

$$y_0 = y(-1) = 0$$
$$y_1 = y(-1/3) = 0.942\ 81$$
$$y_2 = y(1/3) = 0.942\ 81$$
$$y_3 = y(0) = 0$$

$$A = \frac{3l}{8}(y_0 + 3y_1 + 3y_2 + y_3)$$
$$= \frac{3}{8} \times \frac{2}{3}(0 + 3 \times 0.942\ 8 + 3 \times 0.942\ 8 + 0)$$
$$= 1.414\ 2\ \text{m}^2$$

误差为：$\varepsilon = \dfrac{1.414\ 2 - 1.570\ 796\ 3}{1.570\ 796\ 3} = -0.10 = -10\%$

7 坐标辛普森第二法

由于

$$y_0 = y(-1) = 0$$
$$y_1 = y(-2/3) = 0.745\ 36$$
$$y_2 = y(-1/3) = 0.942\ 81$$
$$y_3 = y(0) = 1$$
$$y_4 = y(1/3) = 0.942\ 81$$
$$y_5 = y(2/3) = 0.745\ 36$$
$$y_6 = y(1) = 0$$

$$A = \frac{3l}{8}(y_0 + 3y_1 + 3y_2 + 2y_3 + 3y_4 + 3y_5 + y_6)$$
$$= \frac{3}{8} \times \frac{1}{3}(0 + 3 \times 0.745\ 36 + 3 \times 0.942\ 81 + 2 \times 1 + 3 \times 0.942\ 81 + 3 \times 0.745\ 36 + 0)$$
$$= 1.516\ 128\ \text{m}^2$$

误差：$\varepsilon = \dfrac{1.516\ 128 - 1.570\ 796\ 3}{1.570\ 796\ 3} = -0.034\ 8 = -3.48\%$

(7)编写 Fortran 程序

```
*      THIS PROGRAM CALCULATES AREA OF SEMI CIRCLE BY USING SIMPSONS
```

SECOND RULE

```
      IMPLICIT DOUBLE PRECISION (A-H,O-Z)
      DIMENSION X(10000),Y(10000)
*     R=RADIUS
*     N=NUMBER OF ORDINATES
      READ(5,*)R,N
*     H=SPACING BETWEEN ORDINATES
      H=2.*R/FLOAT(N-1)
*     ORDINATES
      DO 10 I=1,N
      X(I)=FLOAT(I-1)*H-R
10    Y(I)=DSQRT(1.-X(I)*X(I))
      ALAN=Y(1)+Y(N)
      DO 20 I=2,N-2,3
20    ALAN=ALAN+3.*Y(I)
      DO 30 I=3,N-1,3
30    ALAN=ALAN+3.*Y(I)
      DO 40 I=4,N-3,3
40    ALAN=ALAN+2.*Y(I)
      ALAN=ALAN*3.*H/8.
      WRITE(6,*)'AREA=', ALAN
      STOP
      END
```

计算结果:

坐标数目 N	10	1 000	10 000
辛普森第二法/m^2	1.541 183 1	1.570 771 3	1.570 795 5
解析解/m^2	1.570 796 3	1.570 796 3	1.570 796 3
误差/%	-1.9	-0.001 6	-0.000 04

2.4 切比雪夫法

梯形法、辛普森法采用的是等间距的纵坐标乘上不同的乘数然后求和,即求得所求曲线下的面积。与梯形法、辛普森法不同,切比雪夫法是应用不等间距的各纵坐标值之和,再乘以一个共同的系数来得到曲线下的面积。

用 n 次抛物线代替实际曲线，采用不等间距的几个纵坐标计算抛物线下的面积，如图 2－6 所示，这时曲线下面积 A 为 n 个纵坐标值之和，乘上一个共同的系数 p，p 为底边长度 L 除以纵坐标数目 n，即 $p=L/n$，则有

$$A=\frac{L}{n}(y_1+y_2+\cdots+y_n)=\frac{L}{n}\sum_{i=1}^{n}y_i \tag{2-40}$$

以三个坐标的切比雪夫法为例，其中 L 为曲线 CD 底边的长度，l 为曲线 CD 底边的半长，如图 2－7 所示，曲线 CD 下的面积写为

$$A=p(y_1+y_2+y_3) \tag{2-41}$$

假设曲线 CD 可用三次抛物线代替，即

$$y=a_0+a_1x+a_2x^2+a_3x^3 \tag{2-42}$$

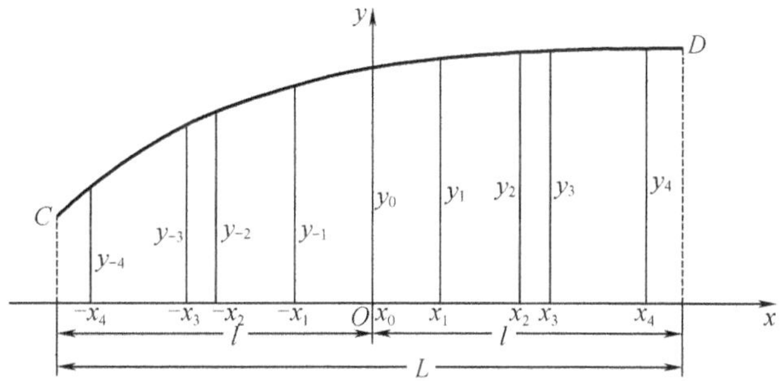

图 2－6　切比雪夫法示意图

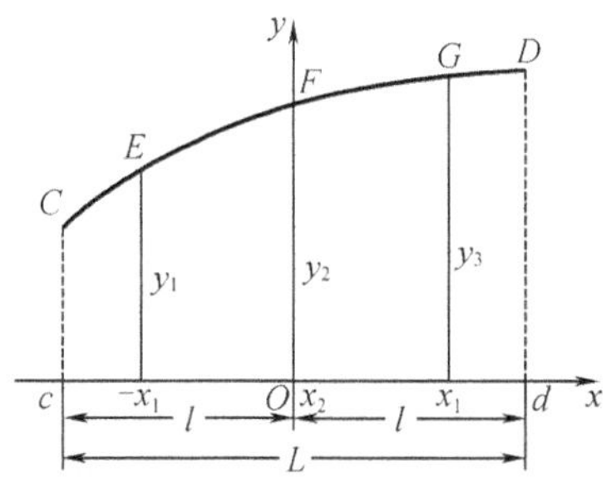

图 2－7　三坐标切比雪夫法

则 CD 曲线下的面积为

$$\begin{aligned}A&=\int_{-l}^{l}y\mathrm{d}x\\&=\int_{-l}^{l}(a_0+a_1x+a_2x^2+a_3x^3)\mathrm{d}x\\&=2la_0+\frac{2}{3}l^3a_2\end{aligned} \tag{2-43}$$

由于三次抛物线通过 E、F、G 三点，故当 $x=-x_1$ 时，

$$y_1=a_0-a_1x_1+a_2x_1^2-a_3x_1^2 \tag{2-44}$$

当 $x=0$ 时，

$$y_2 = a_0 \tag{2-45}$$

当 $x = x_1$ 时，

$$y_3 = a_0 + a_1 x_1 + a_2 x_1^2 + a_3 x_1^2 \tag{2-46}$$

将式(2－44)至式(2－46)代入式(2－42)中可得

$$\begin{aligned} A &= p(3a_0 + 2a_2 x_1^2) \\ &= 3pa_0 + 2px_1^2 a_2 \end{aligned} \tag{2-47}$$

式(2－43)和式(2－47)所表示的面积相等，故

$$\begin{cases} 3p = 2l \\ 2px_1^2 = \dfrac{2}{3}l^3 \end{cases} \tag{2-48}$$

求解式(2－48)可得

$$\begin{cases} p = \dfrac{2}{3}l \\ x_1 = \pm \dfrac{1}{\sqrt{2}}l = \pm 0.707\ 1l \end{cases} \tag{2-49}$$

式(2－49)结果表明，在离曲线 CD 中点为 $\pm 0.707\ 1l$ 处设立纵坐标，量取其值 y_1、y_3 和中点处坐标值 y_2，然后将这三个纵坐标的数值相加，再乘以共同的系数 $\frac{2}{3}l$，即得曲线 CD 下的面积

$$A = \frac{2}{3}l(y_1 + y_2 + y_3) \tag{2-50}$$

或

$$A = \frac{L}{3}(y_1 + y_2 + y_3) \tag{2-51}$$

同理，可推导出纵坐标数目 n 为 2～10 和 12 时的纵坐标位置，如表 2－8 所示，其曲线下面积的一般表达式见式(2－40)。

表 2－8　切比雪夫法纵坐标位置表

纵坐标数 n	纵坐标位置(距底边中点的距离，以底边半长 l 的分数表示)					
	x_1/l	x_2/l	x_3/l	x_4/l	x_5/l	x_6/l
2	0.577 3					
3	0	0.707 1				
4	0.187 6	0.794 7				
5	0	0.374 5	0.832 5			
6	0.266 6	0.422 5	0.866 2			
7	0	0.323 9	0.529 7	0.883 9		
8	0.102 6	0.406 2	0.593 8	0.897 4		
9	0	0.167 9	0.528 8	0.601 0	0.911 6	
10	0.083 8	0.312 7	0.500 0	0.687 3	0.916 2	
12	0.066 9	0.288 8	0.366 7	0.633 3	0.711 2	0.933 1

为了保证计算精度，在船舶静力学近似计算中一般采用 9 个以上的纵坐标数，同样数目的纵坐标数，切比雪夫法精度较梯形法和辛普森法高，但使用起来比较麻烦，该方法也可用来计算静矩和惯性矩等。

2.5　高　斯　法

高斯法采用不等间距的纵坐标和不同的乘数，其推导过程与切比雪夫法相近似，这里直接给出高斯法计算公式

$$A = \int y\mathrm{d}x \approx L(p_1y_1 + p_2y_2 + \cdots + p_ny_n) = L\sum_{i=1}^{n} p_iy_i \tag{2-52}$$

式中　L——曲线底边总长；

p_i——纵坐标前的乘数；

y_i——不等间距的坐标值；

n——纵坐标数。

不同纵坐标数下的高斯法纵坐标位置如表 2-9 所示。

表 2-9　高斯法纵坐标位置表

纵坐标数 n	纵坐标位置（距底边中点的距离，以底边半长 l 的分数表示），乘数 p_i			
		x_1/l	x_2/l	x_3/l
2	位置	±0.577 35	—	—
	乘数	0.500 00	—	—
3	位置	0	±0.774 600	—
	乘数	0.444 44	0.277 8	—
4	位置	±0.339 98	±0.861 14	—
	乘数	0.326 07	0.173 93	—
5	位置	0	±0.538 47	±0.906 18
	乘数	0.284 45	0.239 31	0.118 46

高斯法精确度较高，5 个纵坐标的高斯法相当于 9 个纵坐标的辛氏法或 9 个纵坐标的切比雪夫法。

2.6 提高船体近似计算精度的方法

船体型线在艏艉端和舭部曲度变化很大，往往需要用增加中间坐标或端点修正的方法来提高精度。

1. 增加中间坐标

如图 2-8 所示，曲线在底部曲率变化较大，为提高精度，可在坐标 y_0 和 y_1 之间增加一个中间坐标 $y_{\frac{1}{2}}$，增加中间坐标后，如采用辛普森第一法，其面积为

$$\begin{aligned} A &= \int_0^{5\delta d} y\mathrm{d}z \\ &\approx \frac{\delta d}{6}(y_0 + 4y_{\frac{1}{2}} + y_1) + \frac{\delta d}{3}(y_1 + 4y_2 + 2y_3 + 4y_4 + y_5) \\ &= \frac{\delta d}{3}\left(\frac{1}{2}y_0 + 2y_{\frac{1}{2}} + \frac{3}{2}y_1 + 4y_2 + 2y_3 + 4y_4 + y_5\right) \end{aligned} \tag{2-53}$$

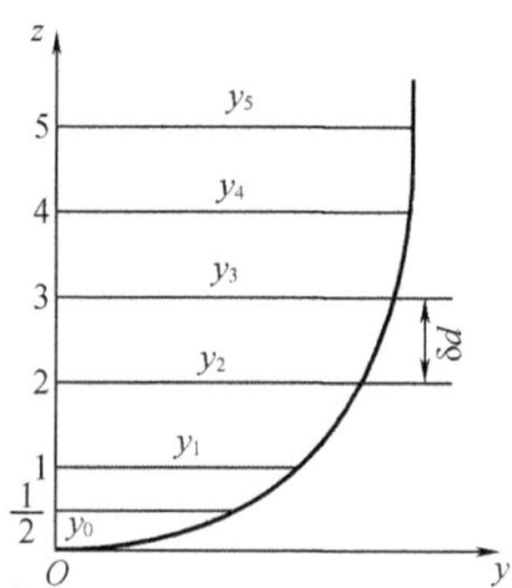

图 2-8 增加中间坐标

2. 端点坐标修正

应用梯形法进行积分计算时，一般采用端点修正坐标的方法来提高计算的准确性。端点修正一般有如下三种情况。

（1）船体曲线在端点上，即 $y_0=0$，用梯形法计算将少算 OAC 部分的面积，如图 2-9 所示。

修正方法：采用目测法作直线 CD，使面积 ODA 和 AC 曲线下的阴影面积相等，OD 的高度 y_0' 为 $y_0=0$ 的修正值，即在应用梯形法时，采用 y_0' 来代替 y_0 值。

（2）船体曲线超过端点，直接按 y_0 计算将会少计算 GED 部分的面积，如图 2-10 所示。

修正方法：采用目测法，作直线 DE 使 EC 和 CD 部分的阴影面积相等，连接 AD，过 E 作直线 EF 平行于直线 AD 交 DG 的延长线于 F，则 DF 的长度为修正值，即 $y_0'=\overline{DF}$。

（3）船体曲线不到端点，如果取 $y_0=0$，则多算面积 S_{BCE}，如图 2-11 所示。

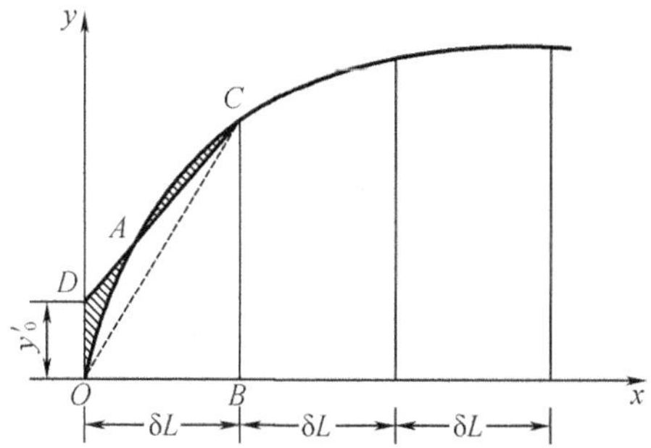

图2-9　端点修正(情况1)

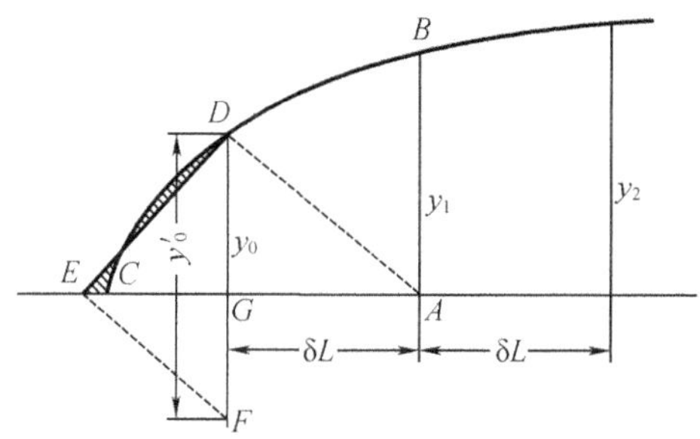

图2-10　端点修正(情况2)

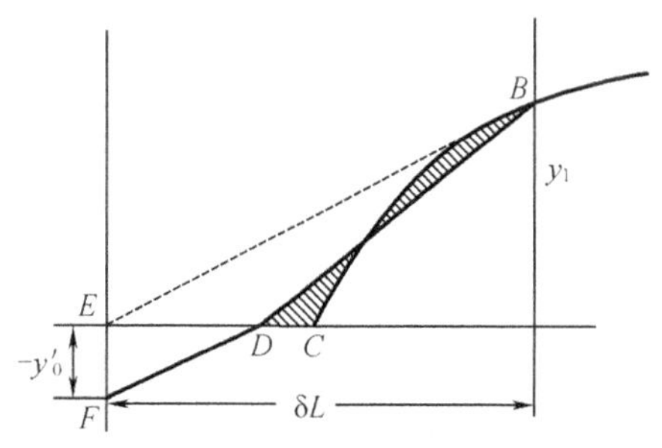

图2-11　端点修正(情况3)

修正方法:采用目测法,作直线 DB 使 CB 曲线上下阴影部分面积相等,连接 EB,过 D 作 DF 平行于 EB,则 EF 的坐标值为修正值,即 $y_0' = -\overline{EF}$(为负值)。

2.7　近似计算方法的应用

采用2.2~2.5节介绍的近似计算方法可求面积、静矩、形心坐标和惯性矩等。

如图2-12所示,曲线 AB 下的面积为

$$A = \int_0^h y\mathrm{d}x \qquad (2-54)$$

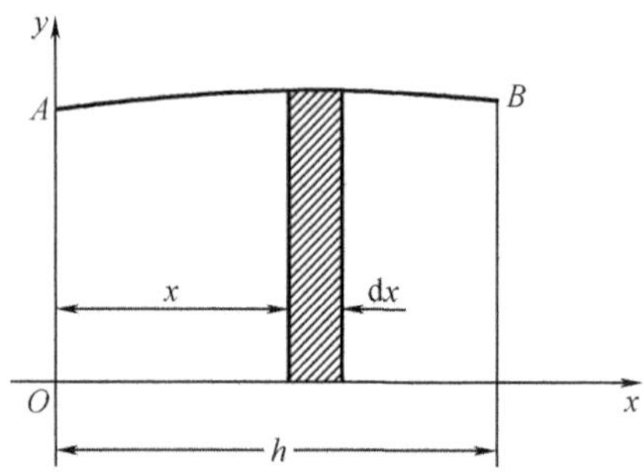

图 2-12 计算面积及静矩

面积 A 对 Oy 轴的静矩为

$$M_{Oy} = \int_0^h xy\mathrm{d}x \tag{2-55}$$

面积 A 对 Ox 轴的静矩为

$$M_{Ox} = \int_0^h \frac{1}{2}y^2\mathrm{d}x = \frac{1}{2}\int_0^h y^2\mathrm{d}x \tag{2-56}$$

面积 A 的形心坐标 $G(x,y)$ 为

$$\begin{cases} x = \dfrac{M_{Oy}}{A} \\ y = \dfrac{M_{Ox}}{A} \end{cases} \tag{2-57}$$

面积 A 对 Oy 轴的惯性矩为

$$I_{Oy} = \int_0^h x^2 y\mathrm{d}x \tag{2-58}$$

面积 A 对 Ox 轴的惯性矩为

$$I_{Ox} = \int_0^h \frac{1}{3}y^3\mathrm{d}x = \frac{1}{3}\int_0^h y^3\mathrm{d}x \tag{2-59}$$

面积 A 对通过形心 G 的横轴的纵向惯性矩为

$$I_{yG} = I_{Oy} - AX^2 \tag{2-60}$$

面积 A 对通过形心 G 的纵轴的横向惯性矩为

$$I_{xG} = I_{Ox} - AY^2 \tag{2-61}$$

对于图 2-13 类型的扇形，其面积及其对 Oy 轴、Ox 轴的静矩和形心坐标采用如下的计算公式。

面积为

$$d_A = \frac{1}{2}r \cdot r\mathrm{d}\theta = \frac{1}{2}r^2\mathrm{d}\theta \tag{2-62}$$

$$A = \frac{1}{2}\int_0^\phi r^2\mathrm{d}\theta \tag{2-63}$$

对 Oy 轴静矩为

$$DM_{Oy} = \frac{1}{2}r^2\mathrm{d}\theta \cdot \frac{2}{3}r\cos\theta = \frac{1}{3}r^2 \cdot \cos\theta\mathrm{d}\theta \tag{2-64}$$

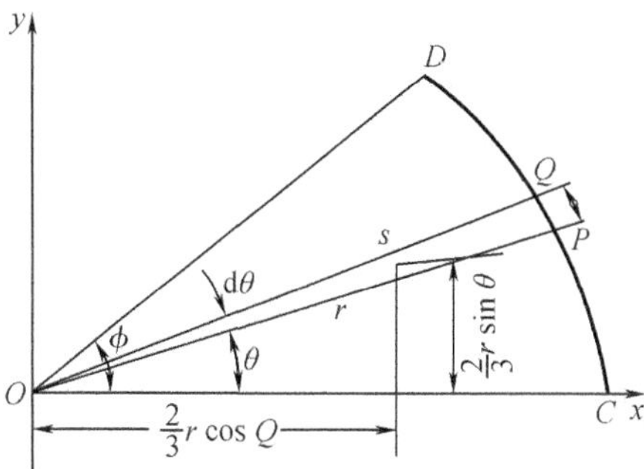

图 2-13　计算扇形面积及静矩

故有

$$M_{Oy} = \frac{1}{3}\int_0^{\phi} r^3 \cos\theta \mathrm{d}\theta \tag{2-65}$$

对 Ox 轴静矩有

$$\mathrm{d}M_{Ox} = \frac{1}{2}r^2\mathrm{d}\theta \cdot \frac{2}{3}r\sin\theta = \frac{1}{3}r^2\sin\theta\mathrm{d}\theta \tag{2-66}$$

故有

$$M_{Ox} = \frac{1}{3}\int_0^{\phi} r^3 \sin\theta \mathrm{d}\theta \tag{2-67}$$

形心坐标为

$$\left.\begin{aligned} x_G &= \frac{M_{Oy}}{A} = \frac{\frac{1}{3}\int_0^{\phi} r^3\cos\theta\mathrm{d}\theta}{\frac{1}{2}\int_0^{\phi} r^2\mathrm{d}\theta} \\ y_G &= \frac{M_{Ox}}{A} = \frac{\frac{1}{3}\int_0^{\phi} r^3\sin\theta\mathrm{d}\theta}{\frac{1}{2}\int_0^{\phi} r^2\mathrm{d}\theta} \end{aligned}\right\} \tag{2-68}$$

例 2-5　某船的水线面如图 2-14 所示，求该船的水线面面积 A_W 和漂心（水线面的形心）坐标。

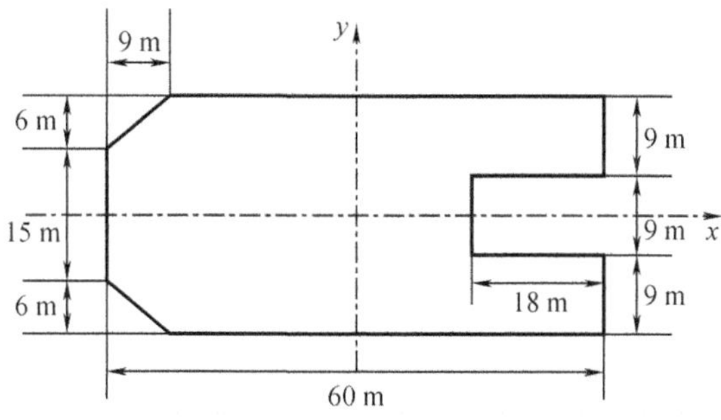

图 2-14

解 水线面面积为

$$A_W = 60 \times 27 - 18 \times 9 - 2 \times 6 \times 9/2 = 1\ 404(\mathrm{m}^2)$$

水线面关于 y 轴的静矩为

$$M_y = 0 - 18 \times 9 \times 21 - 6 \times 9 \times (-27) = -1\ 944(\mathrm{m}^3)$$

漂心坐标为

$$x_F = M_y / A_W = -1\ 944/1\ 404 = -1.385(\mathrm{m})$$

$$y_F = 0(\mathrm{m})$$

例 2-6 如图 2-15 所示某半潜平台水线面由六个等间距正方形组成，正方形边长为 a，正方形形心横向间距为 B，纵向间距为 L，求水线面的横向和纵向惯性矩。

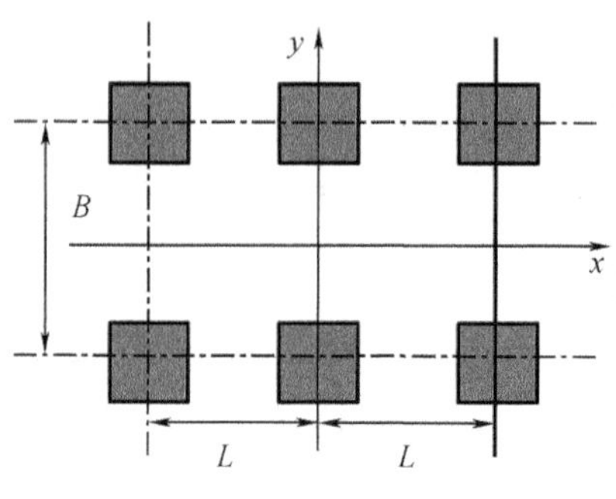

图 2-15

解 水线面为对称结构，水线面漂心在坐标原点，因此横向惯性矩为水线面绕 x 轴的惯性矩

$$I_T = 6 \times \left[\frac{a^4}{12} + a^2\left(\frac{B}{2}\right)^2\right] = \frac{a^4 + 3a^2B^2}{2}$$

纵向惯性矩为水线面绕 y 轴的惯性矩

$$I_L = 4 \times \left[\frac{a^4}{12} + a^2L^2\right] + 2 \times \frac{a^4}{12} = \frac{a^4 + 8a^2L^2}{2}$$

2.8 积分曲线特性

在浮体静力学计算中，原曲线的积分曲线、重积分曲线之间特性非常重要。

如图 2-16 所示，积分曲线具有如下基本特性。

(1) 积分曲线在某处的纵坐标值等于原曲线下该处以前的面积，原曲线在某处的纵坐标值为积分曲线在该处的导数，即

$$y_1 = \int_0^x y\mathrm{d}x, y = \frac{\mathrm{d}y_1}{\mathrm{d}x}$$

(2) 积分曲线的极大值或极小值对应于原曲线在 x 轴上的交点（驻点），原曲线的极大值或极小值对应积分曲线的拐点。

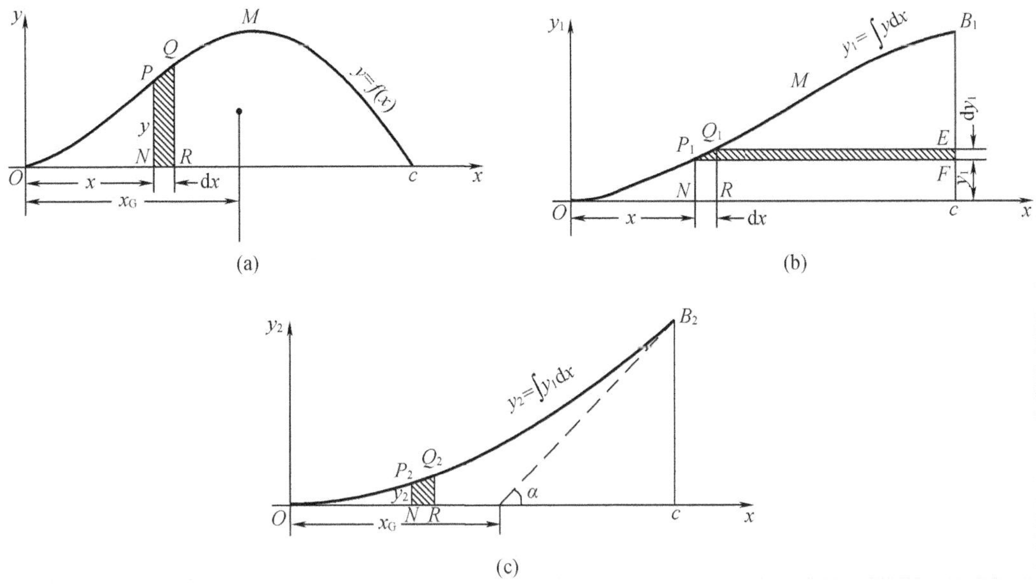

图 2－16　积分曲线的特性

(3)原曲线下的面积对通过 C 点的纵坐标的静矩等于其积分曲线下的面积或者等于其重积分曲线 OP_2B_2 所对应的纵坐标。

习　　题

1. 对如图 2－17 所示的两个横剖面的半宽及水线间距(单位为 m)先修正其坐标,然后用梯形法计算其面积。

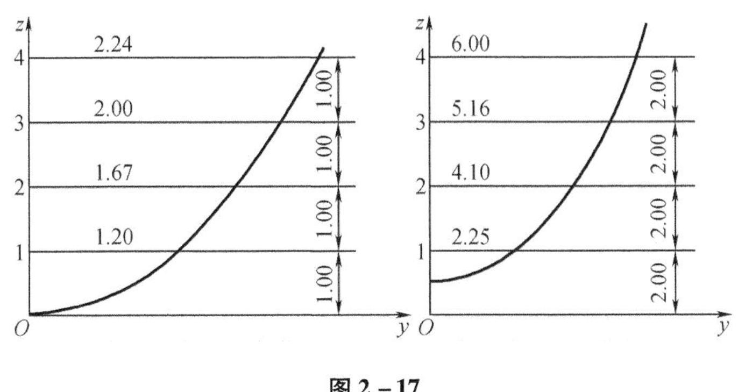

图 2－17

2. 某船的水线面曲线在各站号处的半宽值如表 2－10 所列(站距为 12 m):

表 2－10

站号	0	1	2	3	4	5	6	7	8	9	10
半宽 y_i/m	0	6.35	8.55	8.67	8.67	8.67	8.67	8.60	7.55	4.18	0

用梯形法列表求其面积和对第 5 站线的面积矩和水线面形心坐标 x_F、y_F。

3. 某水线半宽可用方程 $y=1.5\sqrt[3]{x}$表示,则

(1)用比例绘出 0 ~ 30 m 的一段水线面形状;

(2)用定积分求其面积;

(3)用 10 等分梯形法计算其面积;

(4)用 10 等分辛普森法计算其面积。

4. 某船的水线面如图 2 – 18 所示,请计算:

(1)该水线面的面积、漂心;

(2)纵倾惯性矩;

(3)横倾惯性矩。

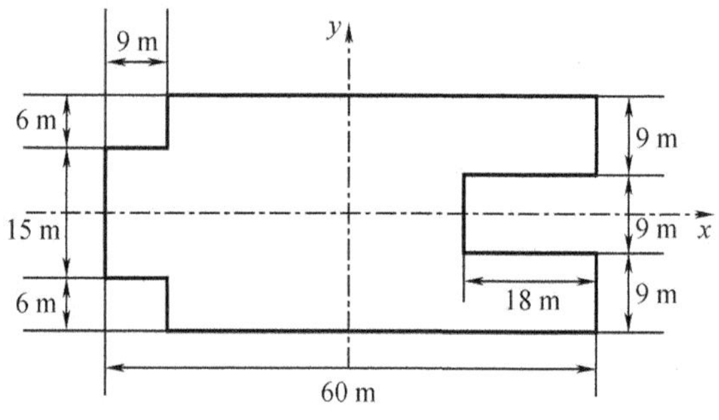

图 2 – 18

5. 某船设计吃水处剖面如图 2 – 19 所示,各参数为 $L=120$ m,$B=20$ m,$e=30$ m,试计算:

(1)设计吃水处的水线面面积;

(2)漂心坐标;

(3)对于图示的坐标系,水线面对 x 轴和 y 轴的惯性矩。

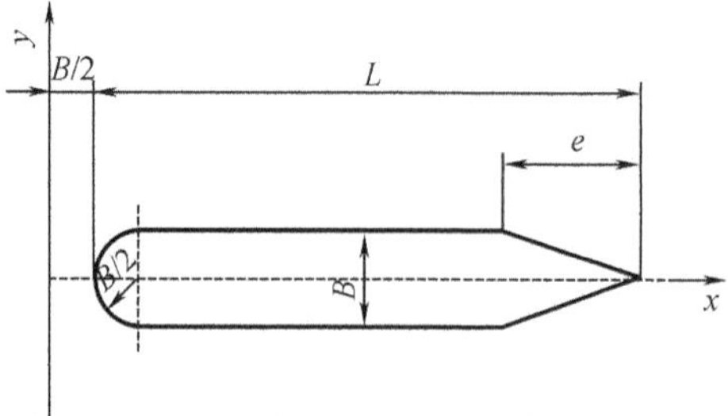

图 2 – 19

第3章　浮　　性

本章对浮体静力学性能之一的浮性进行讨论,浮性是船舶和海洋结构物的基本性能之一,指的是在一定装载情况下,各类浮体具有漂浮在水面上(或浸没在水中)保持平衡位置的能力。

本章知识要点:

1. 船舶在静水中的平衡条件、各种漂浮状态;
2. 船舶在各种浮态下的排水体积、浮心位置的计算原理和方法。

3.1　浮性概述

3.1.1　船舶平衡条件

船舶在一定的装载情况下,漂浮于水面一定位置,是一个平衡状态的浮体;作用在船上的力,有船舶本身所受重力及静水压力所形成的浮力。

作用在船上的重力是由船舶本身各部分所受重力所组成的,如船体构件、机电设备、货物人员及行李等,军舰还有武器装备、弹药等,这些重力形成一个垂直向下的合力,此合力就是船舶所受重力 W,合力的作用点 G 称为船舶重心。

船体浮水表面的每一点都受到水的静压力,方向是垂直于船体面的,其大小与浸水深度成正比,从图3－1中可以看出,船舶水下部分静水压力的水平分力互相抵消,垂直分力则形成一个垂直向上的合力,此合力就是支持船舶漂浮于一定位置的浮力 $w\nabla$,合力的作用点 B 称为船舶的浮心。根据阿基米德定律得物体在水中所受的浮力等于该物体排开水所受到的重力。

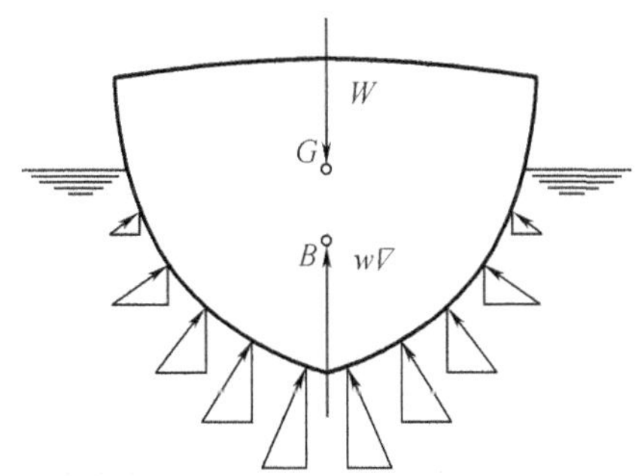

图3－1　处于平衡状态的船体

$$\Delta = w\nabla \tag{3-1}$$

式中 Δ——排水量,tf,发音为 delta;

∇——排水体积,m^3,发音为 nabla;

w——重量密度,tf/m^3,不同水域下水的重量密度见表 3-1;

$w\nabla$——浮力,tf。

习惯上,船舶工业中,排水量(tf)用排水质量(t)来表示,船舶重量(重力)W(tf)也用船舶质量(t)来表示。

表 3-1 不同水域下水的重量密度

水域	$w/(tf/m^3)$	水域	$w/(tf/m^3)$
淡水	1.000	黑海	1.018
东波罗的海	1.003	洋	1.025
西波罗的海	1.015	红海	1.044
里海	1.060	死海	1.278

浮心 B 为船舶排水体积的形心。

综上所述,船舶静止漂浮于一定位置时只受到两个作用力,即作用于重心 G 并垂直向下的重力 W 和作用在浮心 B 垂直向上的浮力 $w\nabla$。

船舶平衡条件:

(1)重力=浮力,$\Delta = w\nabla$;

(2)重心 G 和浮心 B 在同一条铅垂线上。

由船舶平衡条件可知,讨论船舶的平衡问题,不仅要考虑 W 和 $w\nabla$ 的大小,同时还要关注重心和浮心的具体位置。为此,建立如图 3-2 所示的固定在船舶上的 $o-xyz$ 直角坐标系。它以三个互相垂直的主坐标平面(基平面、中线面和中站面)的交点作为原点 o,而以三个主坐标平面间的交线作为坐标轴,基平面和中线面的交线是 x 轴,也就是基线,指向船首为正方向;基平面与中站面的交线是 y 轴,指向右舷为正方向;中线面与中站面的交线是 z 轴,向上为正方向。

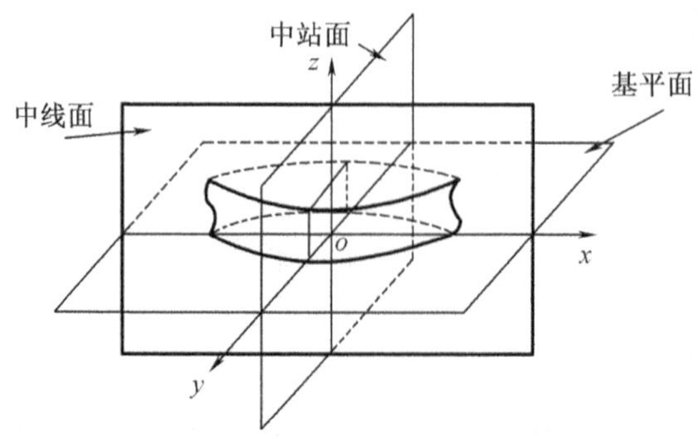

图 3-2 船体坐标系

3.1.2 船舶的浮态

船舶浮于静水的平衡状态称为浮态;表示船舶浮态的参数有吃水 d、横倾角 ϕ、纵倾角 θ。

假设船舶重心位置 $G(x_G, y_G, z_G)$,浮心 $B(x_B, y_B, z_B)$,船舶在水面上漂浮处于平衡状态时,所受的外力矩为0,如图3-3所示,即

$$\begin{cases} x_B - x_G = (z_G - z_B)\tan\theta \\ y_B - y_G = (z_G - z_B)\tan\phi \end{cases} \tag{3-2}$$

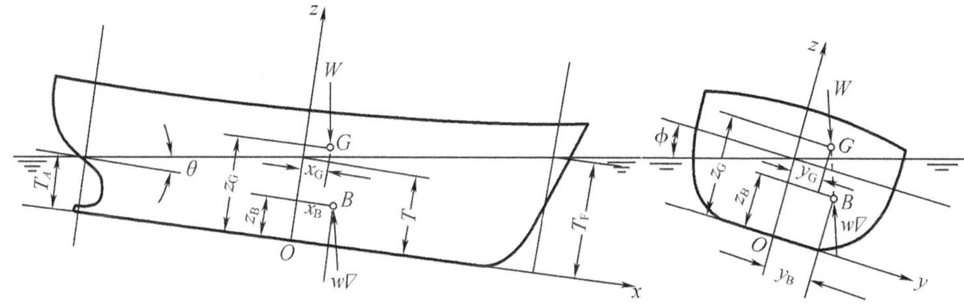

图3-3 船舶的浮态

由式(3-2)可知,船舶的浮态一共包括如下四种情况:

(1)$\phi = 0, \theta = 0$;

(2)$\phi \neq 0, \theta = 0$;

(3)$\phi = 0, \theta \neq 0$;

(4)$\phi \neq 0, \theta \neq 0$。

1. 正浮状态($\phi = 0, \theta = 0$)

正浮状态是船舶漂浮于静水面,船体中纵剖面和中横剖面都垂直于水面的一种浮态,Ox 轴、Oy 轴水平,无横倾和纵倾,如图3-4所示。

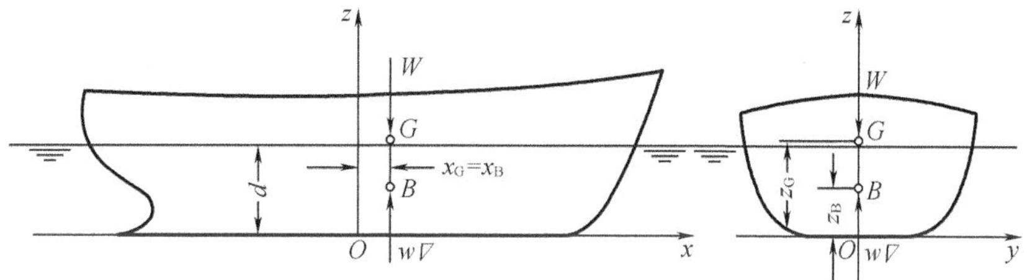

图3-4 处于正浮状态的船体

$$\begin{cases} W = w\nabla = \Delta \\ x_G = x_B \\ y_B = y_G = 0 \end{cases} \tag{3-3}$$

正浮浮态表示参数:吃水 d。

2. 横倾状态($\phi \neq 0, \theta = 0$)

如图 3-5 所示,横倾状态是船舶自正浮状态向左舷或右舷方向倾斜的一种浮态。Ox 轴是水平的,中纵剖面与铅垂面成一角度,即正浮时水线面与横倾后的水线面的夹角 ϕ(横倾角)。

船舶横倾的大小以横倾角表示。横倾角有正负,规定为正值,右舷方向横倾;负值,左舷方向横倾。

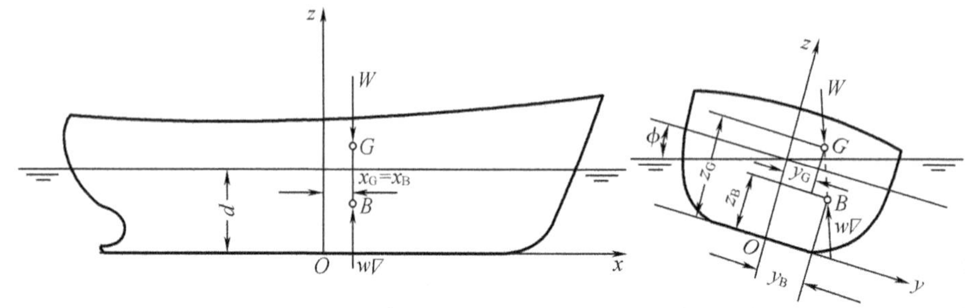

图 3-5 处于横倾状态的船体

$$
\begin{cases}
W = \Delta = w \nabla \\
x_G = x_B \\
y_B - y_G = (z_G - z_B) + \tan \phi
\end{cases}
\tag{3-4}
$$

浮态表示参数:吃水 d,横倾角 ϕ。

3. 纵倾状态($\phi = 0, \theta \neq 0$)

如图 3-6 所示,纵倾状态是船舶自正浮位置向船尾方向或船首方向倾斜的一种浮态。Oy 轴是水平的,船体中纵剖面垂直于水面中横剖面与铅垂平面相交成一角度,即正浮时水线面与纵倾后水线面相交的角度 θ,称为纵倾角,船舶纵倾大小用艏艉吃水差和纵倾角表示。

纵倾角的正负按如下规定:艏倾为正值;艉倾为负值。

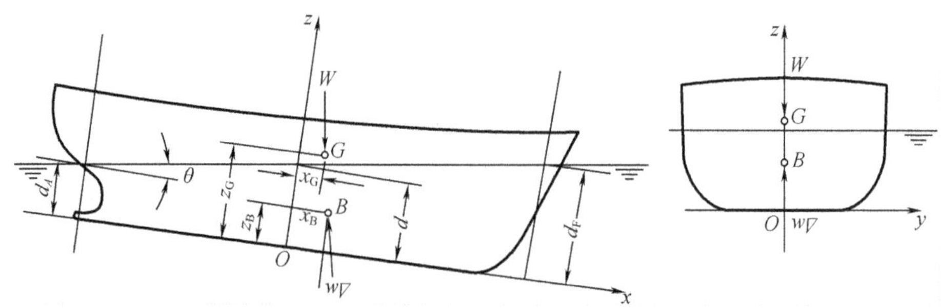

图 3-6 处于纵倾状态的船体

$$\begin{cases} W = \Delta = w\nabla \\ x_B - x_G = (z_G - z_B)\tan\theta \\ y_G = y_B = 0 \end{cases} \tag{3-5}$$

浮态表示参数:平衡吃水 $d = \dfrac{d_F + d_A}{2}$,纵倾角 θ。

船舶纵倾的大小通常用艏吃水 d_F(艏垂线处的吃水)和艉吃水 d_A(艉垂线处的吃水)之差来表示,即

$$t = d_F - d_A \tag{3-6}$$

纵倾角 θ 与纵倾值 t 之间的关系为

$$\tan\theta = \frac{t}{L} \tag{3-7}$$

一般船舶设计或正常使用情况下,都应处于正浮状态或稍有艉倾状态。横倾、大角度纵倾状态和任意状态由外力作用或船上重心位置的改变或船舶破损后进水等引起,这些对船舶的使用及航海性能不利。从浮态研究船舶浮性问题就是研究船舶稳性问题,都要研究船舶重量、重心、浮力、浮心的相互关系。

4. 任意状态($\phi \neq 0, \theta \neq 0$)

任意状态下船舶的浮态中既有横倾又有纵倾,如图 3-3 所示,Ox 轴和 Oy 轴都不是水平的,船体的中纵剖面与铅垂剖面成一横倾角 ϕ,同时中横剖面和铅垂平面成一纵倾角 θ,其浮态方程为

$$\begin{cases} W = \Delta = w\nabla \\ x_B - x_G = (z_G - z_B)\tan\theta \\ y_B - y_G = (z_G - z_B)\tan\phi \end{cases} \tag{3-8}$$

浮态表示参数:平衡吃水 $d = \dfrac{d_F + d_A}{2}$,横倾角 ϕ,纵倾角 θ。

从以上对各种浮态的分析可知,在研究船舶浮性问题和以后将要研究的船舶稳性等问题都要研究船舶的重量、重心和浮力(排水量)、浮心之间的相互关系。船舶的重量、重心可根据总布置图和其他相关图纸和技术资料进行分析计算,而浮力和浮心则需要根据型线图和型值表进行计算。

3.2 船舶重量和重心位置的计算

船舶总重量是船上各类重量之和,已知各项的重量 W_i:

$$W = W_1 + W_2 + W_3 + \cdots + W_n = \sum_{i=1}^{n} W_i \tag{3-9}$$

式中 n 为各项重量的数目。

3.2.1 船舶重量分类

1. 固定重量

固定重量包括船体钢料、木作舾装、机电设备及武器等,它们的重量在使用过程中是固定不变的,也称空船重量(Light Ship Weight)或船舶自身的重量。

2. 变动重量

变动重量包括货物、船员、行李、旅客、淡水、粮食、燃油、润滑油及弹药的重量,这类重量的总和就是船的载重量(Displacement Weight)。

船舶排水量 = 空船重量 LW + 载重量 DW

船舶在实际使用中载重量总是变化的,其排水量也随装载情况而变化,因而船舶的各种技术性能也发生变化,需用典型的装载情况来反映船舶的各种技术性能。

对于民船的排水量:

空载排水量是指船舶在全部建成后交船时的排水量,即空船重量,此时动力装置系统内有可供动车用的油和水,但不包括航行时所需的燃料、润滑油、炉水储备和其他的载重量。

满载排水量是指船舶上装载预先规定的设计载重量(按照设计任务书要求的货物、旅客、船员、行李、粮食、淡水、燃料、润滑油、锅炉用水的储备及备品、供应品等均装载满额的重量)的排水量。

上述空载排水量、满载排水量又分出港、到港。

出港:燃料、润滑油、淡水、粮食及其他给养物品都按设计的规定的数量带足。

到港:消耗品还剩余 10%。

满载排水量如无特殊说明,是指满载出港排水量,是民船的最大排水量,决定船舶的主要要素的出发点,因此也作为民用船舶的设计排水量。“万吨轮”指船的载重量满载时在一万吨上下。

对于军船的排水量:

空载排水量是指建造全部完工后军舰的排水量。舰上装有机器、武器和其他规定的战斗装备,但不包括人员和行李、粮食、供应品、弹药、燃料、滑油、护水及饮用水等。

标准排水量是指人员配备齐全,必需的供应品备足,做好出海作战准备时的排水量。其中包括弹药、给养和其他规定的作战用品,也包括机器、锅炉和管系内的淡水、海水和滑油,亦包括准备开动机器装置的各项重量,但不包括燃料、滑油和锅炉用水的储备量。

正常排水量是指正式试航时的排水量,即相当于标准排水量加上保证 50% 航程所需的燃料、滑油和锅炉用水的重量,也是军船发挥战斗性能的装载状态,将它规定为军船的设计排水量。

满载排水量是指标准排水量加上保证全航程所需的全部燃料、滑油和锅炉用水的重量。这是一般情况下出航时军船的最大装载状态。

最大排水量,又称超载排水量,是指满载排水量加上超载的弹药(包括水雷等)和燃料、滑油、锅炉用水(指储存这些物品的舱柜装满为止)的重力。这是军用舰艇允许达到的最大装载状态。

3.2.2　空船重量系数和载重系数

空船重量系数定义如下:

空船重量系数 η_0 = 空船重量/满载重量,低值对应于较大的船舶。对于一般大型货船,其值为 0.27 ~ 0.36;对于中小型货船,其值为 0.30 ~ 0.43。

载重系数定义如下:

$$\text{载重系数 } \eta_F = \text{总载重量/满载重量}$$

显然 $\eta_F = 1 - \eta_0$,大型船舶具有较大的 η_F,即它有相对载重较大的特点,这就是船舶向大型化发展的主要原因。

3.2.3　船舶重心

1. 船舶重心坐标表达式

船舶重心表达式:

$$x_g = \frac{\sum P_i x_i}{\sum P_i},\quad y_g = \frac{\sum P_i y_i}{\sum P_i},\quad z_g = \frac{\sum P_i z_i}{\sum P_i} \tag{3-10}$$

式中　P_i——船上某一重物的重量;

x_i, y_i, z_i——P_i 的重心坐标;

x_g——船舶重心的纵向坐标(Longitudinal distance of Center of Gravity, LCG),重心在船中前取正,船中后取负;

y_g——船舶重心的横向坐标(Transverse)坐标;

z_g——船舶重心的垂向坐标(Vertical)坐标。

上述公式表明,各重量(各重力)对给定平面力矩的代数和等于其合力对该平面之矩,即合力矩定理。

2. 空船重心

空船重量为 W,空船重心 G_0 所对应坐标(x_{g0}, y_{g0}, z_{g0}),其中 z_{g0} 可通过倾斜试验求得,x_{g0} 根据浮态和 z_{g0} 求得,y_{g0} 值根据左右重量对称分配的原则应等于零,否则应予以调整。

3. 装卸后重心

根据合力矩原理

$$\begin{cases} W = W_0 + \sum P_i \\ x_{g_1} = \dfrac{W_{xg} + \sum P_l x_l}{W} \\ z_{g_1} = \dfrac{W_{zg} + \sum P_i z_i}{W} \end{cases} \tag{3-11}$$

式中 W_0——装卸前船舶的重量，对应重心坐标 x_g,z_g；

P_i——所装卸的第 i 项重物的重量，装"+"卸"-"；

W——装卸后船舶重量。

表 3-2 重量及重心位置计算表格

序号	项目名称	重量 W_i/t	对基平面		对中横剖面			
					艏		艉	
			z_i/m	W_iz_i/m	x_i/m	W_ix_i /(t·m)	$-x_i$/m	$-W_ix_i$ /(t·m)
1	…	W_1	z_1	W_1z_1	x_1	W_1x_1	$-x_1$	$-W_1x_1$
2	…	W_2	z_2	W_2z_2	x_2	W_2x_2	$-x_2$	$-W_2x_2$
3	…	W_3	z_3	W_3z_3	x_3	W_3x_3	$-x_3$	$-W_3x_3$
⋮	⋮	⋮	⋮	⋮	⋮	⋮	⋮	⋮
	总值	$\sum W_i$		$\sum W_iz_i$		$\sum W_ix_i$		$\sum -W_ix_i$

例 3-1 已知某船重量为 $W_0=5\ 000$ t，重心高度为 9 m，今来货船装货 $P_3=2\ 000$ t，$z_g=5$ m，试计算装载后船舶重心的垂向坐标。

解

$$W=W_0+P_3=7\ 000\ \text{t}$$

$$z_{g_1}=\frac{W_0z_{g0}+P_3z_3}{W}=\frac{5\ 000\times 9+2\ 000\times 5}{7\ 000}=7.857(\text{m})$$

由已知可见，因所装货的重心 z_g 低于装货前船舶重心 z_{g0}，则装货后船舶重心 z_{g_1} 将低于 z_{g0}，反之则 z_{g_1} 高于 z_{g0}，若 z_g 与 z_{g0} 同高，则 z_{g0} 与 z_{g_1} 同高，据此可以控制船舶装货后其重心变化的趋势。

上述规律对于卸货时相反。

3.3 排水量和浮心位置的计算

排水体积和排水体积形心坐标的计算是根据型线图和型值表来进行的，其计算的基本原理和内容如下。

(1) 在计算船舶的排水体积时，用若干个与任一坐标平面平行的平面把船舶水下体积分割成若干个薄层微体积，算出这些薄层微体积，并求其总和，即船舶的排水体积；

(2) 计算排水体积形心坐标时，要先算出薄层微体积对某一坐标平面的静矩，并求出这些静矩总和，然后将其总和除以排水体积，即得排水体积的形心距该平面的距离。

计算方法有两种：

(1) 垂向计算法，即水下体积沿 Oz 轴垂向分割，这种方法通过水线面计算排水体积。

(2)纵向计算法,即水下体积沿 Ox 轴纵向分割,这种方法通过横剖面计算排水体积。

3.3.1 根据水线面计算排水体积和浮心位置(垂向计算法)

此方法是将水线面沿吃水方向积分来计算排水体积和浮心位置的,又称为垂向计算法。

如图 3-7 所示,此为船舶吃水 d 时的正浮状态。在离基平面 z 处,取 dz 薄层进行分析。

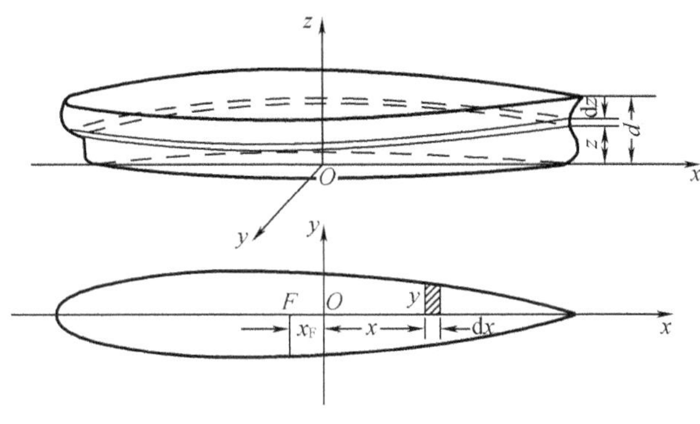

图 3-7 水线面计算

薄层微体积为

$$d\nabla = A_W dz \tag{3-12}$$

式中 A_W 为离基平面 z 处的水线面面积。

由图 3-7 可知

$$dA_W = 2y dx \tag{3-13}$$

故

$$A_W = 2\int_{-L/2}^{L/2} y dx \tag{3-14}$$

式中 y——离 Oy 轴的 x 处的水线面半宽;

L——水线长。

因 L 随 d 的变化不大,故一般取设计水线长,将水线面面积沿着吃水方向积分,即可得排水体积

$$\nabla = \int_0^d A_W dz = 2\int_0^d \int_{-L/2}^{L/2} y dx dz \tag{3-15}$$

该薄层微体积 $d\nabla$ 对平面 yOz 和 xOy 的静矩

$$dM_{yOz} = x_F \cdot A_W dz \tag{3-16}$$

$$dM_{xOy} = z \cdot A_W dz \tag{3-17}$$

式中 x_F 为离基平面 Z 处的水线面面积的漂心纵向坐标(Longitudinal Centre of Flotation, LCF),在浮体静力学中,水线面面积的形心 F 点称为漂心(centre of flotation)。

为求解 x_F,首先求水线面面积对 Oy 轴的静矩,即

$$M_{Oy} = 2\int_{-L/2}^{L/2} xy\mathrm{d}x \tag{3-18}$$

从而有

$$x_F = \frac{M_{Oy}}{A_W} = \frac{\int_{-L/2}^{L/2} xy\mathrm{d}x}{\int_{-L/2}^{L/2} y\mathrm{d}x} \tag{3-19}$$

水线面对中站面的静矩为

$$M_{yOz} = \int_0^d x_F \cdot A_W \mathrm{d}z = 2\int_0^d\int_{-L/2}^{L/2} xy\mathrm{d}x\mathrm{d}z \tag{3-20}$$

从而可得到浮心纵向坐标(Longitudinal Centre of Buoyancy,LCB)

$$x_B = \frac{M_{yOz}}{\nabla} = \frac{\int_0^d x_F \cdot A_W \mathrm{d}z}{\int_0^d A_W \mathrm{d}z} = \frac{\int_0^d\int_{-L/2}^{L/2} xy\mathrm{d}x\mathrm{d}z}{\int_0^d\int_{-L/2}^{L/2} y\mathrm{d}x\mathrm{d}z} \tag{3-21}$$

水线面对基平面的静矩为

$$M_{xOy} = \int_0^d z \cdot A_W \mathrm{d}z = 2\int_0^d\int_{-L/2}^{L/2} zy\mathrm{d}x\mathrm{d}z \tag{3-22}$$

从而有

$$z_B = \frac{M_{zOy}}{\nabla} = \frac{\int_0^d z \cdot A_W \mathrm{d}z}{\int_0^d A_W \mathrm{d}z} = \frac{\int_0^d\int_{-L/2}^{L/2} yz\mathrm{d}x\mathrm{d}z}{\int_0^d\int_{-L/2}^{L/2} y\mathrm{d}x\mathrm{d}z} \tag{3-23}$$

船舶正浮状态时,浮心横坐标 $y_B = 0$。

只要改变上限,积分公式成为正变上限积分,按其计算结果便可得到随吃水而变化的关系曲线,如排水体积曲线漂心纵向坐标曲线、浮心垂向坐标曲线,这些曲线与水线面面积曲线、漂心纵向坐标曲线、横剖面面积曲线等称为浮性曲线。

具体计算采用表格的形式。由水线面积及漂心纵向坐标以及随水变化的关系曲线,计算得到排水体积。

对于方盒形的驳船,浮心高度 $z_B \approx 0.5d$,对于横剖面为三角形的 V 形船,$z_B \approx 0.667d$,对于常规船,$z_B \approx 0.535d$。

3.3.2 根据横剖面计算排水体积和浮心位置(纵向计算法)

该方法是根据横剖面沿船长方向积分来计算排水体积和浮心位置,属于纵向计算法。

船舶在吃水 d 时的正浮状态,在离中站面 x 处,取 $\mathrm{d}x$ 薄层进行分析,如图 3-8 所示。

$$\mathrm{d}\nabla = A_S \mathrm{d}x \tag{3-24}$$

而 $\mathrm{d}A_S = 2y\mathrm{d}z$,故有

$$A_S = \int_0^d y\mathrm{d}z \tag{3-25}$$

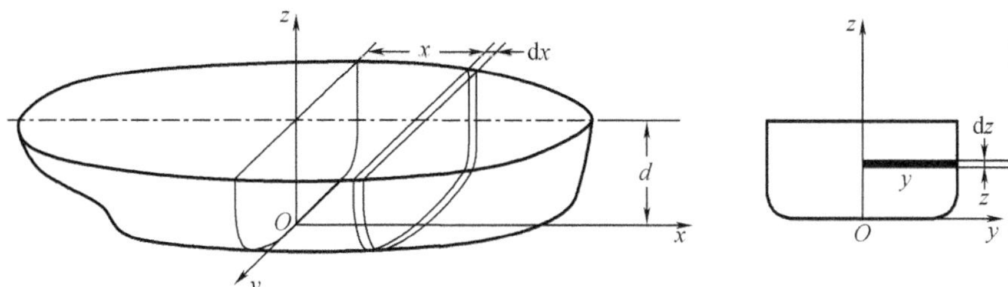

图3-8　纵向计算方法

从而可得

$$\nabla = \int_{\frac{-L}{2}}^{\frac{L}{2}} A_S \mathrm{d}x = 2\int_{\frac{-L}{2}}^{\frac{L}{2}}\int_0^d y \mathrm{d}z \mathrm{d}x \tag{3-26}$$

又由于

$$\mathrm{d}M_{yOz} = x \cdot A_S \mathrm{d}x \tag{3-27}$$

$$\mathrm{d}M_{xOz} = z_A \cdot A_S \mathrm{d}x \tag{3-28}$$

$$M_{Oy} = 2\int_0^d z \cdot y \mathrm{d}z \tag{3-29}$$

$$z_A = \frac{M_{Oy}}{A_S} = \frac{\int_0^d z \cdot y \mathrm{d}z}{\int_0^d y \mathrm{d}z} \tag{3-30}$$

所以有

$$M_{yOz} = \int_{\frac{-L}{2}}^{\frac{L}{2}} x \cdot A_S \mathrm{d}x = 2\int_{\frac{-L}{2}}^{\frac{L}{2}}\int_0^d xy \mathrm{d}z \mathrm{d}x \tag{3-31}$$

$$x_B = \frac{M_{yOz}}{\nabla} = \frac{\int_{\frac{-L}{2}}^{\frac{L}{2}} x \cdot A_S \mathrm{d}x}{\int_{\frac{-L}{2}}^{\frac{L}{2}} A_S \mathrm{d}x} = \frac{\int_{\frac{-L}{2}}^{\frac{L}{2}}\int_0^d xy \mathrm{d}z \mathrm{d}x}{\int_{\frac{-L}{2}}^{\frac{L}{2}}\int_0^d y \mathrm{d}z \mathrm{d}x} \tag{3-32}$$

$$M_{xOz} = \int_{\frac{-L}{2}}^{\frac{L}{2}} z_A \cdot A_S \mathrm{d}x = 2\int_{\frac{-L}{2}}^{\frac{L}{2}}\int_0^d z_A y \mathrm{d}z \mathrm{d}x \tag{3-33}$$

$$z_B = \frac{M_{xOz}}{\nabla} = \frac{\int_{\frac{-L}{2}}^{\frac{L}{2}} z_A \cdot A_S \mathrm{d}x}{\int_{\frac{-L}{2}}^{\frac{L}{2}} A_S \mathrm{d}x} = \frac{\int_{\frac{-L}{2}}^{\frac{L}{2}}\int_0^d zy \mathrm{d}z \mathrm{d}x}{\int_{\frac{-L}{2}}^{\frac{L}{2}}\int_0^d y \mathrm{d}z \mathrm{d}x} \tag{3-34}$$

当船舶正浮状态,浮心横向坐标 $y_B = 0$。

例 3-2　某船船长为 54 m,吃水 2.4 m,各半宽值列于表 3-3 中,试计算该船的排水体积和浮心坐标。

表 3-3　型值表

站号	水线半宽/m				
	0 号水线	1 号水线	2 号水线	3 号水线	4 号水线
0	0	0	0	0	0
1	0	0.51	1.58	2.16	2.34
2	0	2.02	3.14	3.36	3.49
3	0	3.04	3.68	3.80	3.81
4	0	1.18	2.76	3.34	3.35
5	0	0.60	0.96	1.26	1.70
6	0	0	0	0	0

解　该船的站距为 $\delta L=\frac{54}{6}=9(\mathrm{m})$，水线间距为 $\delta d=\frac{2.4}{4}=0.6(\mathrm{m})$，采用梯形法，列出计算表格 3-4。

表 3-4　梯形法计算表

站号	水线半宽/m					总值	修正修	修正后总值	距船中	乘积
	0 号水线	1 号水线	2 号水线	3 号水线	4 号水线					
0	0	0	0	0	0	0	0.00	0.00	-27	0.00
1	0	0.51	1.58	2.16	2.34	6.59	1.17	5.42	-18	-97.56
2	0	2.02	3.14	3.36	3.49	12.01	1.75	10.27	-9	-92.39
3	0	3.04	3.68	3.80	3.81	14.33	1.91	12.43	0	0.00
4	0	1.18	2.76	3.34	3.35	10.63	1.68	8.96	9	80.60
5	0	0.60	0.96	1.26	1.70	4.52	0.85	3.67	18	66.06
6	0	0	0	0	0	0	0.00	0.00	27	0.00
总值	0	7.35	12.12	13.92	14.69	48.08	7.35	40.74	—	-43.29
修正修	0	0	0	0	0	0	0.00	0.00	—	0.00
修正后总值	0	7.35	12.12	13.92	14.69	48.08	7.35	40.74	—	-43.29
距基线	0	0.6	1.2	1.8	2.4	—	—	—	—	—
乘积	0	4.41	14.544	25.056	35.256	79.266	17.63	61.64	—	—

由表 3-4 计算结果可得，该船的排水体积为

$$\nabla=2\times9\times0.6\times40.74=439.99(\mathrm{m}^3)$$

浮心纵向坐标为

$$x_B=\frac{M_{yOz}}{V}=\frac{61.64}{40.74}=1.51(\text{m})$$

浮心横向坐标为

$$y_B=0(\text{m})$$

浮心垂向坐标为

$$z_B=\frac{M_{xOz}}{V}=\frac{-43.29}{40.74}=-1.06(\text{m})$$

3.3.3 水线面和横剖面计算

1. 水线面计算

水线面的计算包括水线面面积 A_W，漂心纵向坐标 x_F，水线面系数 C_{WP}，图3-9是船舶某一水线面图，该船左右舷对称，y 轴放在左舷处。

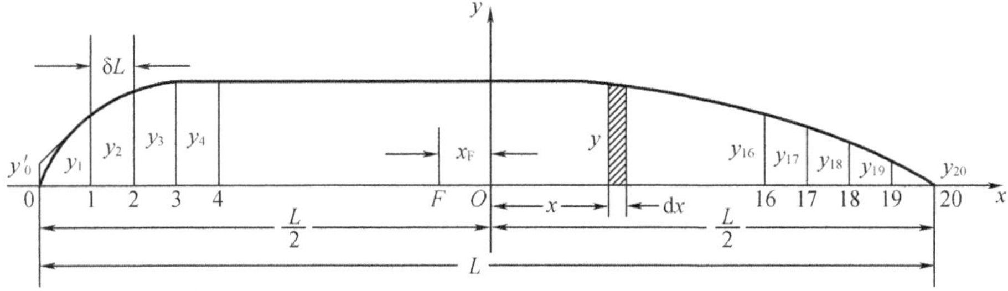

图3-9 船舶某一水线面

如果采用梯形法（分20站）进行计算，一般将船长 L 分成20个等分，则间距 $\delta L=\frac{L}{20}$，即取21个站号，从船尾至船首依次为0站号至20站号，各站相应的半宽为 $y_0,y_1,y_2,\cdots,y_{19},y_{20}$，其中 y_0 和 y_{20} 必须是经过坐标修正后的半宽，如图3-9所示。水线面面积 A_W，漂心纵向坐标 x_F 及水线面系数 C_{WP} 的表达式如下。

(1) $A_W=2\int_{-L/2}^{L/2}y\mathrm{d}x=2\delta_L\sum y_i$

其中

$$\sum{}'yi=y_0+y_1+\cdots+y_{20}-\frac{y_0+y_{20}}{2}$$

(2) $M_{Oy}=2\int_{-L/2}^{L/2}x\cdot y\mathrm{d}x=2\delta_L^2\sum k_iy_i$

其中

$$\sum k_iy_i=0\times y_{10}+1\times(y_{11}-y_9)+2\times(y_{12}-y_8)+\cdots+9\times(y_{19}-y_1)+10\times(y_{20}-y_0)-\frac{1}{2}\times10\times(y_{20}-y_0)$$

(3) $x_F = \dfrac{M_{Oy}}{A_W} = \dfrac{2\int_{-L/2}^{L/2} x \cdot y\mathrm{d}x}{2\int_{-L/2}^{L/2} y\mathrm{d}x} \approx \delta_L \dfrac{\sum k_i y_i}{\sum y_i}$

$$C_{WP} = \frac{A_W}{LB} = \frac{2\delta_L \sum y_i}{LB}$$

水线面的计算也可采用辛普森法,其计算步骤与梯形法相似。水线面的计算除了采用上述近似计算方法外,也可利用绘图软件 AutoCAD,其步骤为首先针对待求水线面建立面域(利用 REGION 命令),然后查看面域属性(利用 MASSPROP 命令),即可得到该面域的面积及形心坐标。

例 3-3 某船其垂线间长 L_{PP} 为 195 m,型宽 B 为 42.6 m,其型线图、型值表见图 1-31、表 1-2,求该船在设计吃水(d=12 m)下的水线面的面积、水线面系数、漂心坐标。

解 该船 $\delta L = \dfrac{195}{20}$ =9.75 m,采用梯形法列表计算(表 3-5)。

表 3-5 梯形法计算水线面表格

横剖面站号	水线半宽/m	面矩乘数	静矩函数Ⅱ×Ⅲ
Ⅰ	Ⅱ	Ⅲ	Ⅳ
0	15.714	-10	-157.140
1	19.900	-9	-179.104
2	21.113	-8	-168.908
3	21.300	-7	-149.100
4	21.300	-6	-127.800
5	21.300	-5	-106.500
6	21.300	-4	-85.200
7	21.300	-3	-63.900
8	21.300	-2	-42.600
9	21.300	-1	-21.300
10	21.300	0	0.000
11	21.300	1	21.300
12	21.300	2	42.600
13	21.300	3	63.900
14	21.300	4	85.200
15	21.300	5	106.500
16	21.283	6	127.701
17	20.628	7	144.396
18	17.554	8	140.436

表3-5(续)

横剖面站号	水线半宽/m	面矩乘数	静矩函数Ⅱ×Ⅲ
19	12.141	9	109.273
20	0.000	10	0.000
总和 $\sum'$	405	—	-260.246
修正值 ε	7.857	—	-78.570
修正后 $\sum$	397.378	—	-181.676
计算公式	$A_W = 2\delta L \sum \text{Ⅱ}$	$C_{WP} = \dfrac{A_W}{LB}$	$x_F = \delta L \dfrac{\sum \text{Ⅳ}}{\sum \text{Ⅱ}}$
计算结果	7 748.880(m^2)	0.933	-4.458(m)

2. 水线面面积曲线

根据前面分别计算出船舶在各个吃水处的水线面面积,然后以各个吃水处的水线面面积为横坐标,以吃水为纵坐标,绘制出水线面面积和吃水的关系曲线,如图3-10所示,此曲线称水线面面积曲线 $A_W = f(z)$。

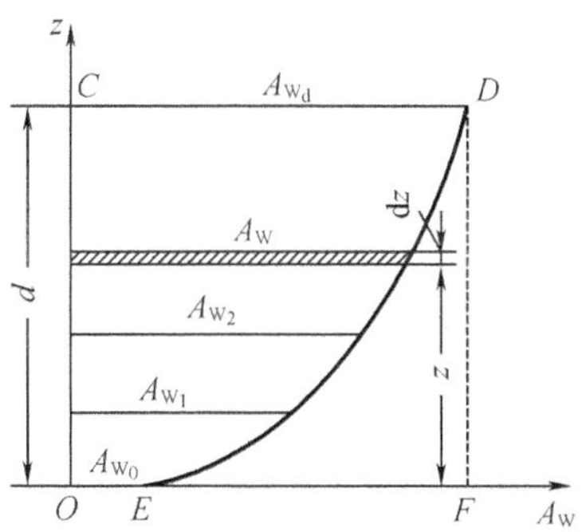

图3-10 水线面面积曲线

该曲线的特性:

(1)在某一吃水 d 时,水线面面积曲线与 z 轴所围的面积等于该吃水下的排水体积 ∇,即

$$\nabla = \int_0^d A_W \mathrm{d}z$$

(2)水线面面积曲线与 z 轴所围的面积,其形心垂向坐标等于浮心垂向坐标 z_B,即

$$z_B = \frac{\int_0^d z \cdot A_W \mathrm{d}z}{\int_0^d A_W \mathrm{d}z}$$

(3)在吃水 d 以下的水线面面积曲线与 z 轴所围的面积,和以吃水 d 及该吃水处的水线面面积 A_{W_d} 所构成的矩形面积之比,等于吃水 d 时的垂向棱形系数 C_{VP},即

$$C_{VP}=\frac{面积\ OCDE}{面积\ OCDF}=\frac{\nabla}{A_{W_d}\cdot d}$$

水线面面积曲线的形状反映排水体积沿吃水方向的分布情况。

3. 每厘米吃水吨数 *TPC* 曲线

船舶吃水平行于水线面增加(或减小)1 cm 时引起排水量增加(或减小)的吨数称为每厘米吃水吨数。根据水线面面积曲线可以得出在任何吃水时的每厘米吃水吨数。

设船舶在吃水 d 时,水线面面积 A_W,吃水改变 δd 时,排水体积变化是 $\delta\nabla=A_W\cdot\delta d$,排水量变化是 $\delta\Delta=w\cdot A_W\cdot\delta d$ 式中 w 为水的重量密度$\frac{t}{m^3}$。

当 $\delta d=1\ \mathrm{cm}=\frac{1}{100}\mathrm{m}$ 时,令 $\delta\Delta=TPC$,则有

$$TPC=\frac{wA_W}{100}\quad(\mathrm{t/m^3})\tag{3-35}$$

从式(3-35)可以看出,*TPC* 即为每厘米吃水吨数,*TPC* 只与 A_W 有关。

由于 A_W 随 d 变化而变化,因此 *TPC* 也将随吃水不同而异,将 *TPC* 随吃水的变化绘制成曲线 $TPC=f(z)$,称为每厘米吃水吨数曲线,该曲线的形状与水线面面积曲线完全相似。

每厘米吃水吨数应用,如已知船舶 *TPC* 曲线便可查出吃水 d 时的 *TPC* 数值,能迅速求出卸小量货物 p 吨(不超过排水量 10%)以后的平均吃水变化量 $\delta d=\frac{p}{TPC}$,其中装货物时 p 取为“+”,卸货物时 p 取为“-”。注意当载荷变化超过 10% 排水量时上式不适用,因吃水变化较大,*TPC* 就不能看成常数,通常利用排水量曲线求解。

4. 排水体积曲线

由水线面面积曲线的特性可知,计算排水体积的积分公式为

$$\nabla=\int_0^d A_W\mathrm{d}z\tag{3-36}$$

如果要知道船舶在不同吃水 d_i时的排水体积,则有

$$\nabla_i=\int_0^{d_i}A_W\mathrm{d}z\tag{3-37}$$

利用式(3-37)可计算并画出排水体积随吃水变化的关系曲线,称为排水体积曲线。

根据图 3-11 所示的水线面面积曲线,用梯形法计算不同水线下的排水体积,它们分别如下。

1 号水线至基平面的排水体积为

$$\nabla_1=\frac{1}{2}\delta d(A'_{W_0}+A_{W_1})$$

2 号水线至基平面的排水体积为

$$\nabla_2=\frac{1}{2}\delta d[(A'_{W_0}+A_{W_1})+(A_{W_1}+A_{W_2})]$$

3 号水线至基平面的排水体积为

$$\nabla_3 = \frac{1}{2}\delta d[(A'_{W_0} + A_{W_1}) + (A_{W_1} + A_{W_2}) + (A_{W_2} + A_{W_3})]$$

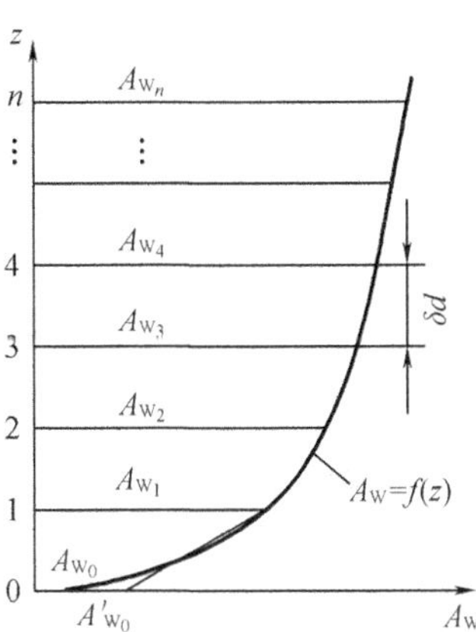

图 3－11　水线面面积曲线

上式中圆括号内的 2 个水线面面积和称为成对和。以此类推,任意水线 d_i 下的排水体积:

$$\nabla_i = \int_0^{d_i} A_W \mathrm{d}z \approx \frac{1}{2}\delta d[(A'_{W_0} + A_{W_1}) + (A_{W_1} + A_{W_2}) + (A_{W_2} + A_{W_3}) + \cdots + (A_{W_{i-1}} + A_{W_i})]$$

在实际计算中,常用表格进行。

根据计算结果以吃水为纵坐标,排水体积为横坐标,可绘制如图 3－12 所示的排水体积曲线。排水体积曲线包括型排水体积∇曲线、总排水体积∇_K曲线和排水量曲线。

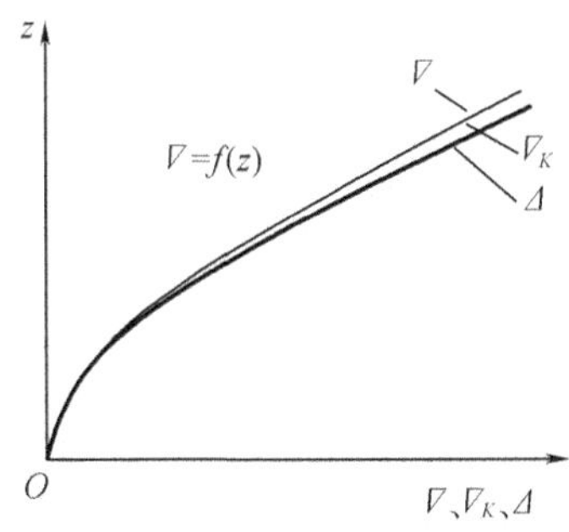

图 3－12　排水体积曲线

∇值是根据型线图计算所得,称为型排水体积(不包括船壳板及附体,其中附体含舭龙骨、舵支轴架、螺旋桨等),包括船壳板及附体的体积,为总排水体积∇_K。$\nabla_K = k \cdot \nabla$,$k$ 为船体外板及附体系数。一般 k 为 1.004～1.03,其中小船取大值,大船取小值,如万吨级货船的船壳系数为 1.006。

排水体积曲线是水线面面积曲线的积分曲线。

例 3-4 某船的垂线间长 L_{PP} 为 195 m，型宽 B 为 42.6 m，其型线图、型值表见图 1-31、表 1-2，通过梯形法计算得到该船在不同吃水下的水线面面积如表 3-6 所示，计算该船在不同吃水下的型排水体积。

表 3-6 不同吃水下的水线面面积

d/m	A_W/m^2
0	5 044
2	5 993
4	6 253
6	6 653
8	6 849
10	7 266
12	7 749

解 列梯形法计算不同吃水下的排水体积($\delta d = 2$ m)见表 3-7。

表 3-7 梯形法计算不同吃水下的排水体积($\delta d = 2$ m)

水线号	吃水/m	A_W/m^2	成对和	自上至下之和	排水体积$\nabla = \frac{\delta d}{2} \cdot$ V
Ⅰ	Ⅱ	Ⅲ	Ⅳ	Ⅴ	Ⅵ
0	0	5 044	—	—	—
1	2	5 993	11 037	11 037	11 037
2	4	6 253	12 246	23 283	23 283
3	6	6 653	12 906	36 190	36 190
4	8	6 849	13 502	49 692	49 692
5	10	7 266	14 115	63 807	63 807
6	12	7 749	15 015	78 822	78 822

排水体积曲线$\nabla = f(z)$是水线面面积的积分曲线，具有如下特性。

(1)在任意吃水 d_i 时，排水体积曲线$\nabla = f(z)$与 $O\nabla$轴所围的面积 OEF 等于排水体积 ABO 对基平面的静矩，即

$$z_B = \frac{M_{xOy}}{\nabla} = \frac{S_{OEF}}{\nabla} \tag{3-38}$$

(2)排水体积曲线和 Oz 轴所围成的面积 OAE 等于排水体积∇_i 对吃水 $d_i = OA$ 的水平面的静矩，即

$$z_B = d_i - \frac{1}{\nabla_i}\int_0^{d_i} \nabla \cdot dz \tag{3-39}$$

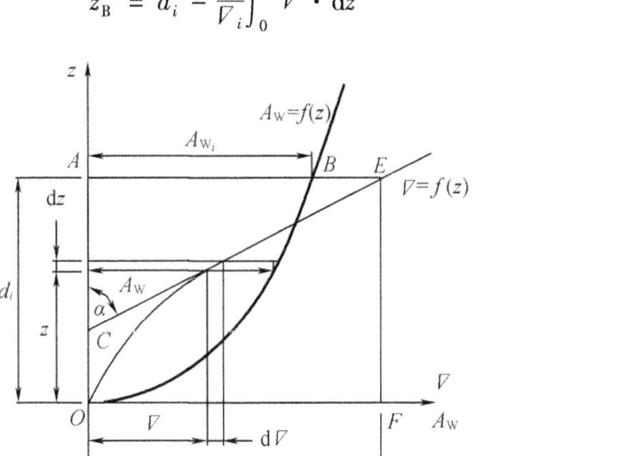

图 3－13 水线面及排水体积曲线

(3)通过排水体积曲线上任一点 E 的切线与 Oz 轴的夹角的正切等于该点处 A_{W_i}。

式(3－38)的几何意义由图 3－13 可见,在任一吃水 $d_i = OA$ 时,由 A 点引水平线与排水体积曲线相交于 E 点,通过 E 点作排水体积曲线的切线 EC 与轴相交于从 C 点,则切线 EC 和轴的夹角 α 的正切为

$$\tan\alpha = \frac{d\nabla}{dz} = A_{W_i} \tag{3-40}$$

但

$$\tan\alpha = \frac{AE}{AC} = \frac{\nabla_i}{AC} \tag{3-41}$$

所以

$$AC = \frac{\nabla_i}{A_{W_i}} \tag{3-42}$$

可利用该特性校核排水体积曲线和水线面面积曲线的计算结果。

5. 浮心坐标曲线

船舶浮心即排水体积的形心,其位置可由纵向、横向、垂向坐标确定。一般船舶水下部分左右舷对称 $y_B = 0$。

浮心位置随吃水变化的关系曲线分别为浮心纵向坐标曲线 $x_B = f(z)$ 和浮心垂向坐标 $z_B = f(z)$。船舶在某一固定吃水时,浮心纵向坐标 x_B 和垂向坐标 z_B 可按前面已得出的公式进行计算。任意吃水 z 浮心坐标的计算系用变上限积分公式。

(1)浮心纵向坐标曲线

为了计算浮心纵向坐标曲线,预先按式(3－19)算出不同吃水处的水线面漂心纵向坐标,并将其计算结果绘制成图 3－14 所示的随吃水而变化的水线面漂心纵向坐标曲线 $x_F = f(z)$。

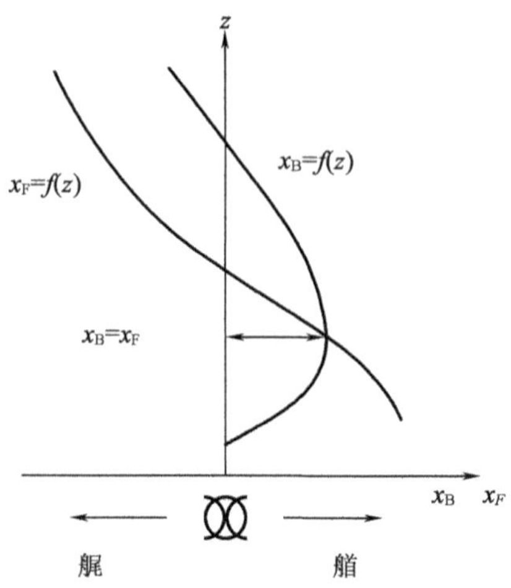

图 3－14　浮心纵向坐标

浮心纵向坐标 x_B 随吃水 d_i 而变化的计算公式可由式(3－21)写作

$$x_B = \frac{M_{yoz}}{\nabla} = \frac{\int_0^{d_i} x_F \cdot A_W \mathrm{d}z}{\int_0^{d_i} A_W \mathrm{d}z} \tag{3-43}$$

式(3－43)是变上限积分公式,其计算方法和变吃水情况下排水体积曲线的计算相类似。根据水线面面积曲线和漂心纵向坐标曲线,便可用梯形法列表进行计算,如表 3－8 所示。表格中不同水线号下的水线面积 A_W 和漂心位置 x_F 可采用例题 3 的方法分别计算出并列入表格。

表 3－8　漂心和浮心计算表格

水线号	水线面积 A_W	漂心位置 x_F	Ⅱ × Ⅲ	成对和	连续和	对船中的体积静矩 $\frac{\delta d}{2}\times$Ⅵ	排水体积 ∇	浮心位置 x_B = Ⅶ/Ⅷ
Ⅰ	Ⅱ	Ⅲ	Ⅳ	Ⅴ	Ⅵ	Ⅶ	Ⅷ	Ⅸ
0	A_{W_0}	x_{F_0}	$A_{W_0}x_{F_0}$	—	—	—	—	—
1	A_{W_1}	x_{F_1}	$A_{W_1}x_{F_1}$	$A_{W_0}x_{F_0}+A_{W_1}x_{F_1}=a$	a	$\frac{\delta d}{2}\times a$	∇_1	x_{B_1}
2	A_{W_2}	x_{F_2}	$A_{W_2}x_{F_2}$	$A_{W_1}x_{F_1}+A_{W_2}x_{F_2}=b$	$a+b$	$\frac{\delta d}{2}(a+b)$	∇_2	x_{B_2}
3	A_{W_3}	x_{F_3}	$A_{W_3}x_{F_3}$	$A_{W_2}x_{F_2}+A_{W_3}x_{F_3}=c$	$a+b+c$		∇_3	x_{B_3}
⋮	⋮	⋮	⋮		⋮		⋮	⋮

根据计算结果,可绘制如图 3－14 所示的浮心纵向坐标曲线。

浮心纵向坐标曲线还具有如下一个特点。

由浮心纵向坐标的基本公式可知，其变上限积分式的分子、分母都是吃水 d 的函数，即

$$x_B = \frac{M_{yoz}}{\nabla} = \frac{\int_0^{d_i} x_F A_W \mathrm{d}z}{\int_0^{d_i} A_W \mathrm{d}z} = f(z) \tag{3-44}$$

将上式对吃水量 z 求倒数

$$\frac{\mathrm{d}x_B}{\mathrm{d}z} = \frac{\frac{\mathrm{d}M_{yoz}}{\mathrm{d}z}\nabla - M_{yoz}\frac{\mathrm{d}\nabla}{\mathrm{d}z}}{\nabla^2} \tag{3-45}$$

由式(3－12)、式(3－16)、式(3－21)可知

$$\frac{\mathrm{d}\nabla}{\mathrm{d}z} = A_W, \frac{\mathrm{d}M_{yoz}}{\mathrm{d}z} = x_F A_W, M_{yoz} = x_B \cdot \nabla \tag{3-46}$$

代入式(3－45)得

$$\frac{\mathrm{d}x_B}{\mathrm{d}z} = \frac{A_W}{\nabla}(x_F - x_B) \tag{3-47}$$

当 $x_F = x_B$ 时，有$\frac{\mathrm{d}x_B}{\mathrm{d}z} = 0$。如果漂心纵向坐标 $x_F = f(z)$ 和浮心纵向坐标曲线是按照同一比例给出的，则在曲线 $x_B = f(z)$ 与 $x_F = f(z)$ 相交处($x_F = x_B$)，曲线 $x_B = f(z)$ 有最大值或最小值，如图 3－14 所示。此特殊性可用来绘制浮心纵向坐标曲线和校验其计算结果。

将 $\mathrm{d}\nabla = A_W \mathrm{d}z$ 代入$\frac{\mathrm{d}x_B}{\mathrm{d}z} = \frac{A_W}{\nabla}(x_F - x_B)$内，即可得出由排水体积(或排水量)变化 $\mathrm{d}\nabla$ 而产生的浮心坐标变化量为

$$\mathrm{d}x_B = \frac{\mathrm{d}\nabla}{\nabla}(x_F - x_B) \tag{3-48}$$

(2)浮心垂向坐标曲线

计算浮心垂向坐标可利用式(3－23)、式(3－38)和式(3－39)。分析这三个计算公式，可得式(3－23)是根据水线面面积曲线计算浮心垂向坐标的，它的原理清楚，能进行变上限积分，但在进行梯形法近似计算时，往往人为地将基线与 1 号水线间的积分处理成了倒三角形而不是梯形积分，倒三角形的面积形心高于梯形形心，于是偏高地计算得出了 z_B。因此在实际工作中，通常是按照式(3－39)，即 $z_B = d_i - \frac{1}{\nabla_i}\int_0^{d_i} \nabla \mathrm{d}z$ 来计算浮心垂向坐标 z_B 的。

例 3－5 某海船各水线的排水量为 10 804，8 612，6 511，4 550，2 810，1 331，263(单位为 t)，各水线间距为 1.22 m，求在吃水为 7.8m 时船的浮心垂向坐标 z_B。

解 排水量 $\Delta = wk\nabla$，$w = 1.025\ \mathrm{tf/m^3}$，假设船体外板及附体系数 $k = 1.006$，本题已知排水量，可以求出各水线的排水体积$\nabla = \frac{\Delta}{wk}$，列表 3－9 计算浮心垂向坐标 z_B。

表 3-9 浮心垂向坐标计算表

水线号	吃水 d	排水体积∇	成对和	自下而上和	$\int_0^{d_i} \nabla\, \mathrm{d}z = \frac{\delta d}{2} \cdot \mathrm{V}$	Ⅵ/Ⅲ	$z_B = d_i - $Ⅶ
Ⅰ	Ⅱ	Ⅲ	Ⅳ	Ⅴ	Ⅵ	Ⅶ	Ⅷ
0	0	—	—	—	—	—	—
1	1.22	255.1	255.1	255.1	155.58	0.61	0.61
2	2.44	1 290.8	1 545.8	1 800.9	1 098.55	0.85	1.59
3	3.66	2 725.1	4 015.9	5 816.8	3 548.25	1.30	2.36
4	4.88	4 412.5	7 137.7	12 954.5	7 902.23	1.79	3.09
5	6.10	6 314.3	10 726.9	23 681.3	14 445.61	2.29	3.81
6	7.32	8 351.8	14 666.1	38 347.5	23 391.96	2.80	4.52
7	8.54	10 477.6	18 829.5	57 176.9	34 877.93	3.33	5.21

根据计算结果，绘出 $z_B = f(z)$ 图如图 3-15 所示。

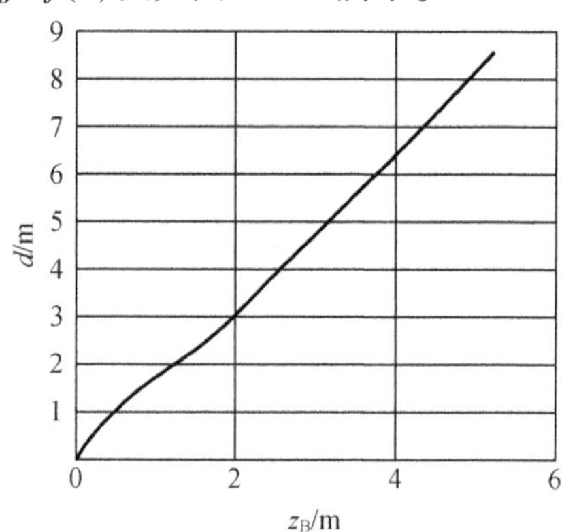

图 3-15 浮心垂向坐标随吃水的变化曲线

根据图 3-15 进行线性插值可得，当 $z = 7.8$ m 时，$z_B \approx 4.79$ m。

从图 3-15 可以看出，浮心垂向坐标曲线 $z_B = f(z)$ 总是随吃水的增加而增长的，证明如下：

由浮心垂向坐标的基本公式(3-23)可知，其变上限积分的分子、分母都是吃水 z(或 d_i)的函数，即

$$z_B = \frac{M_{xoy}}{\nabla} = \frac{\int_0^{d_i} zAw\mathrm{d}z}{\int_0^{d_i} Aw\mathrm{d}z} = f(z) \tag{3-49}$$

将式(3-49)对吃水变量 z 求导数

$$\frac{\mathrm{d}z_B}{\mathrm{d}z} = \frac{\frac{\mathrm{d}M_{xoy}}{\mathrm{d}z}\nabla - M_{xoy}\frac{\mathrm{d}\nabla}{\mathrm{d}z}}{\nabla^2} \tag{3-50}$$

将$\frac{\mathrm{d}\nabla}{\mathrm{d}z}=A_{\mathrm{W}}$，$\frac{\mathrm{d}M_{xoy}}{\mathrm{d}z}=zA_{\mathrm{W}}$ 和 $M_{xoy}=z_{\mathrm{B}}\nabla$代入式(3-50)得

$$\frac{\mathrm{d}z_{\mathrm{B}}}{\mathrm{d}z}=\frac{A_{\mathrm{W}}}{\nabla}(z-z_{\mathrm{B}}) \tag{3-51}$$

从式(3-51)可知，由于船舶的 $z_{\mathrm{B}}<z$，则$\frac{\mathrm{d}z_{\mathrm{B}}}{\mathrm{d}z}>0$，即当吃水增加时，浮心亦随之升高，所以船舶的浮心垂向坐标曲线 $z_{\mathrm{B}}=f(z)$ 总是随吃水的增加而增长的。

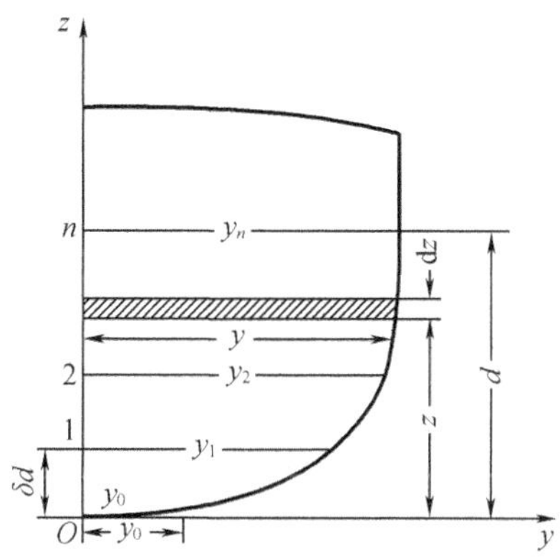

图3-16 横剖面计算

6. 横剖面计算

内容包括：横剖面面积 A_{S}，面积形心垂向坐标 z_{A}，其中

$$A_{\mathrm{S}}=2\int_0^d y\cdot \mathrm{d}z\approx 2\delta d\cdot\sum y_i,\ \sum y_i=y_0'+y_1+\cdots+y_n-\frac{1}{2}(y_0'+y_n) \tag{3-52}$$

式中 y_0'—— 端点修正后的半宽值；

δd——各水线等间距值。

横剖面面积对 Oy 轴的静矩为

$$M_{Oy}=2\int_0^d zy\mathrm{d}z\approx 2\delta d^2\cdot\sum k_i y_i \tag{3-53}$$

式中

$$\sum{}' k_i y_i=0\times y_0'+1\times y_i+\cdots+ny_n-\frac{1}{2}(0\times y_0'+n\cdot y_n) \tag{3-54}$$

横剖面面积形心垂向坐标为

$$z_{\mathrm{A}}=\frac{M_{Oy}}{A_{\mathrm{S}}}=\frac{\int_0^d zy\mathrm{d}z}{\int_0^d y\mathrm{d}z}\approx\delta d\cdot\frac{\sum k_i y_i}{\sum y_i} \tag{3-55}$$

中横剖面系数

$$C_{\mathrm{M}}=\frac{A_{\mathrm{M}}}{Bd} \tag{3-56}$$

式中 A_{M}——中横剖面积；

B——中横剖面船宽。

例 3-6 某船其垂线间长 L_{PP} 为 195 m，型宽 B 为 42.6 m，其型线图、型值表见图 1-31、表 1-2，试采用梯形法对该船的中站面在设计吃水下（$d=12$ m）进行横剖面计算。

解 列表 3-10。

表 3-10 横剖面计算的梯形法表格（$\delta d=2$ m）

水线号	z/m	y_i/m	k_i	$k_i \times y_i$
Ⅰ	Ⅱ	Ⅲ	Ⅳ	Ⅴ = Ⅲ × Ⅳ
0	0	19.3	0	0
1	2	21.3	1	21.3
2	4	21.3	2	42.6
3	6	21.3	3	63.9
4	8	21.3	4	85.2
5	10	21.3	5	106.5
6	12	21.3	6	127.8
总和 $\sum'$	—	147.1	—	447.3
修正值 ε	—	20.3	—	63.9
修正后 $\sum$	—	126.8	—	383.4

中横剖面面积为

$$A_M = 2 \times \delta d \times \sum \text{Ⅲ} = 2 \times 2 \times 126.8 = 507.2(\text{m}^2)$$

中横剖面形心垂向坐标为

$$z_A = \delta d \times \frac{\sum \text{Ⅴ}}{\sum \text{Ⅲ}} = 2 \times \frac{383.4}{126.8} = 6.05(\text{m})$$

中横剖面系数为

$$C_M = \frac{A_M}{Bd} = \frac{507.2}{42.6 \times 12} = 0.992$$

7. 排水体积和浮心坐标

按照横剖面计算方法，分别计算出不同站号指定吃水下的横剖面面积 A_S 和面积 A_S 形心的垂向坐标 z_A，然后根据式(3-26)、式(3-32)、式(3-34)采用数值积分法列成表格形式进行计算。

表 3-11 为梯形法的计算表格形式。

表3-11　梯形法计算($\delta L=\frac{L}{20}$)

站号	横剖面面积 A_{S_i}	力臂 x_i	纵向力矩 $A_{S_i}\times x_i$ Ⅱ×Ⅲ	形心垂向坐标 z_{A_i}	垂向力矩 $A_{S_i}\times z_{A_i}$ Ⅱ×Ⅴ
Ⅰ	Ⅱ	Ⅲ	Ⅳ	Ⅴ	Ⅵ
0	A_{S_0}	-10	$-10A_{S_0}$	z_{A_0}	$A_{S_0}\times z_{A_0}$
1	A_{S_1}	-9	$-9A_{S_1}$	z_{A_1}	$A_{S_1}\times z_{A_1}$
⋮	⋮	⋮	⋮	⋮	⋮
10	$A_{S_{10}}$	0	$0A_{S_{10}}$	$z_{A_{10}}$	$A_{S_{10}}\times z_{A_{10}}$
⋮	⋮	⋮	⋮	⋮	⋮
20	$A_{S_{20}}$	10	$10A_{S_{20}}$	$z_{A_{20}}$	$A_{S_{20}}\times z_{A_{20}}$
总和 $\sum'$					
修正 ε					
修正和 $\sum$	$\sum$Ⅱ		$\sum$Ⅳ		$\sum$Ⅵ

排水体积为

$$\nabla=\delta L\times\sum A_{S_i}=\delta L\times\sum \text{Ⅱ}$$

浮心纵向坐标为

$$x_B=\frac{\sum A_{S_i}\times\sum A_{S_i}}{\sum A_{S_i}}=\frac{\sum \text{Ⅳ}}{\sum \text{Ⅱ}}\times\delta L$$

浮心垂向坐标为

$$z_B=\frac{\sum A_{S_i}\times z_{A_i}}{\sum A_{S_i}}=\frac{\sum \text{Ⅳ}}{\sum \text{Ⅱ}}$$

8. 横剖面面积曲线

横剖面面积曲线如图3-17所示，该曲线反映了船舶排水体积沿船长的分布情况，具有如下特性：

(1)在某一吃水 d 时的横剖面面积曲线与横轴(即轴)所围的面积，等于该吃水时的排水体积∇，即

$$\nabla=\int_{-\frac{L}{2}}^{\frac{L}{2}}A_S\mathrm{d}x$$

根据船舶的任一水线下的横剖面面积曲线可以较方便地求出该水线下的排水体积和浮心纵向坐标，这也是设计新船型线图的主要根据之一。

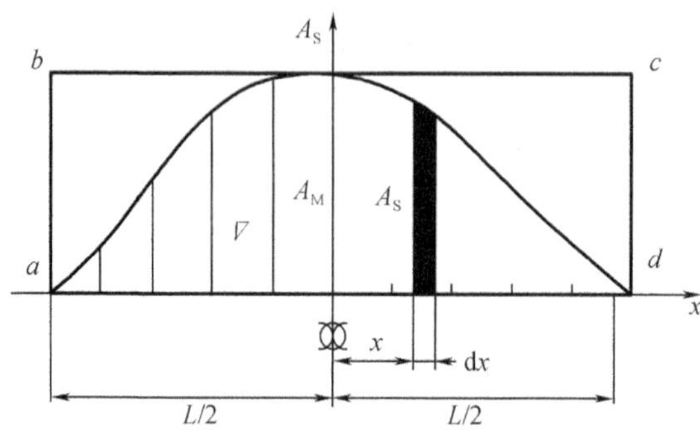

图3-17 横剖面面积曲线

(2)横剖面面积曲线与 x 轴所围的面积,其形心的纵向坐标等于浮心纵向坐标 x_B,即

$$x_B = \frac{\int_{-\frac{L}{2}}^{\frac{L}{2}} x A_S \mathrm{d}x}{\int_{-\frac{L}{2}}^{\frac{L}{2}} A_S \mathrm{d}x}$$

(3)横剖面面积曲线与 x 轴所围面积和以船长 L、船中横剖面面积 A_M 所构成的矩形面积之比,等于船舶在吃水 d 时的纵向棱形系数 C_P,即

$$C_P = \frac{\text{曲线所围面积}}{\text{矩形面积 } abcd} = \frac{\nabla}{A_M L}$$

垂向计算方法和纵向计算方法是计算排水体积(排水量)和浮心坐标的两种不同方法,这两种方法的计算结果是相同的,在实际使用中可根据需要选定任一种方法进行计算。一般来说,如果求船舶正浮状态下随吃水变化的排水体积和浮心坐标,则适合采用垂向计算方法,计算量较小。当涉及到船舶在纵倾状态下的排水体积和浮心坐标,或者计算船体强度时需要绘制浮力曲线等,则采用纵向计算方法。

3.4 船舶在纵倾状态下排水体积和浮心坐标的计算

3.3节介绍了船舶在正浮状态下的排水量和浮心位置的计算方法,船舶在营运中通常存在一定的纵倾,当纵倾不大时,可用平均吃水作为正浮吃水,查排水量曲线求得排水量,当纵倾较大时,计算排水体积(排水量)和浮心位置可利用邦戎曲线或费尔索夫图谱求出。

3.4.1 邦戎曲线

将型线图上各站处的横剖面利用式(3-52)进行不同吃水下的横剖面面积计算,各横剖面在不同吃水下的面积 $A_S = f(z)$ 形成一组曲线,这组曲线称为邦戎曲线,如图3-18所示。这是19世纪末由法国人邦戎(Bonjean)最早制成使用而得名的,后来在使用过程中,为了便于计算船舶在纵倾水线下的浮心及各舱形心的垂向坐标,在邦戎曲线图上还画出横剖面面积对基平面的面积静矩曲线(图中用虚线表示)。

在具体计算时,把整个横剖面分成三个部分,即最高等分水线以下的部分、最高等分水线至甲板边缘部分和甲板边线至梁拱部分。

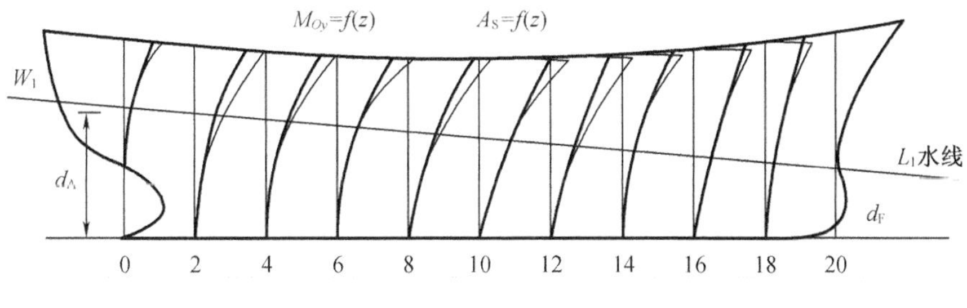

图 3-18　邦戎曲线

有了邦戎曲线图,可以方便地算出任意纵倾水线下(亦包括正浮状态)的排水体积和浮心位置。如图 3-19(a)所示,根据船舶的艏吃水 d_F 和艉吃水 d_A,在邦戎曲线图上作出纵倾水线 W_1L_1 后,就可计算 W_1L_1 下的排水体积∇和浮心坐标 x_B、z_B,其步骤如下:

(1)自纵倾水线 W_1L_1 与各站号线的交点作平行于基线的直线,并分别与 $A_S=f(z)$ 曲线(以实线表示)相交于 A_{S_i};与 $M_z=f(z)$ 曲线(以虚线表示)相交于 M_{z_i},用比例尺量出各站横剖面的面积 A_{S_0}、A_{S_1}、A_{S_2}和各站横剖面面积对基平面的静矩 M_{Oy_0}、M_{Oy_1}、M_{Oy_2}……。

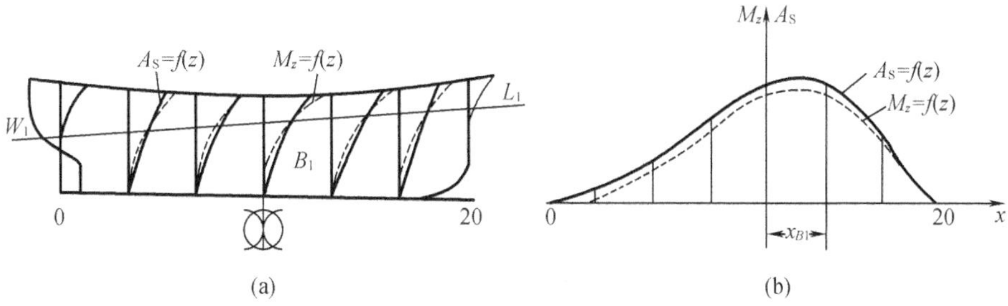

图 3-19　邦戎曲线的应用

(2)根据量出的数值,绘制成该纵倾水线 W_1L_1 下的横剖面面积曲线 $A_S=f(x)$ 及横剖面静矩曲线 $M_{Oy}=f(x)$,如图所示 3-19(b)所示(一般绘出此图便于进行端点修正)。

(3)根据横剖面面积曲线的特征,可知该曲线 $A_S=F(x)$ 下的面积及其形心纵向坐标分别为船舶在纵倾水线 W_1L_1 下的排水体积∇和浮心纵向坐标 x_B,即

$$\nabla = \int_{-\frac{L}{2}}^{\frac{L}{2}} A_S \mathrm{d}x$$

$$x_B = \frac{M_{yOz}}{\nabla} = \frac{\int_{-\frac{L}{2}}^{\frac{L}{2}} x A_S \mathrm{d}x}{\int_{-\frac{L}{2}}^{\frac{L}{2}} A_S \mathrm{d}x}$$

(4)同理,横剖面面积对基平面的静矩曲线 $M_{Oy}=f(x)$ 下的面积等于排水体积 ∇ 对基平面的静矩 M_{xOy},将此静矩 M_{xOy} 除以排水体积 ∇ 后,便可得出浮心垂向坐标 z_B,即

$$z_B = \frac{M_{xOy}}{\nabla} = \frac{\int_{-\frac{L}{2}}^{\frac{L}{2}} M_{Oy}\mathrm{d}x}{\int_{-\frac{L}{2}}^{\frac{L}{2}} A_S\mathrm{d}x}$$

此外,邦戎曲线在船体计算中非常有用。例如稳性计算、舱容计算、可浸长度计算和水下计算及船体总强度计算中都要用到它。

3.4.2 费尔索夫图谱

费尔索夫(Firov)图谱是表明船舶在纵倾水线下的排水体积,浮心纵向坐标与艏、艉吃水之间关系的曲线图。如图 3-20 所示,横坐标为艏吃水 d_F,纵坐标为艉吃水 d_A。图中有两组曲线,一组是排水体积∇的等值曲线,另一组是浮心纵向坐标 x_B 的等值曲线。

费尔索夫图谱在需求大倾角状态下的排水体积和浮心纵向坐标的情况下应用,例如船舶的抗沉性、下水等的计算。

当已知船的艏艉吃水时,就可在图谱中直接查出相应的排水体积∇和浮心纵向位置 x_B。反之,如果已知排水体积∇和浮心纵向位置 x_B,则从图谱中也可查出船舶的艏艉吃水。例如:某船的费尔索夫图谱如图 3-20 所示,当 $d_F=0.765$ m,$d_A=0.8$ m 时,在图谱中可查出相应的$\nabla=20$ m^3,$x_B=-0.4$ m。反之,当给定$\nabla=21$ m^3,$x_B=-0.5$ m 时,则在图谱中可查得相应的 $d_F=0.775$ m,$d_A=0.84$ m。由此可见,费尔索夫图谱对于解决这类问题有其特别方便之处。

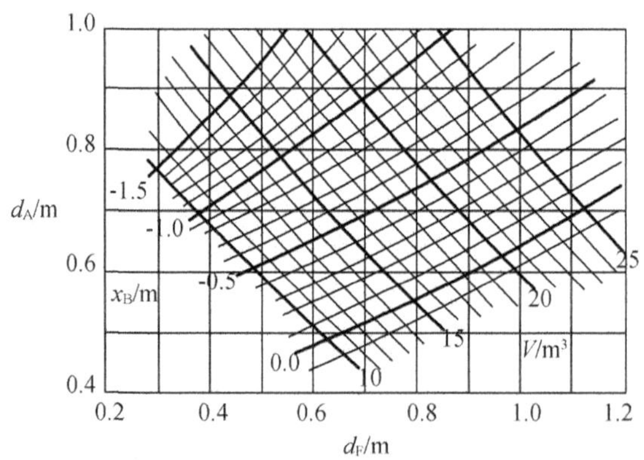

图 3-20 费尔索夫图谱

由于绘制费尔索夫图谱要进行大量的计算工作,手工计算量太大,因此目前均采用电子计算机进行。

船舶在纵倾和横倾状态下的排水体积和浮心坐标的计算可利用符拉索夫(Flasov)曲线。在船舶正浮状态下不同吃水的情况下,将型线图上各个站号处横剖面的一半面积 a 对中心线的静矩 b 及基线的静矩 c,按变上限积分公式分别计算出来,然后在型线图各个

站号处以吃水为纵坐标,以 a、b、c 为横坐标,将这三组曲线绘制在一张图上,这些曲线称为符拉索夫曲线。

3.5　在水的重量密度改变时船舶浮态变化

船舶航行于各个港口,当各个港口水的密度不同时,必将引起船舶吃水的变化,例如上海是淡水港,其水的密度约为 1.010 t/m³,大连是海水港,其水的密度约为 1.025 t/m³,当船舶自大连驶入上海时,其吃水和浮心位置都将发生改变,本节将讨论在水的重量密度发生改变时,船舶的浮态会发生怎样的变化。

1. 吃水变化

由浮性方程 $\Delta = w\nabla$,可得

$$\nabla = \frac{\Delta}{w} \tag{3-57}$$

对水的重量密度进行微分,考虑到排水量不变,有

$$\mathrm{d}\nabla = -\frac{\mathrm{d}w}{w^2}\cdot\Delta \tag{3-58}$$

由于

$$\mathrm{d}\nabla = A_{\mathrm{W}}\cdot\delta d \tag{3-59}$$

故有吃水的变化量为

$$\delta d = -\frac{\Delta}{A_{\mathrm{W}}}\cdot\frac{\mathrm{d}w}{w^2} = -\frac{\Delta}{100TPC}\cdot\frac{\mathrm{d}w}{w^2} \tag{3-60}$$

故船舶从淡水到海水,$\mathrm{d}w>0$,则 $\delta d<0$,即吃水减小。船舶从海水到淡水,$\mathrm{d}w<0$,则 $\mathrm{d}d>0$,吃水增加。

吃水变量可根据式(3-60),并考虑到 $\Delta = wC_{\mathrm{B}}LBd$ 和 $A_{\mathrm{W}} = C_{\mathrm{WP}}LB$ 两式求得,即

$$\frac{\delta d}{d} = -\frac{C_{\mathrm{B}}}{C_{\mathrm{WP}}}\frac{\mathrm{d}w}{w} \tag{3-61}$$

船从淡水驶入海水时,取淡水 $w=1.0$ t/m³,海水 $w=1.025$ t/m³,以及垂向棱形系数的平均值 $C_{\mathrm{VP}} = \dfrac{C_{\mathrm{B}}}{C_{\mathrm{WP}}} \approx 0.75$,则得

$$\frac{\delta d}{d} = -C_{\mathrm{VP}} = \frac{\mathrm{d}w}{w} \approx -0.75\times\frac{0.025}{1.0} \approx -0.02$$

即吃水的变量约减小 2%。

2. 浮心位置的变化

船从淡水驶入海水或从海水驶入淡水,其吃水发生变化,因而排水体积亦发生变化,使浮心位置随之变化,将式(3-60)代入以前推导的式(3-45)及式(3-51)内,可得浮心纵向坐标 x_{B} 及浮心垂向坐标 z_{B} 的变化量:

$$\mathrm{d}x_B = -\frac{\mathrm{d}w}{w}(x_F - x_B) \tag{3-62}$$

$$\mathrm{d}z_B = -\frac{\mathrm{d}w}{w}(d - z_B) \tag{3-63}$$

由式(3-62)可知,对于大多数船舶而言,x_F 小于 x_B,即 $x_F - x_B < 0$,因此当船从淡水驶入海水时,由于 $\mathrm{d}w > 0$,则 $\mathrm{d}x_B > 0$,即浮心向船首移动,这时,由于船的重量和重心位置都没有发生改变,浮心和重心不在同一垂线上,便形成纵倾力矩,使船发生艉倾。反之,当船从海水驶入淡水时,由于 $\mathrm{d}w < 0$,则 $\mathrm{d}x_B < 0$,即浮心向船尾移动,使船产生艏倾。

当船的水线面漂心与浮心在同一垂线上时,即 $x_F = x_B$,这时水的重量密度的改变对船的纵倾没有影响。

由于$(d - z_B)$总是大于零,由式(3-63)可见,当船从淡水驶入海水时,$\mathrm{d}w > 0$,则 $\mathrm{d}z_B < 0$,即浮心向下移动。反之,当船从海水驶入淡水时,$\mathrm{d}w < 0$,则 $\mathrm{d}z_B > 0$,即浮心向上移动。

例题 7 已知某船重量 $W = 18\ 000$ t,在海水中的(密度为 1.025 t/m^3)吃水 $d_{海} = 8.6$ m,$TPC_{海} = 25$ t。已知上海港淡水密度 $\rho_{淡} = 1.010$ t/m^3,求该船驶入上海港后的吃水。

解 由式(3-61)可得

$$\delta d = \frac{18\ 000}{100 \times 25}\left(\frac{1.025}{1.010} - 1\right) = 0.107(\mathrm{m})$$

则该船在淡水中的吃水为

$$d_{淡} = d_{海} + \delta d = 8.6 + 0.107 = 8.707(\mathrm{m})$$

例题 8 某船船长 $L = 164$ m,船宽 $B = 19.7$ m,方形系数 $C_B = 0.50$,水线面系数 $C_{WP} = 0.73$,在海水中平均吃水 $d = 8.20$ m,求船进入淡水中的平均吃水。

解 由方形系数得到海水中排水体积

$$C_B = \frac{\nabla}{LBd} \Rightarrow \nabla = C_B LBd = 0.5 \times 164 \times 19.7 \times 8.2 = 13\ 246.38(\mathrm{m}^3)$$

由水线面系数得到水线面面积

$$C_{WP} = \frac{A_W}{LB} \Rightarrow A_W = C_{WP} LB = 0.73 \times 164 \times 19.7 = 2\ 358.484(\mathrm{m}^2)$$

从海水到淡水中,排水体积发生变化,但是浮力应该是相等的,由此列方程

$$\nabla w_{海} k = (\nabla + \delta \nabla) w_{淡} k = (\nabla + A_W \delta d) w_{淡} k$$

$$\delta d = \frac{\nabla(w_{海} - w_{淡})}{A_W w_{淡}} = \frac{0.025 \times 13\ 246.28}{2\ 358.484} = 0.140\ 4(\mathrm{m}) = 14.04(\mathrm{cm})$$

故该船在淡水中的平均吃水

$$d_{淡} = d + \delta d = 8.2 + 0.140\ 4 = 8.340\ 4(\mathrm{m})$$

3.6 储备浮力与载重线标志

船舶在水面的漂浮能力是由储备浮力来保证的。

由于船舶漂浮在水面,必须具备浮性的平衡条件,当船舶破损、结冰、舱室进水时,船舶的吃水必然增加,为了保证船舶和船员的安全,需要在满载水线上储备一定的水密船体容积,以适应船体额外增加的载荷的需要,上述水线以上水密船体容积所具有的浮力称为储备浮力(Reserve buoyancy)。

由此可见,为保证船舶的浮性,必须具备一定的储备浮力。其他航海性能亦需要一定的储备浮力。储备浮力通常以满载排水量的百分比来表示,储备浮力的大小与船舶的大小、类型、航行季节和航区周围有关,海船的储备浮力为其满载重量的20% ~50%,内河船的储备浮力为10% ~15%,军船的储备浮力一般在100%以上。

1. 甲板线

甲板线(deck line)系长为300 mm和宽为25 mm的一条水平线。甲板线应勘划在船舯处的两舷,其上边缘一般应经过干舷甲板上表面向外延伸与船体外表面之交点,如图3 -21所示。如按此勘划有困难,甲板线也可勘划在船舯每侧某一适当位置,但对干舷作相应修正,其值为f_4(甲板线位置对于干舷的修正值为甲板线上边缘的实际计算型深D_0与计算型深D_1的差值)。

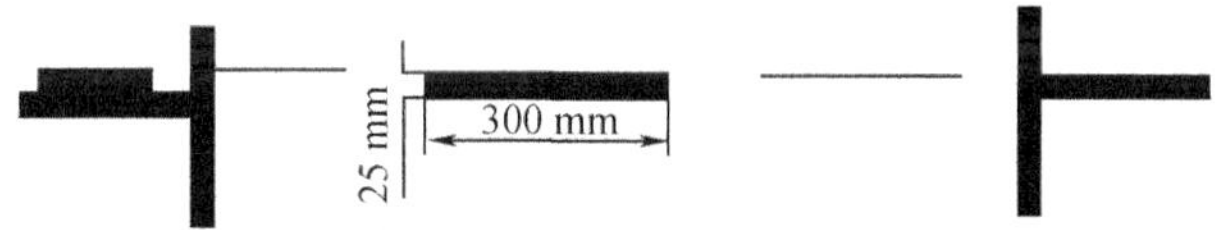

图3 -21 甲板线

2. 载重线标志

载重线标志(Plimsoll mark)指勘绘于船舯两舷船壳外板,用以限制船舯最大吃水,确保船舶最小干舷的标志。

载重线标志系包括外径为300 mm、线宽为25 mm的一圆环,和与圆环相交的一条水平线,该水平线长为450 mm、宽为25 mm,其上边缘通过圆环的中心;圆环的中心位于船舯,至甲板线上边缘的垂直距离等于所核定的夏季干舷。

在圆环两侧加绘表示勘定干舷机构的简称字母,字母高115 mm,宽75 mm。如图3 -22所示为一艘入中国船级社(CCS)船级的国际航行船舶的右舷载重线标志,两舷均应勘划载重线标志。

内河航行船舶的载重线标志上圆环两侧的字母是“Z”和“C”,表示“中华人民共和国船舶检验局”,字母“A”(或“B”“C”)表示该船航行的区域是内河A级(或B级、C级)航区。

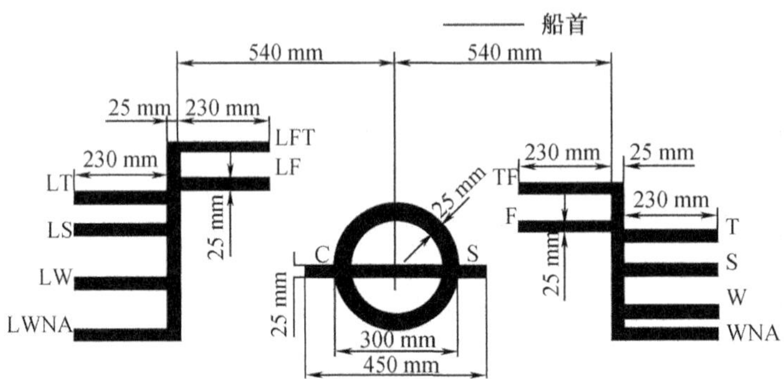

图 3-22 载重线标志(右舷)

3. 载重线标志所用的诸线段

(1)载重线系船舶按其航行的区带、区域和季节期而定的载重水线,分别以长度为230 mm,宽度为25 mm的水平线段表示。

各载重线与1根垂直线相垂直,按规定位于该垂直线的前方或后方。该垂直线宽为25 mm,位于圆环中心前方540 mm处。

各载重线表示如下:

① 夏季载重线,以标有S的水平线段表示,该水平线的上边缘通过圆环中心。

② 冬季载重线,以标有W的水平线段表示。

③ 冬季北大西洋载重线,以标有WNA的水平段表示。

④ 热带载重线,以标有T的水平线段表示。

⑤ 夏季淡水载重线,以标有F的水平线段表示,勘划在垂直线的后方,夏季淡水载重线和夏季载重线之间的差数,也是其他各载重线在淡水中装载的允许差额。

⑥ 热带淡水载重线,以标有TF的水平线段表示,勘划在垂直线的后方。

上述各载重线均以线段的上边缘为准。

(2)几点说明:

① 如船舶由于航行条件的限制,不可能使用某些季节载重线时,则这些载重线可以不勘划。

② 如对船舶勘定的干舷比按载重线公约规定的干舷为大,因而,载重线勘划等于或低于按公约规定所勘定的干舷的最低季节性载重线位置时,则只需勘划淡水载重线。

③ 如对船舶所勘定的冬季载重线与冬季北大西洋载重线一样时,则此载重线只需标出W。

例题10 某船在海水中的正常吃水 $d=2.20$ m,排水量 $\Delta=930$ t,水线面面积 $A_W=606$ m^2,型深 $D=3.35$ m,在甲板处的水线面面积 $A_W=658$ m^2,假定船的水上部分舷侧是直线形状,求储备浮力占排水量的百分数。

解 储备的排水体积为

$$\nabla_1=\frac{1}{2}(658+606)(D-d)=726.8\ \text{m}^3$$

储备浮力为

$$\frac{\nabla_1 wk}{\Delta}=\frac{726.8\times1.025\times1.006}{930}\times100\%=80.6$$

习 题

1. 某货船在A港内吃水 $d=5.35$ m，要进入B港，其吃水不能超过 $d_1=4.60$ m，船在 $d_2=5.50$ m时，$(TPC)_2=18.60$ t/cm，在吃水 $d_3=4.50$ m时，$(TPC)_3=14.8$ t/cm，假定每厘米吃水吨数对于吃水的变化是一直线，求船进入B港前必须卸下的货物重量。

2. 某船水线长 $L=120$ m，在正浮状态时，各站号的横剖面面积如下表所列：

站号	0	1	2	3	4	5	6	7	8	9	10
横剖面面积/m^2	0	13.5	34.4	45.4	54.8	58.3	55.2	45.7	33.1	13.5	0

(1)以合适比例画出该船的横剖面面积曲线；

(2)用梯形法和辛氏第一法计算排水体积∇，浮心纵向坐标 x_B；

(3)求棱形系数 C_P。

3. 船长150 m，设计吃水7.0 m，船体型值表如下：

站号	水线半宽/m				
	0	1	2	3	4
0	0	0	0	0	0
1	1	2	3	4	6
2	2	3	5	7	8
3	3	5	7	8	9
4	2	4	6	8	9
5	1	2	4	6	6
6	0	0	0	0	0

试以垂向计算系统与纵向计算系统计算船舶设计吃水时的排水体积及浮心坐标。

4. 某船的尺度要素为 $L=146.18$ m，$B=21.6$ m，$d=9.6$ m，$C_B=0.677$，满载水线面积 $A_W=2\ 540$ m^2，求驶入淡水域后平均吃水的变化。

5. 某海船的各水线面积是38 m^2，126 m^2，168 m^2，204 m^2，204 m^2，水线间距 $\mathrm{d}d=0.5$ m，求：

(1)各水线面的每厘米吃水吨数 TPC，并绘制曲线 $TPC=f(z)$；

(2)该船在各水线下的排水体积，并绘制排水体积曲线$\nabla=f(z)$。

6. 某船的吃水 $d=2.4$m，$C_B=0.654$，$C_W=0.785$，当卸下重量为8%排水量的重物

时,求该船的平均吃水(假设在吃水变化的范围内船舷是垂直的)。

7. 说明邦戎曲线、费尔索夫图谱的组成和用途。

8. 求某驱逐舰在后甲板上装载水雷后,新的重量和重心位置及引起重心位置的改变量。已知增加水雷前驱逐舰的排水量为2 318 t,重心坐标为 $x_G=-2.12$ m,$z_G=4.65$ m。水雷总重 $q=40$ t,重心坐标为 $x_q=43.5$ m,$y_q=0$ m,$z_q=7.8$ m。

10. 计算算例船(型线图、型值表见图1-31、表1-2)在吃水分别为1 m,2 m,4 m,6 m,8 m,10 m时的水线面面积和漂心坐标。

11. 计算算例船(型线图、型值表见图1-31、表1-2)在设计吃水 $d=12$ m下的各站处的横剖面面积和横剖面面积形心的垂向坐标。

第4章　初　稳　性

本章对船舶和海洋结构物静力学性能之一的初稳性进行讨论，稳性是船舶和海洋结构物的基本性能之一，指的是船舶在外力作用下偏离其平衡位置而倾斜，当外力消失后，能自行回复到原来平衡位置的能力。初稳性又称小倾角稳性，即倾斜角度小于 10°～15° 或上甲板边缘开始入水前的稳性。

本章知识要点：

1. 初稳性概念、初稳性高度、初稳性公式、船舶稳性指标及判断方法；
2. 静水力曲线计算及绘图；
3. 载荷的移动和装卸，自由液面等对船舶浮态及初稳性的影响；
4. 船舶倾斜试验目的及原理。

4.1　初稳性概述

4.1.1　稳性概念

船舶稳性（Ship stability）是指船舶在外力作用下偏离其平衡位置而倾斜，当外力消失后，能自行回复到原来平衡位置的能力。

船舶静止漂浮于水面某一位置时，受到两个作用力，其大小相等方向相反，而且两个力的作用点在同一垂直线上，船舶处于平衡位置。但经常受到风浪等各种外力的作用，使其发生倾斜，破坏原来平衡时的平衡状态。

船受外力作用发生倾斜，船的重量倾斜前后没有改变，故排水体积大小没有发生变化；但水线位置的变化已经使水下体积的形状改变，浮心位置发生改变，形成复原力臂 GZ。

自重心 G 作直线 GZ 垂直于通过 B_1 的垂线（既浮力作用线），则力偶的矩等于 $\Delta x\ \overline{GZ}$，称复原力矩（Restoring moment），通常以 M_R 来表示，即

$$M_R = \Delta \cdot \overline{GZ} \tag{4-1}$$

复原力矩与倾斜力矩方向相反，起到抵抗倾斜力矩的作用，M_R 定为正值。复原力矩的作用如图 4－1 所示。

倾斜力矩大小取决于风、浪、船上货物的移动，旅客的移动，外界及船舶的回转；复原力矩的大小取决于排水量，重心高度及浮心移动的距离等。

船舶在任意方向的倾斜,可分为两种基本浮态:横倾(heel)和纵倾(trim),横倾指船舶的横向倾斜,即向左舷或右舷一侧的倾斜,纵倾指船舶的纵向倾斜,即向船首或船尾的倾斜。倾斜力矩的作用平面平行于中横剖面时产生横倾。倾斜力矩的作用平面平行于中纵剖面时称为纵倾力矩,纵倾力距使船舶产生纵倾。

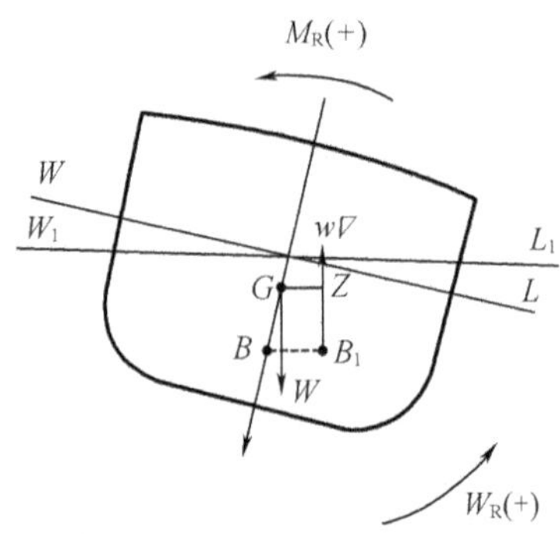

图 4-1 复原力矩的作用

按倾斜力矩作用方式的不同,船舶稳性可分为静稳性和动稳性两类。

静稳性(Statical Stability):假若倾斜力矩的作用是从零开始逐渐增加,使船舶倾斜时的角速度根据力的作用方式、速度,很小,可忽略不计。

动稳性(Dynamic stability):倾斜力矩突然作用在船舶上,初始值即不为零,使船舶倾斜时有明显的角速度变化。

造成船舶离开平衡位置的是倾斜力矩,产生的原因有:风浪的作用、船上货物的移动力、旅客集中于单一船舷、拖船的急牵、火炮的发射等。

复原力矩的大小取决于排水量,重心和浮心的相对位置等因素。

本章及下章中讨论船舶稳性问题时,着重研究船舶复原力矩的计算和有关影响因素,同时,我们对稳性进行下列两部分讨论:

(1)初稳性(或称小倾角稳性,Initial Stability)——指倾斜角度小于10°~15°或上甲板边缘开始入水前的稳性。

(2)大倾角稳性(Statical Stability at Large Angles of Heel)——一般指倾角大于10°~15°或上甲板边缘开始入水后的稳性。

划分原因:小倾角稳性可引入某些假定,既使浮态计算被简化,又能获得稳性的各种因素之间的规律。本章讨论船舶初稳性问题。

4.2 浮心的移动、稳心及稳心定律

讨论船舶稳性时,为了简化问题,我们将船舶的纵倾与横倾分别讨论,并忽略它们之间的相互影响,同时在倾角比较小的时候,浮心在垂直于倾斜平面方向上的位移很小,因

而也予以忽略。

船舶在外力作用下产生倾斜以后，其水下部分体积的形状发生了变化，因此体积形心（即浮心）必然向倾斜的一侧移动。在讨论稳性问题时，首先需要确定倾斜水线的位置，其次找出浮力作用线的位置，然后才能分析复原力矩的大小及方向。

4.2.1　等体积倾斜水线

船舶小角度倾斜时，等体积倾斜水线与正浮水线的交点通过原水线面的形心（漂心），证明如下：

如图 4－2 所示，设船舶船正浮时的水线为 WL，在外力作用下横倾一微小角度 ϕ 后的水线为 W_1L_1。由于船仅受到倾斜力矩的作用，排水体积保持不变，故 W_1L_1 是等体积倾斜水线。

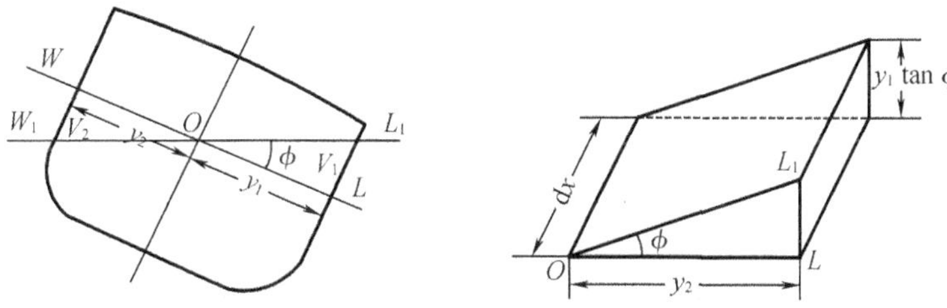

图 4－2　等体积倾斜

三角形 LOL_1 的面积

$$S_{\triangle LOL_1}=\frac{1}{2}g_1^2\tan\phi \tag{4-2}$$

沿船长取一微段 $\mathrm{d}x$，

$$\mathrm{d}V_1=\frac{1}{2}y_1^2\tan\phi\mathrm{d}x \tag{4-3}$$

整个入水楔形的体积

$$V_1=\int_{-L/2}^{L/2}\frac{1}{2}y_1^2\tan\phi\mathrm{d}x=\tan\phi\int_{-L/2}^{L/2}\frac{1}{2}y_1^2\mathrm{d}x \tag{4-4}$$

同理，整个出水楔形的体积

$$V_2=\tan\phi\int_{-L/2}^{L/2}\frac{1}{2}y_2^2\mathrm{d}x \tag{4-5}$$

在等体积倾斜时

$$V_1=V_2 \tag{4-6}$$

$$\int_{-L/2}^{L/2}\frac{1}{2}y_1^2\mathrm{d}x=\int_{-L/2}^{L/2}\frac{1}{2}y_2^2\mathrm{d}x \tag{4-7}$$

如图 4－3 所示为水线面，而积分 $\int_{-L/2}^{L/2}\frac{1}{2}y_1^2\mathrm{d}x$ 及 $\int_{-L/2}^{L/2}\frac{1}{2}y_2^2\mathrm{d}x$ 分别表示水线面 WL 在轴线 o—o 两侧的面积对轴线 o—o 的静矩。由于水线面 WL 对于轴线 o—o 的面积静矩为

0,亦即 $o—o$ 通过水线面 WL 的形心,水线面的形心又称为漂心(center of flotation)。

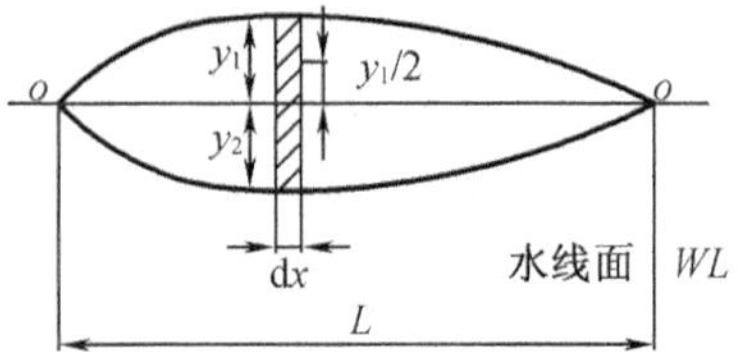

图 4-3 水线面

该结论同样适合纵倾情况。

4.2.2 浮心的移动

浮心的移动(图 4-4)是借助重心移动原理,如图 4-5 所示,某组合体由两部分组成,质量分别为 m_1 和 m_2,重心横向坐标分别为 x_1 和 x_2,则该组合体的重心横向坐标为

$$x_G = \frac{x_1 m_1 + x_2 m_2}{m_1 + m_2} \tag{4-8}$$

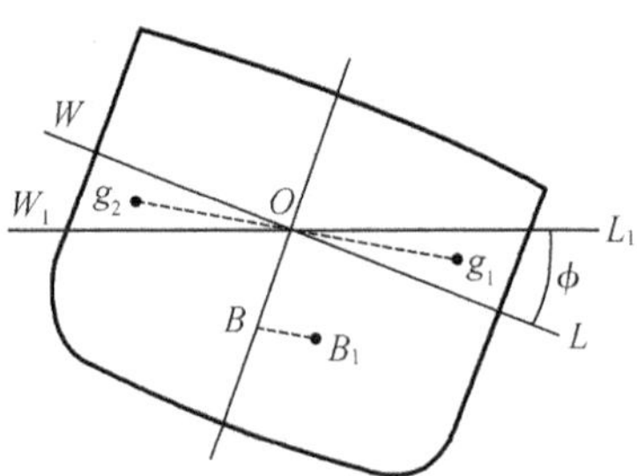

图 4-4 浮心的移动

当横向移动 m_2,移动距离为 d 时,

$$x_G^* = \frac{x_1 m_1 + (x_2 + d) m_2}{m_1 + m_2} = x_G + \frac{d \cdot m_2}{m_1 + m_2} \tag{4-9}$$

即重心横向位置的改变量为

$$\Delta x_G = \frac{d \cdot m_2}{m_1 + m_2} \tag{4-10}$$

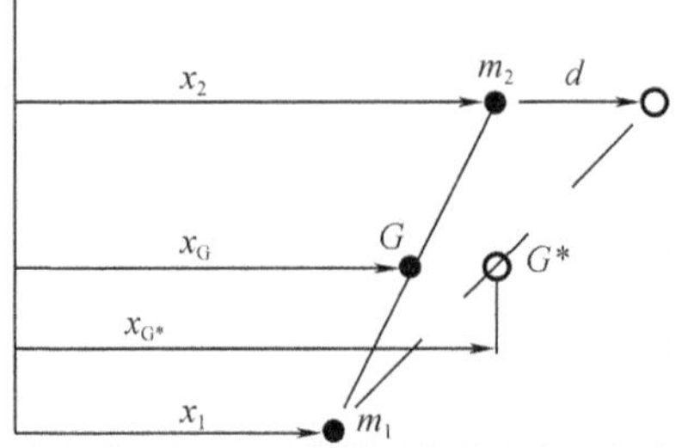

图 4-5 重心的移动

该式表明,重心的改变量与局部重心的移动距离成正比,与总重量成反比。

该式表明,整个重心的移动方向平行于局部重心的移动方向且重心移动的距离 $\overline{GG_1}$ 与总重量 W 成反比。

现在研究浮心的移动距离。如图4-4所示,船在平浮时的水线为 WL,排水体积为 ∇,横倾一微小角度 ϕ 后的水线为 W_1L_1。设 V_1、V_2 表示入水及出水楔形体积,g_1、g_2 表示入水及出水楔形的体积重心。由于 $V_1=V_2$,因此可以认为:船在横倾至 W_1L_1 时的排水体积相当于把楔形 WOW_1 这部分体积移至楔形 LOL_1 处,其重心则自 g_2 移至 g_1。设船横倾后的浮心自原来的 B 点移至 B_1 点,利用重心移动原理,可以求得浮心的移动距离为

$$BB_1=\frac{\overline{g_1g_2}\cdot V_2}{\nabla} \tag{4-11}$$

且 $g_1g_2//BB_1$,由于 $V_1=V_2$,可推导出:$\overline{g_1o}=\overline{g_2o}=\frac{1}{2}\overline{g_1g_2}$,代入式(4-11),有

$$BB_1=2\,\overline{g_1o}\frac{V_1}{\nabla} \tag{4-12}$$

式(4-12)中,$V_1\cdot\overline{g_1o}$是体积对 o—o 轴的静矩,如图4-6所示:

$$V_1\,\overline{g_1o}=\int_{-L/2}^{L/2}\frac{1}{2}y\cdot y\tan\phi\mathrm{d}x\cdot\frac{2}{3}y=\frac{1}{3}\tan\phi\int_{-L/2}^{L/2}y^3\mathrm{d}x \tag{4-13}$$

在 ϕ 为微小角度时,$\tan\phi=\phi$,故

$$2v_1\cdot\overline{g_1o}=\frac{2}{3}\phi\int_{-L/2}^{L/2}y^3\mathrm{d}x \tag{4-14}$$

其中积分式 $\frac{2}{3}\int_{-L/2}^{L/2}y^3\mathrm{d}x$ 是水线面 WL 的面积对纵向中心轴线 o—o 的横向惯性矩 I_{T}(水线面面积对于通过漂心的 x 轴方向的惯性矩),故式(4-14)可写为

$$2V_1\cdot\overline{g_1o}=I_{\mathrm{T}}\cdot\phi \tag{4-15}$$

故有

$$\overline{BB_1}=\frac{I_{\mathrm{T}}}{\nabla}\cdot\phi \tag{4-16}$$

4.2.3 稳心及稳心半径

船舶在横倾 ϕ 角后,浮心自原来的 B 点沿某一曲线移到 B_1 点,此时浮力的作用线垂直于 W_1L_1,并于中线相交于 M 点。当 ϕ 角度很小,$\overline{BB_1}$可看作圆弧的一段,M 点为圆心,$\overline{BM}=\overline{B_1M}$为曲线半径。这样船舶在微小角度倾斜过程中,浮力作用线均通过 M 点,故 M 点称为横稳心或初稳心。$\overline{BM}$称为横稳心半径或初稳心半径。

当 ϕ 为微小角度,$\overline{B}\overline{B}_1\approx\overline{BB_1}=\overline{BM}_\phi$,代入$\overline{BB_1}=\frac{I_{\mathrm{T}}}{\nabla}\phi$,得到

$$\overline{BM}=\frac{I_{\mathrm{T}}}{\nabla} \tag{4-17}$$

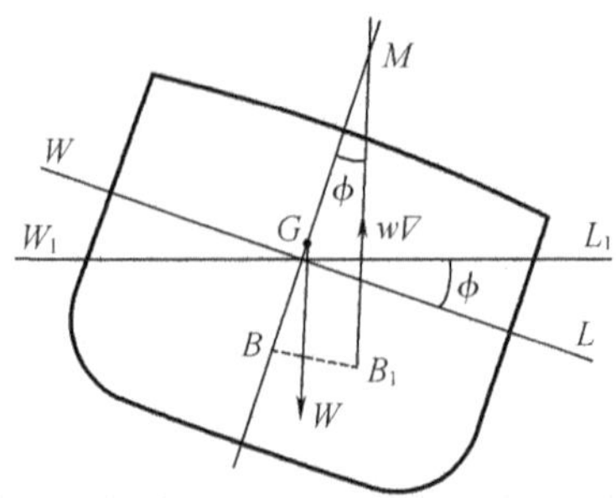

图4-6　稳心及稳心半径

即:假定船舶在等体积小角度倾斜过程中,浮心移动曲线是以稳心半径为半径的圆弧,稳心 M 点保持不变,实际解决问题可推广到 10°~15°的初稳性的情况。浮力作用线通过稳心 M。

同理,等体积纵倾情况的稳心半径有如下特点:

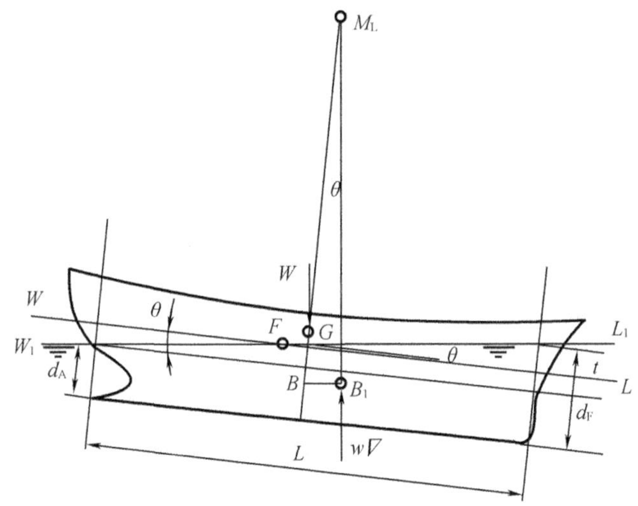

图4-7　等体积纵倾

(1)等体积倾斜水线面 W_1L_1 与 WL 相交于通过漂心 F 横向轴线。

(2)浮心的移动距离为

$$\overline{BB_1}=\frac{I_L}{\nabla}\theta \tag{4-18}$$

(3)纵稳心半径为

$$\overline{BM_L}=\frac{I_L}{\nabla} \tag{4-19}$$

式中　θ——纵倾角;

∇——排水体积;

I_L——水线面面积对于通过漂心的 y 轴方向的惯性矩。

根据型线图、型值表,有

$$I_{\mathrm{T}} = \frac{2}{3}\int_{-\frac{L}{2}}^{\frac{L}{2}} y^3 \mathrm{d}x \tag{4-20}$$

利用梯形法的计算式可写成

$$I_{\mathrm{T}} = \frac{2}{3}\delta L\left[(y_0^3 + y_1^3 + y_2^3 + \cdots + y_n^3) - \frac{1}{2}(y_0^3 + y_n^3)\right] \tag{4-21}$$

又

$$I_{\mathrm{L}} = I - A_{\mathrm{W}} x_{\mathrm{F}}^2 \tag{4-22}$$

式中 I——水线面面积对通过该水线面中站处 y 轴方向的纵向惯性矩;

$$I = 2\int_{-\frac{L}{2}}^{\frac{L}{2}} x^2 y \mathrm{d}x \tag{4-23}$$

A_{W}——水线面面积;

x_{F}——水线面的漂心纵向坐标。

利用梯形法的计算式可写成

$$I = 2\delta L\left[(x_0^2 y_0 + x_1^2 y_1 + \cdots + x_n^2 y_n) - \frac{1}{2}(x_0^2 y_0 + x_n^2 y_n)\right] \tag{4-24}$$

水线面面积对船中横轴的纵性惯性矩 $I = 2\int_{-l_2}^{l_2} y\mathrm{d}x \cdot x^2$

根据型线图型值表,$I_{\mathrm{T}} = \dfrac{2}{3}\int_{-\frac{1}{2}}^{\frac{1}{2}} Y^3 \mathrm{d}x$

例 4-1 某圆锥形浮体漂浮于水面上,如图 4-8 所示,求该浮体的 $\overline{BM}$ 值。

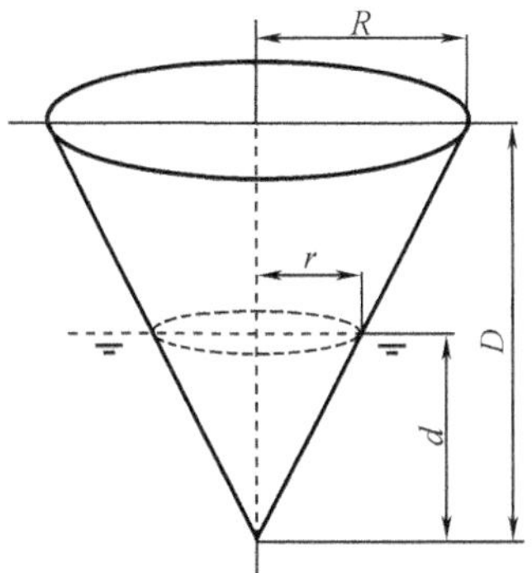

图 4-8 漂浮于水面上的圆锥体

解 该浮体的排水量为

$$\nabla = \frac{1}{3}\pi r^2 d$$

$$I_{\mathrm{T}} = \frac{\pi(2r)^4}{64} = \frac{\pi r^4}{4}$$

$$\overline{BM} = \frac{I_{\mathrm{T}}}{\nabla} = \frac{\frac{\pi}{4}r^4}{\frac{\pi}{3}r^2 d} = \frac{3r^2}{4d}$$

例 4-2　计算算例船(型线图、型值表分别见图 1-31、表 1-2)在设计吃水 $d=12$ m 下的 I_T 和 I_L。

解　根据式(4-21)、式(4-22),列表 4-1。

表 4-1　I_T、I_L 梯形法计算表($\delta L=9.75$ m)

横剖面站号	水线半宽 /m	面矩乘数	惯性矩乘数	面矩函数 Ⅱ×Ⅲ	惯性矩函数 Ⅱ×Ⅳ	水线半宽立方 /m^3
Ⅰ	Ⅱ	Ⅲ	Ⅳ	Ⅴ	Ⅵ	Ⅶ
0	15.714	-10	100	-157.140	1 571.400	3 880.255
1	19.900	-9	81	-179.104	1 611.938	7 881.150
2	21.113	-8	64	-168.908	1 351.263	9 411.949
3	21.300	-7	49	-149.100	1 043.700	9 663.597
4	21.300	-6	36	-127.800	766.800	9 663.597
5	21.300	-5	25	-106.500	532.500	9 663.597
6	21.300	-4	16	-85.200	340.800	9 663.597
7	21.300	-3	9	-63.900	191.700	9 663.597
8	21.300	-2	4	-42.600	85.200	9 663.597
9	21.300	-1	1	-21.300	21.300	9 663.597
10	21.300	0	0	0.000	0.000	9 663.597
11	21.300	1	1	21.300	21.300	9 663.597
12	21.300	2	4	42.600	85.200	9 663.597
13	21.300	3	9	63.900	191.700	9 663.597
14	21.300	4	16	85.200	340.800	9 663.597
15	21.300	5	25	106.500	532.500	9 663.597
16	21.283	6	36	127.701	766.206	9 641.156
17	20.628	7	49	144.396	1 010.772	8 777.511
18	17.554	8	64	140.436	1 123.488	5 409.603
19	12.141	9	81	109.273	983.461	1 789.851
20	0.000	10	100	0.000	0.000	0.000
总和 $\sum'$	405.235	—	—	-260.25	12 572.03	172 418.24
修正值 ε	7.857	—	—	-78.57	785.70	1 940.13
修正后 $\sum$	397.378	—	—	-181.68	11 786.33	170 478.11
	A_W	C_{WP}	X_F	I_L		I_T
计算结果	7 748.880	0.933	-4.458	21 694 568.131		1 108 107.701

计算公式:$A_W=2\delta L\sum$ Ⅱ,$C_{WP}=\dfrac{A_W}{LB}$,$X_F=\delta L\dfrac{\sum \text{Ⅴ}}{\sum \text{Ⅱ}}$,$I_L=2(\delta L)^3\sum$ Ⅵ $-A_W X_F^2$,$I_T=\dfrac{2}{3}\delta L\times\sum$ Ⅶ。

4.3 初稳性公式

稳心在重心之上的高度称为稳性高(metacentric height),横倾下存在横稳性高 $\overline{GM}$,纵倾下则有纵稳性高 $\overline{GM}_{\phi}$,由于稳心只有在小角度倾斜时才能假设为固定点,故初稳性高主要用于研究浮体的初稳性问题,因此 $\overline{GM}$ 亦称初稳性高。

4.3.1 浮体的平衡状态

浮体的平衡状态与浮体的重心 G\稳心 M 的相对位置有关。

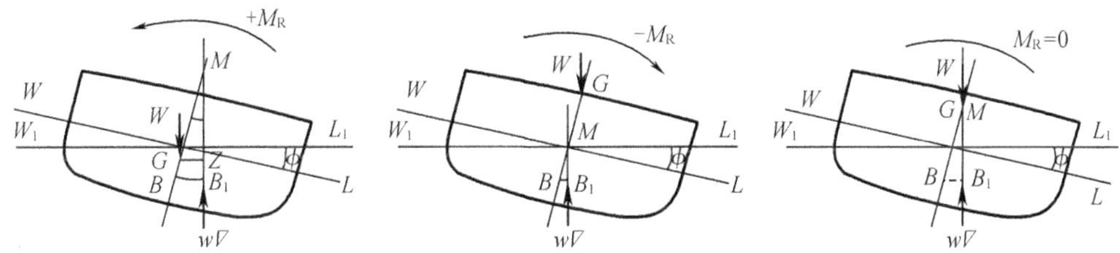

图4-9 浮体的各种平衡状态

(1)重心 G 在稳心 M 之下,复原力矩 M_R 的方向与横倾方向相反,当外力消失后,它能使船舶回复到原来的平衡状态,所以为稳定平衡(stable)。此时,$\overline{GM}$和 M_R 都为正值。

(2)重心 G 在稳心 M 之上,复原力矩 M_R 的方向与横倾方向相同,它使船舶继续倾斜,所以为不稳定平衡(unstable)。此时,$\overline{GM}$和 M_R 都为负值。

(3)重心 G 和稳心 M 重合,$\overline{GM}=0$,$M_R=0$,当外力消失后,船舶不会回复到原来位置,也不会继续倾斜,成为中性平衡或随遇平衡(neutral equilibrium)。

船舶在水面上的平衡状态不外乎上述三种情况,它们由船舶横倾后所形成的复原力矩性质所决定。其中(2)、(3)两种情况在造船中是不允许出现的,因为这种船舶在倾斜后不能回复到原来的平衡位置,也就是说,这种船舶的稳性得不到保证。

4.3.2 初稳性公式

在等体积倾斜条件下,倾斜前后两浮力作用线交于定点 M,由于重力的作用点 G 和浮力的作用点 B_1 不在同一铅垂线上,故而产生了一个复原力矩 M_R(righting moment):

$$M_R=\Delta\cdot\overline{GZ} \tag{4-25}$$

式中 $\overline{GZ}$——复原力臂(righting arm)。

当横倾角 ϕ 较小时,$\sin\phi\approx\phi$,故式(4-25)也可以写为

$$M_R=\Delta\cdot\overline{GM}\cdot\phi \tag{4-26}$$

式(4－25)或式(4－26)称为初稳性公式。从初稳性公式可以看出,船舶在一定排水量下产生微小横倾时,横稳性越高 $\overline{GM}$ 越大,复原力矩 M_R 也就越大,也就是抵抗倾斜力矩的能力越强。因此,横稳心是衡量船舶初稳性的主要指标。

横稳性高 $\overline{GM}$ 值的大小对船舶的横摇周期也有影响,$\overline{GM}$ 值大的船舶,横摇周期较短,在海上遇到风浪时会产生急剧的摇摆,反之,$\overline{GM}$ 值小的船舶,虽然抵抗倾斜力矩的能力稍差,但横摇周期较长,摇摆缓和。所以船舶 $\overline{GM}$ 值的大小需根据该船的用途、航区等因素的不同在某一合适的范围内。表4－2所列为各类船舶在设计排水量时横稳性高的大体范围,表4－3所列为我国建造的一些船舶的横稳性高的数值。

表4－2　各类船舶的横稳性高范围

船舶类型	$\overline{GM}$/m	船舶类型	$\overline{GM}$/m
客船	0.315	主力舰	2.030
干货船	0.310	巡洋舰	0.918
油轮	1.525	驱逐舰	0.712
拖轮	0.508	鱼雷快艇	0.508
渔轮	0.510	潜水艇水上	0.308
航空母舰	2.735	潜水艇水下	0.204

表4－3　某型船舶横稳性高值

船舶类型	$\overline{GM}$/m	船舶类型	$\overline{GM}$/m
12 000 吨货船	0.97	4 500 m^3 耙吸式挖泥船	2.17
7 500 吨远洋可货船	0.74	24 000 吨油船	3.48
25 000 吨散装货船	1.30	1 080 马力拖船	1.03

同理,纵倾浮态下,有

$$M_{RL}=\Delta\cdot\overline{GM_L}\cdot\sin\theta=\Delta\cdot\overline{GM_L}\cdot\theta \tag{4-27}$$

式中,$\overline{GM_L}$为纵稳性高,该公式称为纵稳性公式。

纵稳心 M_L 与船长 L 为同一量级,较重心高得多。所以在船舶设计中,除浮吊等特种船舶外,一般不考虑纵向稳性问题,在实用上,纵稳性主要是用于求纵倾引起的艏艉吃水差,或以此求得新水线的位置。

若船长为 L,艏艉吃水差为 t(艏倾时取正,艉倾时取负),则纵倾角

$$\theta=\tan\theta=\frac{t}{L}$$

代入纵稳性公式可得

$$M_{RL}=\Delta\cdot\overline{GM}_{\mathrm{L}}\cdot\theta=\Delta\cdot\overline{GM}_{\mathrm{L}}\cdot\frac{t}{L} \tag{4-28}$$

令 $t=1\ \mathrm{cm}=\frac{1}{100}\mathrm{m}$，可以求出船舶纵倾 1 cm 所需的纵倾力矩公式为

$$MTC=\frac{\Delta\cdot\overline{GM}_{\mathrm{L}}}{100L} \tag{4-29}$$

上式中，MTC(Moment to Trim one Centimeter)称为每厘米纵倾力矩。由于浮心和重心之间的距离$\overline{BG}$与纵稳心半径$\overline{BM}_{\mathrm{L}}$相比为小值，故可认为$\overline{BM}_{\mathrm{L}}\approx\overline{GM}_{\mathrm{L}}$，即

$$MTC=\frac{\Delta\cdot\overline{BM}_{\mathrm{L}}}{100L} \tag{4-30}$$

如有纵倾力矩 M_{T} 作用于船上，由此引起纵倾值为

$$t=\frac{M_{\mathrm{T}}}{MTC}(\mathrm{cm}) \tag{4-31}$$

例4-3 某船漂心位置 $x_{\mathrm{f}}=0$ m，$TPC=10$ t/cm，$MTC=5$ t·m/cm，若在 $x=5$ m 处增加 10 t 重量的载荷，试计算船体首尾吃水改变量。

解

$$\delta d=\frac{p}{TPC}=\frac{10}{10}=1\ \mathrm{cm}$$

$$M_{\mathrm{T}}=5\times10=50\ \mathrm{t\cdot m}$$

$$t=\frac{M_{\mathrm{T}}}{MTC}=\frac{50}{50}=1\ \mathrm{cm}$$

艏吃水变化量为

$$\delta d_{\mathrm{F}}=\delta d+\frac{t}{2}=1.5\ \mathrm{cm}$$

艄吃水变化量为

$$\delta d_{\mathrm{F}}=\delta d-\frac{t}{2}=0.5\ \mathrm{cm}$$

三、浮心、重心和稳心之间的关系

初稳性高$\overline{GM}$是衡量船舶初稳性的重要指标，由图4-10可知：

$$\begin{aligned}\overline{GM}&=\overline{KB}+\overline{BM}-\overline{KG}\\&=z_{\mathrm{B}}+r-z_{\mathrm{G}}\\&=\overline{BM}-\overline{BG}\end{aligned} \tag{4-32}$$

式中 $\overline{KB}$——浮心距基线高度(VCB 或以浮心垂向坐标 z_{B} 表示)；

$\overline{BM}$——初稳心半径(或称横稳心半径，也可用符号 r 表示)；

$\overline{KG}$——重心距基线高度(VCG 或以重心垂向坐标 z_{G} 表示)。

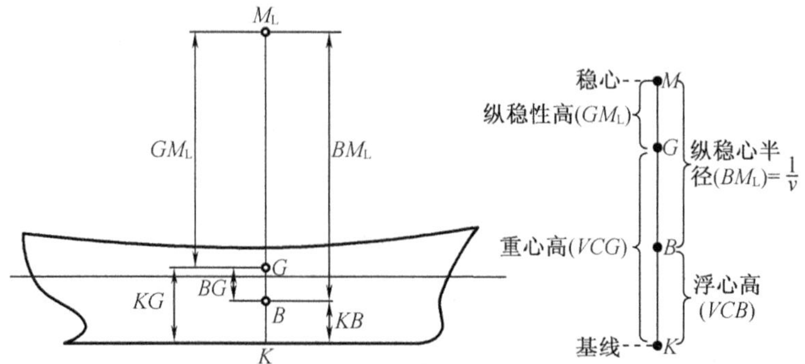

图 4－10 浮心、重心和稳心之间的关系

同理，纵稳性高$\overline{GM_L}$可写为

$$\begin{aligned}\overline{GM_L} &= \overline{KB} + \overline{BM_L} - \overline{KG} \\ &= z_B + R - z_G \\ &= \overline{BM_L} - \overline{BG} \end{aligned} \tag{4-33}$$

例 4－4 某三棱柱型浮体，如图 4－11 所示，该浮体的横截面为正三角形，材质密度均匀，当三棱柱的密度在什么范围时，三棱柱能以图示状态浮于水面（淡水）并保持浮态的稳定。

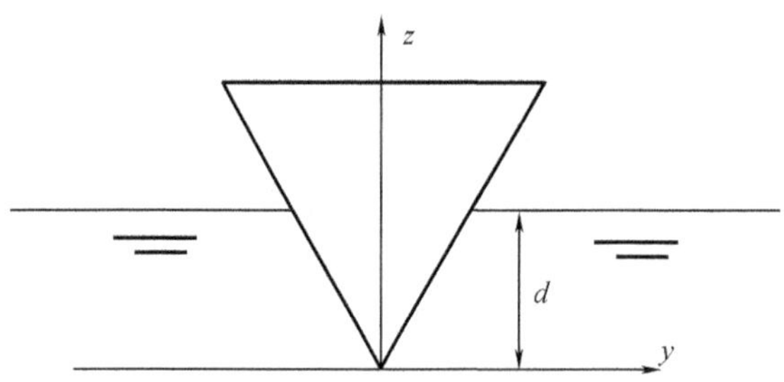

图 4－11 三棱柱型浮体

解 设三棱柱截面边长为 a，密度为 ρ，长度为 L，当三棱柱浮于水面并保持平衡时，吃水为 d，由平衡条件

$$W = \rho\frac{\sqrt{3}}{4}a^2L = \Delta = 1 \times \frac{\sqrt{3}}{3}d^2L$$

可得 $d^2 = \frac{3}{4}\rho a^2$ 并且 $\rho < 1$，该浮体的浮心高度为

$$z_B = \frac{2}{3}d$$

重心高度为

$$z_g = \frac{2}{3} \times \frac{\sqrt{3}}{2}a = \frac{\sqrt{3}}{3}a$$

横稳心半径为

$$\overline{BM}=\frac{\frac{L}{12}\left(\frac{2\sqrt{3}d}{3}\right)^3}{\frac{\sqrt{3}}{3}d^2L}=\frac{2}{9}d$$

横稳性高为

$$\begin{aligned}\overline{GM}&=z_B+\overline{BM}-z_G\\&=\frac{2}{3}d+\frac{2}{9}d-\frac{\sqrt{3}}{3}a\\&=\frac{8}{9}d-\frac{\sqrt{3}}{3}a\end{aligned}$$

若三棱柱能保持稳定平衡,则 $\overline{GM}>0$,即

$$\frac{8}{9}d-\frac{\sqrt{3}}{3}a>0$$

$$\left(\frac{d}{a}\right)^2=\frac{3}{4}\rho>\left(\frac{\sqrt{3}}{3}\times\frac{8}{9}\right)^2=\frac{27}{64}$$

故三棱柱稳定浮于水面的条件是

$$\frac{9}{16}<\rho<1$$

例4-5 如图4-12所示,某长方体型单体船,船长为L,船宽为B,吃水为d,对应的双体船片体宽度为$B/2$,船长和吃水与单体船相同,片体间距为$3B/2$,试比较该单体船(Monohull ship)和双体船(Catamaran)的稳性性能。

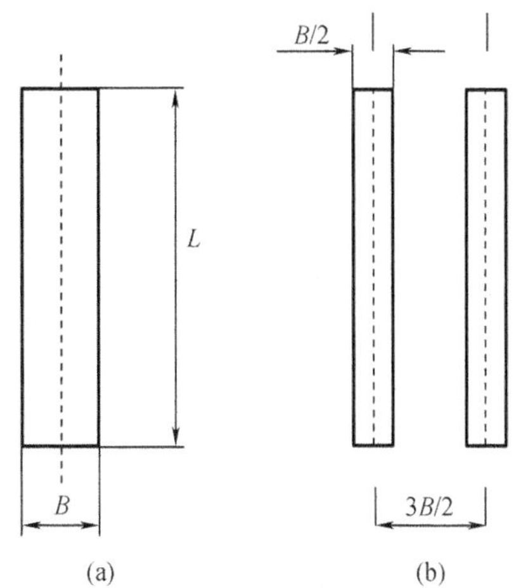

图4-12 单体船和双体船

解 单体船和双体船的排水体积相同,均为

$$\nabla=LBd$$

单体船的初稳心半径$\overline{BM_1}$为

$$\overline{BM_1}=\frac{I_T}{\nabla}=\frac{\frac{B^3L}{12}}{LBd}=\frac{1}{12}\cdot\frac{B^2}{d}$$

双体船的初稳心半径$\overline{BM_2}$为

$$\begin{aligned}\overline{BM_2}&=\frac{I_T}{\nabla}\\&=\frac{2}{LBd}\left[L\cdot\frac{\left(\frac{B}{2}\right)^3}{12}+\frac{B}{2}\cdot L\cdot\left(\frac{3B}{2\cdot 2}\right)^2\right]\\&=\frac{7}{12}\cdot\frac{B^2}{d}=7\cdot\overline{BM_1}\end{aligned}$$

即双体船的初稳心半径是单体船的 7 倍，两船的浮心高度均为 $d/2$，在装载情况相似的情况下两船的重心高度相当，由 $\overline{GM}=\overline{KB}+\overline{BM}-\overline{KG}$ 可知，本题中双体船的初稳性高数倍于单体船。

一般而言，相同排水量的单体船和双体船，双体船的稳性比单体船的稳性有显著的提高。

例 4－6 某双体船船长为 25 m，横剖面图如图 4－13 所示，该船在海水（密度为 1.025 t/m^3）中的排水量为 300 t，该船的重心距基线上 1.85 m，试问该船能否稳定地在海水中漂浮？

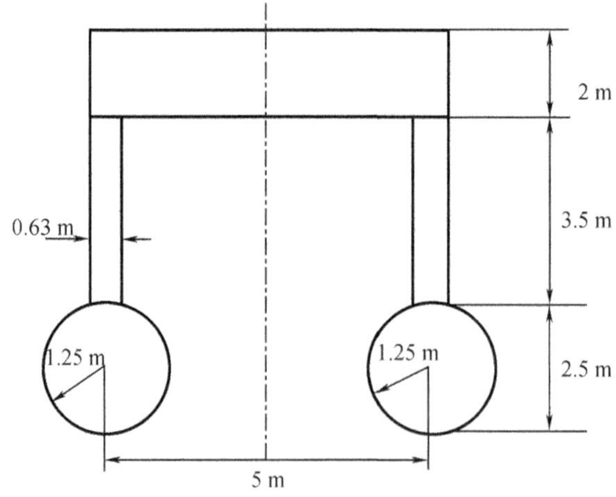

图 4－13 双体船型浮体

解 假设该船吃水为 d，水线距底部球型浮体的高度为 h，则有

$$(\pi r^2+h\times 0.63)\times 2Lw=300$$

解得 $h=1.5$ m，故该船的吃水为

$$d=2r+h=2.5+1.5=4.0(\text{m})$$

$$\overline{KB} = \frac{\nabla_1 h_1 + \nabla_2 h_2}{\nabla_1 + \nabla_2}$$

$$= \frac{2 \times L \times \left[\pi \times 1.25^2 \times 1.25 + 1.5 \times 0.63 \times \left(2.5 + \frac{1.5}{2}\right)\right]}{2 \times L \times (\pi \times 1.25^2 + 1.5 \times 0.63)}$$

$$= 1.573(\text{m})$$

$$\overline{BM} = \frac{I}{\nabla}$$

$$= \frac{\left(\frac{25 \times 0.63^3}{12} + 25 \times 0.63 \times 2.5^2\right) \times 2}{\frac{300}{1.025}}$$

$$= 0.676(\text{m})$$

$$\overline{GM} = \overline{KB} + \overline{BM} - \overline{KG} = 1.573 + 0.676 - 1.85 \approx 0.4(\text{m})$$

因为 $\overline{GM} > 0$,所以该双体船能稳定地在海水中漂浮。

4.4 船舶静水力曲线图

前面讨论了正浮状态下,浮性和初稳性的基本原理及计算,这些计算结果绘制成综合的曲线图即船舶静水力曲线图。船舶静水力曲线图是一艘船的重要技术资料,全面表达了船舶在静止正浮状态下浮性和稳性要素随吃水的变化规律,经常用来计算与航海性能有关的性能参数。

船舶静水力曲线如图 4 - 14 所示,它有下列曲线: 1 ~ 8 浮性曲线(型排水体积曲线、总排水体积曲线、总排水量曲线、浮心纵向坐标曲线、浮心垂向坐标曲线、水线面面积曲线、漂心纵向坐标曲线、每厘米吃水吨数 *TPC* 曲线);9 ~ 11 稳性曲线(横稳心半径曲线、纵稳心半径曲线、每厘米纵倾力矩 *MTC* 曲线); 12 ~ 15 船型系数曲线(水线面系数 C_{WP} 曲线、中横剖面系数 C_M 曲线、方形系数 C_B 曲线、棱形系数 C_P 曲线)。

静水力曲线计算都是按表格进行的,表4 - 4 至表4 - 10 提供了一套梯形法的静水力曲线计算表格。

绘制曲线所用的缩尺比必须简便,一般可采用 1/20,1/25,1/40,1/50,1/100,1/150 的缩尺。曲线的布置应力求均匀,尽量避免曲线疏密不均的现象存在。

中横剖面系数O_K(1cm=0.1)
水线面系数O(1cm=0.1)
菱形系数O(1cm=0.1)
方形系数O(1cm=0.1)
总排水体积V_K(1cm=1 000³)
排水量V_K(1cm=1 000³)
总排水体积V_K(1cm=1 000³)
浮心纵坐标V_K(1 cm=2.5 m)
漂心纵坐标V_K(1 cm=2.5 m)
纵稳心半径(1cm=2.5m)
每厘米纵横倾力矩MTC(1 cm=25 t/cm)
每厘米吃水吨数TPC(1 cm=5 t/cm)
水线面面积A_W(1 cm=600 m²)
横稳心半径B_M(1 cm=2.6 m)
浮心垂向坐标Z_B(1 cm=2.8 m)
吃水d/m
(cm)
艉 —— 舯 —— 艏
船型系数坐标

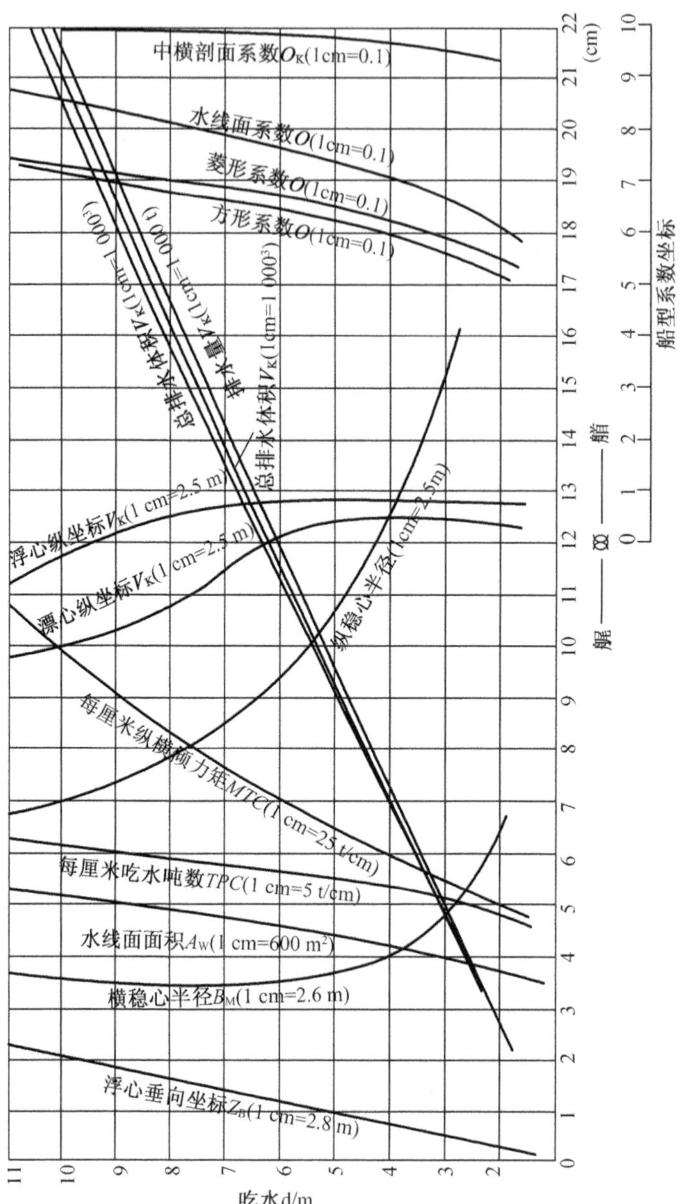

图 4－14　静水力曲线图

表4-4 A_W、X_F、I_T、I_L、C_{WP}计算表

水线号 $d=$ ________ m，$\delta L=$ ________ m，$\frac{2}{3}\delta L=$ ________ m，$2(\delta L)^3=$ ________ m^3

横剖面站号	水线半宽 /m	面矩乘数	惯性矩乘数	面矩函数 Ⅱ×Ⅲ	惯性矩函数 Ⅱ×Ⅳ	水线半宽立方/m^3
Ⅰ	Ⅱ	Ⅲ	Ⅳ	Ⅴ	Ⅵ	Ⅶ
0		-10	100			
1		-9	81			
2		-8	64			
3		-7	49			
4		-6	36			
5		-5	25			
6		-4	16			
7		-3	9			
8		-2	4			
9		-1	1			
10		0	0			
11		1	1			
12		2	4			
13		3	9			
14		4	16			
15		5	25			
16		6	36			
17		7	49			
18		8	64			
19		9	81			
20		10	100			
总和 $\sum'$						
修正值 ε						
修正后 $\sum$						
计算公式	$A_W=2\delta L\sum$Ⅱ	$C_{WP}=\frac{A_W}{LB}$	$x_F=\delta L\frac{\sum \text{Ⅴ}}{\sum \text{Ⅱ}}$	$I_L=2(\delta L)^3\sum$Ⅵ$-A_W x_F^2$		$I_T=\frac{2}{3}\delta L\times\sum$Ⅶ
计算结果						

表 4-5 ∇、Δ、C_B、TPC 计算表

δd = ________ m, $\delta d/2$ = ________ m, w = ________ t/m^3

水线号	d_i /m	A_{W_i} /m^2	成对和	自上至下之和	$\nabla_i = \frac{\delta d}{2} \times$ V	$\Delta_i = w \times$ Ⅵ	LBd_i	$C_{B_i} = \frac{\nabla_i}{LBd_i}$	$(TPC)_i = \frac{Ⅲ \times w}{100}$
Ⅰ	Ⅱ	Ⅲ	Ⅳ	Ⅴ	Ⅵ	Ⅶ	Ⅷ	Ⅸ	Ⅹ
0									
1									
2									
3									
4									
5									
6									
7									
8									
9									
10									
11									
12									

表 4-6 x_B 计算表

δd = ________ m, $\delta d/2$ = ________ m

水线号	A_{W_i} /m^2	x_{f_i} /m	Ⅱ × Ⅲ	成对和	自上至下之和	∇_i /m^3	$x_{B_i} = \frac{\delta d \times Ⅵ}{2\nabla_i}$
Ⅰ	Ⅱ	Ⅲ	Ⅳ	Ⅴ	Ⅵ	Ⅶ	Ⅷ
0							
1							
2							
3							
4							
5							
6							
7							
8							
9							
10							
11							
12							

表4-7 $\overline{KB}(z_B)$计算表

δd = ________ m，$\delta d/2$ = ________ m

水线号	∇_i /m^3	成对和	自上至下之和	$\frac{\delta d}{2}\cdot\frac{Ⅳ}{\nabla_i}$	d_i/m	z_{Bi} = Ⅵ − Ⅴ
Ⅰ	Ⅱ	Ⅲ	Ⅳ	Ⅴ	Ⅵ	Ⅶ
0						
1						
2						
3						
4						
5						
6						
7						
8						
9						
10						
11						

表4-8 $\overline{BM}$、$\overline{BM_L}$、$\overline{KM}(Z_M)$、$\overline{KM_L}(z_{ML})$计算表

水线号	∇_i /m^3	I_{T_i} /m^4	I_{L_i} /m^4	$\overline{BM}$ = Ⅲ/Ⅱ /m	$\overline{BM_L}$ = Ⅳ/Ⅱ /m	z_{B_i} /m	z_{M_i} = Ⅴ + Ⅶ /m	z_{ML_i} = Ⅵ + Ⅶ /m
Ⅰ	Ⅱ	Ⅲ	Ⅳ	Ⅴ	Ⅵ	Ⅶ	Ⅷ	Ⅸ
0								
1								
2								
3								
4								
5								
6								
7								
8								
9								
10								
11								

表 4－9　*MTC* 计算表

水线号	Δ_i /t	$\overline{BM}_L$ /m	Ⅱ × Ⅲ	L/m	MTC = Ⅳ/100 Ⅴ /t · m
Ⅰ	Ⅱ	Ⅲ	Ⅳ	Ⅴ	Ⅵ
0					
1					
2					
3					
4					
5					
6					
7					
8					
9					
10					
11					

表 4－10　C_M、C_P 计算表

水线号	中横剖面半宽 /m	成对和	积分和	$A_{M_i} = \delta d$ · Ⅳ	$B \cdot d_i$	C_M = Ⅴ/Ⅵ	C_{B_i}	C_{P_i} = Ⅷ/Ⅶ
Ⅰ	Ⅱ	Ⅲ	Ⅳ	Ⅴ	Ⅵ	Ⅶ	Ⅷ	Ⅸ
0								
1								
2								
3								
4								
5								
6								
7								
8								
9								
10								
11								

4.5 载荷移动对船舶浮态及初稳性的影响

在船舶营运过程中装载情况是经常变化的，例如船舶航行中燃料、粮食、淡水等消耗物品的变化、进出港会装卸货物、运营过程中移动船舶上的货物等，所有这些都会引起船的浮态及稳性的变化。

本节仅讨论船舶上的载荷(重量)移动问题，当船上的载荷(重量)移动时，船的排水量虽然保持不变，但其浮态和初稳性是变化的。为简便计算，分别讨论在垂向、横向、纵向的移动情况，再研究在任意方向的移动情况。

4.5.1 载荷的垂向移动

如图4-15所示，重量p的载荷从A点(垂向坐标z_1)沿垂直方向移动到A_1点(垂向坐标z_2)。由于船的排水量和浸水部分的形状都没有发生变化，所以浮心B稳心M的位置保持不变，而船的重心则由原来的G点垂向移动至G_1点，根据重心移动原理可知

$$\overline{GG_1}=\frac{p(z_2-z_1)}{\Delta} \tag{4-34}$$

船舶的初稳性高与重心高度密切相关，由于载荷的垂向移动引起了重心高度的改变。新的初稳性高为

$$\overline{G_1M}=\overline{GM}-\overline{GG_1} \tag{4-35}$$

即

$$\overline{G_1M}=\overline{GM}-\frac{p(z_2-z_1)}{\Delta} \tag{4-36}$$

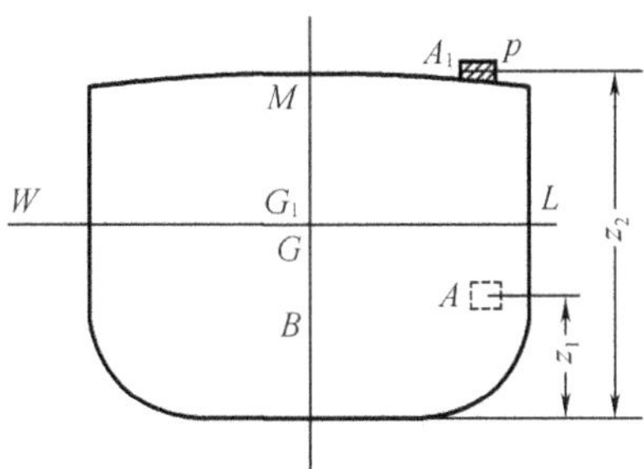

图4-15 载荷的垂向移动

同理，新的纵稳性高为

$$\overline{G_1M_L}=\overline{GM_L}-\frac{p(z_2-z_1)}{\Delta} \tag{4-37}$$

由于$\overline{GG_1}$相对于$\overline{GM_L}$来说是小量，实用上常可认为$\overline{G_1M_L}\approx\overline{GM_L}$。

结论:载荷垂直向上移动,提高船的重心,初稳性高减小,对稳性不利。

载荷垂直向下移动,降低船的垂心,初稳性高增加,对稳性有利。

所以,降低船的重心是提高船舶稳性的有效措施之一。

4.5.2 载荷的横向移动

如图 4 - 16 所示,重量 p 的载荷从 A 点(横向坐标 y_1)沿横向水平方向移至 A_1 点(横向坐标 y_2),移动的距离为(y_2-y_1),船的重心从原来的 G 点横向移动到 G_1 点,根据重心移动的原理可得

$$\overline{GG_1}=\frac{p(y_2-y_1)}{\Delta}$$

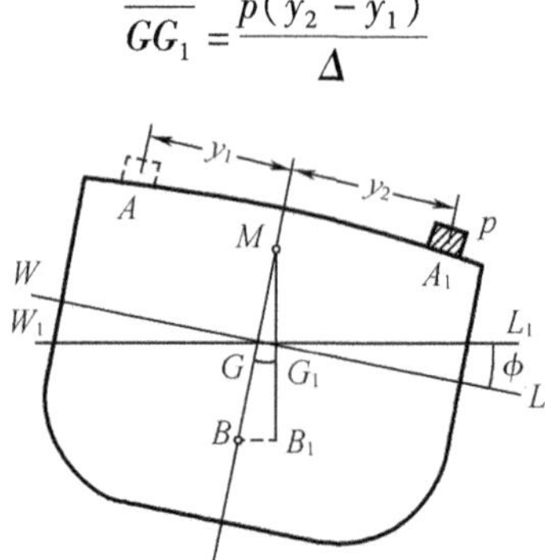

图 4 - 16 载荷的横向移动

重力的作用线不再与原浮心在同一铅垂线上,因此发生横倾,浮心也自 B 点向横倾一侧移动。当倾斜到某一角度 ϕ 时,新的浮心与重心在同一铅垂线上,船就保持新的平衡状态,并浮于新的水线 W_1L_1。

$$\tan\phi=\frac{\overline{GG_1}}{\overline{GM}}$$

而

$$\overline{GG_1}=\frac{p(y_2-y_1)}{\Delta}$$

故

$$\tan\phi=\frac{\overline{GG_1}}{\overline{GM}}=\frac{p(y_2-y_1)}{\Delta\cdot\overline{GM}} \tag{4-38}$$

结论:载荷的横向移动,使船舶产生了一个横倾角 ϕ,从而减少了甲板进水角的裕度,对船舶稳性是不利的。

4.5.3 载荷的纵向移动

如图 4 - 17 所示,将船上重量 p 的载荷由 A 点(纵向坐标 x_1)沿纵向水平移至 A_1 点(纵向坐标 x_2),移动的距离为 x_2-x_1。船的重心由 G 点移至 G_1 点,因此船发生纵倾,并

浮于新的水线 W_1L_1，其纵倾角为 θ，载荷纵向移动后，船的纵倾角为

$$\tan\theta = \frac{p(x_2 - x_1)}{\Delta \cdot \overline{GM}_L} \tag{4-39}$$

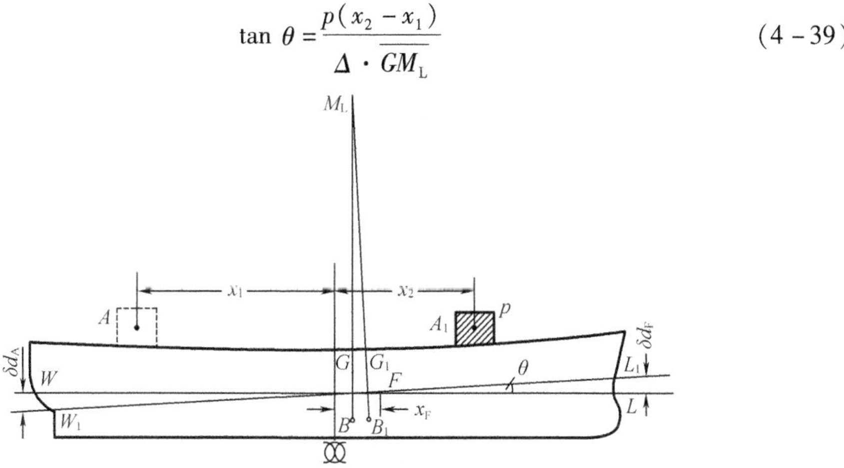

图4-17 重量的纵向移动

纵倾通常用艏艉吃水差来表示。由于等体积倾斜的水线面 W_1L_1 与原水线面 WL 的交线必然通过 WL 的漂心 F，如图4-18所示，则有

$$\delta d_F = \left[\frac{L}{2} - x_F\right]\tan\theta = \left[\frac{L}{2} - x_F\right]\frac{p(x_2 - x_1)}{\Delta \cdot \overline{GM}_L} \tag{4-40}$$

$$\delta d_A = -\left[\frac{L}{2} + x_F\right]\tan\theta = -\left[\frac{L}{2} + x_F\right]\frac{p(x_2 - x_1)}{\Delta \cdot \overline{GM}_L} \tag{4-41}$$

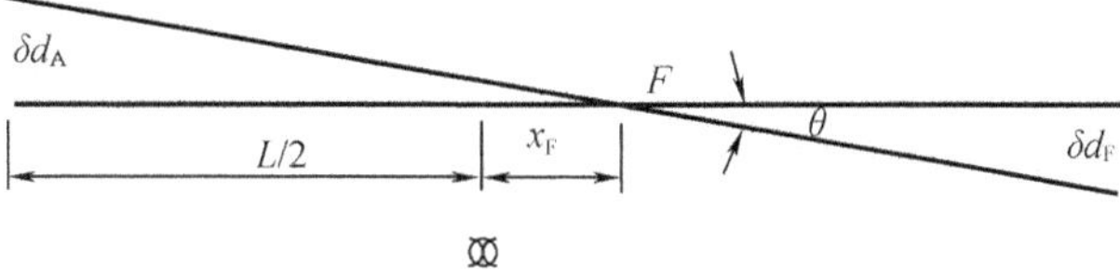

图4-18 艏艉吃水的变化

若原来的艏吃水为 d_F，艉吃水为 d_A，则载荷沿纵向移动后的艏艉吃水分别为

$$d'_F = d_F + \delta d_F = d_F + \left[\frac{L}{2} - x_F\right]\frac{p(x_2 - x_1)}{\Delta\,\overline{GM}_L} \tag{4-42}$$

$$d'_A = d_A + \delta d_A = d_A - \left[\frac{L}{2} + x_F\right]\frac{p(x_2 - x_1)}{\Delta\,\overline{GM}_L} \tag{4-43}$$

4.5.4 任意方向移动

如图4-19所示，将船上重量为 p 的载荷自 A 点(x_1,y_1,z_1)移至 A_2 点(x_2,y_2,z_2)，可以认为：载荷沿任意方向移动，由下列三个方向的分位移所组成，即

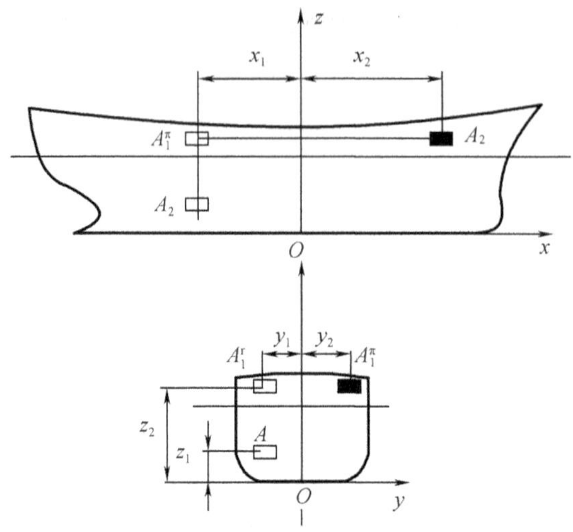

图 4-19 载荷的任意方向移动

沿垂直方向的移动 $AA_1' = (z_2 - z_1)$；

沿水平横向的移动 $A_1'A_1'' = (y_2 - y_1)$；

沿水平纵向的移动 $A_1''A_2 = (x_2 - x_1)$。

至于船的浮态及稳性所发生的变化，同样可以认为是由三个方向分位移的变化所产生的总结果。即可按照下列步骤求得载荷沿任意方向移动后船的浮态及稳性。由于垂向移动改变了重心高度，故需首先考虑载荷沿垂向方向移动，求出新的稳性高 $\overline{G_1M}$ 及 $\overline{G_1M_L}$，再利用已求得的新的稳性高，找出横倾角 ϕ、纵倾角 θ 及艏艉吃水 d_F、d_A。

(1)新的初稳性高(垂向移动)

$$\overline{G_1M} = \overline{GM} - \frac{p(z_2 - z_1)}{\Delta}$$

$$\overline{G_1M_L} = \overline{GM_L} - \frac{p(z_2 - z_1)}{\Delta} \approx \overline{GM_L}$$

(2)横倾角由下式求得(横向移动)

$$\tan\phi = \frac{p(y_2 - y_1)}{\Delta \cdot \overline{G_1M}}$$

(3)纵倾角由下式求得(纵向移动)

$$\tan\theta = \frac{p(x_2 - x_1)}{\Delta \cdot \overline{G_1M_L}}$$

(4)艏艉吃水的变化(纵向移动)

$$\delta d_F = \left[\frac{L}{2} - x_F\right]\frac{p(x_2 - x_1)}{\Delta \cdot \overline{GM_L}}$$

$$\delta d_A = -\left[\frac{L}{2} + x_F\right]\frac{p(x_2 - x_1)}{\Delta \cdot \overline{GM_L}}$$

(5)最后船的艏艉吃水(纵向移动):

$$d'_F = d_F + \delta d_F$$

$$d'_A = d_A + \delta d_A$$

例4-7 有一艘海船,原来排水量为13 100 t,重心距基线距离 KG 为9.3 m,初稳心距基线距离 KM 为10.3 m。到达某一港口,卸掉一定的货物(KG 为2.5 m处700 t货物;KG 为10.8 m处600 t货物)后,再在该船如下位置装载一定重量的货物:

重量/t	距基线 KG/m
400	3.0
300	6.1
500	10.5
800	8.5

试求:

(1)到港后,装卸货物的总量和完成装卸后船舶的重心高度;

(2)假设装卸前后船舶的稳心高度 KM 不变,计算完成装卸后船舶的横稳心高;

(3)试计算该船横倾7°时的复原力矩。

答:

(1)到港后,装卸货物的总量为

$$p = -700 - 600 + 400 + 300 + 500 + 800 = 700(\text{t})$$

装卸货物后重心高度为

$$\begin{aligned} KG_N &= \frac{\sum_{i=1}^{n} W_i Z_i}{\sum_{i=1}^{n} W_i} \\ &= \frac{13\,100 \times 9.3 - 700 \times 2.5 - 600 \times 10.8 + 400 \times 3.0 + 300 \times 6.1 + 500 \times 10.5 + 800 \times 8.5}{13\,100 - 700 - 600 + 400 + 300 + 500 + 800} \\ &= \frac{128\,680}{13\,800} \\ &= 9.325(\text{m}) \end{aligned}$$

(2)初稳心高

$$\overline{GM} = \overline{KM} - \overline{KG} = 10.3 - 9.325 = 0.975(\text{m})$$

(3)横倾7°时的复原力矩

$$M_R = \Delta \cdot \overline{GM} \cdot \sin\phi = 13\,800 \times 0.975 \times \sin 7^\circ = 1\,693.75(\text{t} \cdot \text{m})$$

例4-8 某江船 $L = 58.0$ m,$B = 8.3$ m,$d = 1.2$ m,$C_B = 0.65$,$C_{WP} = 0.78$,$x_F = -0.85$ m,$\overline{GM_L} = 148.0$ m,为了维修螺旋桨,必须使艉吃水减小0.4 m,现已从艉部卸去了载荷 $p_1 = 20$ t,其重心坐标 $x_1 = -16.0$ m,还要在艏部 $x_2 = 26$ m处装载多少载荷?

答:设应在艏部装载的载荷为 p_2

$$A_{W}=C_{WP}LB=0.78\times58.0\times8.3=375(\mathrm{m}^{2})$$

$$\Delta=w\cdot C_{B}LBd=1.0\times0.65\times58.0\times8.3\times1.2=374(\mathrm{t})$$

(1)p_1 卸去后艉吃水的变化

$$\delta d_{1}=\frac{p_{1}}{wA_{W}}$$

$$\overline{G_{1}M_{L_{1}}}\approx\frac{\Delta}{\Delta+p_{1}}\overline{GM_{L}}$$

$$(\Delta+p_{1})\overline{G_{1}M_{L_{1}}}\approx\Delta\,\overline{GM_{L}}$$

$$\tan\,\theta_{1}=\frac{p_{1}(x_{1}-x_{F})}{(\Delta+p_{1})\overline{G_{1}M_{L_{1}}}}=\frac{p_{1}(x_{1}-x_{F})}{\Delta\,\overline{GM_{L}}}$$

$$\delta d_{A_{1}}=-\left(\frac{L}{2}+x_{F}\right)\tan\,\theta_{1}=-\left(\frac{L}{2}+x_{F}\right)\frac{p_{1}(x_{1}-x_{F})}{\Delta\,\overline{GM_{L}}}$$

(2)装载 p_2 后艉吃水的变化

$$\delta d_{2}=\frac{p_{2}}{wA_{W}}$$

$$(\Delta+p_{1}+p_{2})\overline{G_{2}M_{L_{2}}}\approx(\Delta+p_{1})\overline{G_{1}M_{L_{1}}}\approx\Delta\,\overline{GM_{L}}$$

$$\tan\,\theta_{2}=\frac{p_{2}(x_{2}-x_{F})}{(\Delta+p_{1}+p_{2})\overline{G_{2}M_{L_{2}}}}\approx\frac{p_{2}(x_{2}-x_{F})}{\Delta\,\overline{GM_{L}}}$$

$$d_{A}'=d_{A}+\delta d_{A}=d_{A}-\left[\frac{L}{2}+x_{F}\right]\frac{p(x_{2}-x_{1})}{\Delta\,\overline{GM_{L}}}$$

(3)依题意列方程

$$\delta d_{1}+\delta d_{2}+\delta d_{A_{1}}+\delta d_{A_{2}}=-0.4$$

$$\frac{p_{2}}{wA_{W}}-\left(\frac{L}{2}+x_{F}\right)\frac{p_{2}(x_{2}-x_{F})}{\Delta\,\overline{GM_{L}}}=-0.4-\frac{p_{1}}{wA_{W}}+\left(\frac{L}{2}+x_{F}\right)\frac{p_{1}(x_{1}-x_{F})}{\Delta\,\overline{GM_{L}}}$$

$$\frac{p_{2}}{1.0\times375}-(\frac{58}{2}-0.85)\frac{p_{2}(26+0.85)}{374\times148.0}$$

$$=-0.4-\frac{-20}{1.0\times375}+(\frac{58}{2}-0.85)\frac{-20(-16.0+0.85)}{374\times148.0}$$

解得

$$p_{2}=17.4(\mathrm{t})$$

4.6 装卸载荷对船舶浮态及初稳性的影响

载荷移动是从某一位置到另一位置，船舶的重量未发生变化，排水量也未发生变化；而装卸的载荷会引起船舶的排水量及重心位置发生变化，从而使船舶的浮态及初稳性也发生变化。

按装卸数量的大小,装载载荷对船舶浮态和稳性的影响可分为小量载荷(小于排小量10%)和大量载荷(大于排小量10%)两种情况。装卸小量载荷时,船的吃水变化不大,可以认为在装卸前后船的水线面面积不变;装卸大量载荷时,船的吃水变化较大,需要利用静水力曲线中的有关资料进行计算。

4.6.1 装卸小量载荷对船舶浮态及初稳性的影响

在船舶任意位置处增加小量载荷,会使船的吃水增加,并产生横倾和纵倾。为简便起见,分两个步骤讨论:

(1)假定载荷装载的位置在水线面漂心 F 的垂直线上,这种情况只改变船的平均吃水和稳性高,而不产生横倾和纵倾;

(2)再把载荷移动到指定位置,此时船就产生横倾和纵倾。

1. 在漂心垂直线上任意位置装卸载荷对船舶浮态及稳性的影响

设船原来平浮于水线 WL,吃水为 d,排水量为 Δ,浮心 B、重心 G、稳心 M、漂心 F 的位置如图4-20所示。现将重量为 p 的载荷装在通过漂心 F 垂直线上的 A 处,其坐标为$(x_F,0,z)$。

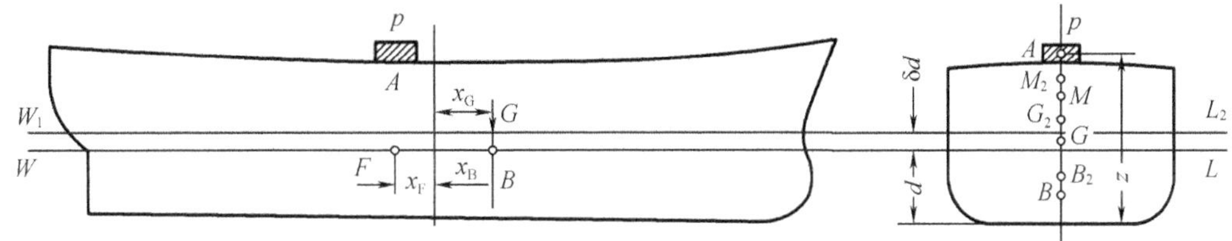

图4-20 装卸小量载荷

增加载荷 p 后,船浮于水线 W_1L_1,船的排水量(排水体积)增大,假设 WL 与 W_1L_1 之间增加的薄层排水体积为 δV,由于是在漂心正上方增加的小量载荷,近似认为 δV 的体积形心与 WL 的漂心在同一垂直线上,载荷 p 与浮力增量的作用点在同一铅垂线上。此时船不产生横倾和纵倾而只是增加平均吃水,其数值为

$$\delta d=\frac{\delta V}{A_W}=\frac{p}{wA_W} \tag{4-44}$$

式中 A_W——WL 的水线面积。

增加载荷前后,船舶的浮心、重心、稳心由 B、G、M 变动到 B_1、G_1、M_1,因而稳性高也由 $\overline{GM}$ 变为$\overline{GM_1}$,为了确定新的稳性高度,先讨论船在横倾某一小角度 ϕ 时的复原力矩的情况。

设新的初稳性高为$\overline{G_1M_1}$,则复原力矩为

$$M_R=(\Delta+p)\overline{G_1M_1}\sin\phi \tag{4-45}$$

复原力矩也可从图4-21中分析求得

$$M_R=\Delta\,\overline{GM}\sin\phi-p\cdot\overline{CA}\sin\phi \tag{4-46}$$

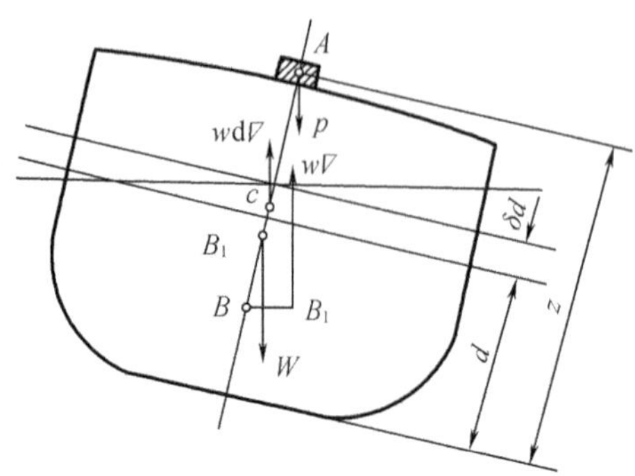

图 4-21 装卸小量载荷

$\overline{CA}$为浮力增量 $w\delta V$ 的作用点至载荷 p 的作用点之间的垂向距离，即$\overline{CA}=Z-(d+\frac{\delta d}{2})$，故

$$M_R=\Delta\cdot\overline{GM}\sin\phi-p[Z-(d+\frac{\delta d}{2})]\cdot\sin\phi \tag{4-47}$$

比较可得

$$(\Delta+p)\overline{G_1M_1}=\Delta\cdot\overline{GM}-p[Z-(d+\frac{\delta d}{2})] \tag{4-48}$$

由此可得新的初稳性高为

$$\overline{G_1M_1}=\overline{GM}+\frac{p}{\Delta+p}[d+\frac{\delta d}{2}-Z-\overline{GM}] \tag{4-49}$$

由式(4-49)可得，当 $z=d+\frac{\delta d}{2}-\overline{GM}$，$\overline{G_1M_1}=\overline{GM}$，即当载荷 p 的重心处于 $z=d+\frac{\delta d}{2}-\overline{GM}$ 高度的平面时，增加的小量载荷对初稳性高无影响。

同理，可得增加小量载荷 p 后的纵稳性高为

$$\overline{G_1M_{L_1}}=\overline{GM_L}+\frac{p}{\Delta+p}\left(d+\frac{\delta d}{2}-Z-\overline{GM_L}\right) \tag{4-50}$$

由于$\left(d+\frac{\delta d}{2}-Z\right)$的数值与$\overline{GM_L}$相比是小量，可以忽略不计，所以新的纵稳性高可写成

$$\overline{G_1M_{L_1}}\approx\overline{GM_L}-\frac{p}{\Delta+p}\overline{GM_L}\approx\frac{\Delta}{\Delta+p}\cdot\overline{GM_L} \tag{4-51}$$

对于卸除小量载荷的情况，同样可应用上述公式计算船舶的浮态及稳性的影响，只要将 p 改为 $-p$ 即可。

2. 在任意位置装卸载荷对船舶浮态及稳性的影响

重量 p 的载荷装在船上 $A(x,y,z)$ 处。

(1)先假定重量 p 装在 A_1(坐标$(x_F,0,z)$)处，则有

平均吃水增量为

$$\delta d = \frac{p}{wA_{\mathrm{W}}} \tag{4-52}$$

新的初稳性高为

$$\overline{G_1M_1} = \overline{GM} + \frac{p}{\Delta + p} \cdot \left(d + \frac{\delta d}{2} - Z - \overline{GM}\right) \tag{4-53}$$

新的纵稳性高为

$$\overline{G_1M_{\mathrm{L}_1}} \approx \frac{\Delta}{\Delta + p} \cdot \overline{GM_{\mathrm{L}}} \tag{4-54}$$

(2)将重量 p 自 $A_1(x_{\mathrm{F}},0,z)$ 移至 $A(x,y,z)$ 处,则有

横倾角

$$\tan \phi = \frac{py}{(\Delta + p)\overline{G_1M_1}} \tag{4-55}$$

纵倾角

$$\tan \theta = \frac{p(x - x_F)}{(\Delta + p)\overline{G_1M_{\mathrm{L}_1}}} \tag{4-56}$$

艏艉吃水的变化为

$$\delta d_{\mathrm{F}} = \left(\frac{L}{2} - x_{\mathrm{F}}\right)\frac{p(x - x_{\mathrm{F}})}{(\Delta + p)\overline{G_1M_{\mathrm{L}_1}}} \tag{4-57}$$

$$\delta d_{\mathrm{A}} = -\left(\frac{L}{2} + x_{\mathrm{F}}\right)\frac{p(x - x_{\mathrm{F}})}{(\Delta + p)\overline{G_1M_{\mathrm{L}_1}}} \tag{4-58}$$

(3)最后船的艏艉吃水为

$$d'_{\mathrm{F}} = d_{\mathrm{F}} + \delta d + \delta d_{\mathrm{F}} \tag{4-59}$$

$$d'_{\mathrm{A}} = d_{\mathrm{A}} + \delta d + \delta d_{\mathrm{A}} \tag{4-60}$$

在卸除小量载荷的情况下,也可应用上述公式,只需将重量 p 改为 $-p$。

例 4-9 某船 $L=91.5$ m,$B=14.0$ m,$d_{\mathrm{F}}=3.75$ m,$d_{\mathrm{A}}=4.45$ m,平均吃水 $d=4.1$ m,$w=1.025$ t/m^3,$\Delta=3\ 340$ t,$A_{\mathrm{W}}=936.6$ m^2,$x_{\mathrm{F}}=-3.66$ m,$\overline{GM}=0.76$ m,$\overline{GM_L}=101$ m。现有重量为 $p=150$ t 的载荷装在船上,坐标为 $x=6$ m,$y=0.5$ m,$z=7$ m。求船舶浮态和稳性。

解 (1)装载 p 吨后的平均吃水增量

$$\delta d = \frac{p}{wA_{\mathrm{W}}} = \frac{150}{1.025 \times 936.6} = 0.156(\mathrm{m})$$

(2)新的稳性高

$$\begin{aligned}\overline{G_1M_1} &= \overline{GM} + \frac{p}{\Delta + p}\left(d + \frac{\delta d}{2} - z - \overline{GM}\right)\\ &= 0.76 + \frac{150}{3\ 340 + 150}\left(4.1 + \frac{0.156}{2} - 7 - 0.76\right)\\ &= 0.61(\mathrm{m})\end{aligned}$$

$$\overline{G_1M_{\mathrm{L}_1}} \approx \frac{\Delta}{\Delta + p}\overline{GM_{\mathrm{L}}} = \frac{3\ 340}{3\ 340 + 150} \times 101 = 96.66(\mathrm{m})$$

(3)横倾角正切

$$\tan\phi=\frac{py}{(\Delta+p)\overline{G_1M_1}}=\frac{150\times0.5}{(3\ 340+150)\times0.61}=0.035\ 2$$

(4)纵倾角正切

$$\tan\phi=\frac{p(x-x_F)}{(\Delta+p)\overline{G_1M_{L_1}}}=\frac{150\times(6+3.66)}{(3\ 340+150)\times96.66}=0.004\ 3$$

(5)艏艉吃水的变化

$$\delta d_F=\left(\frac{L}{2}-x_F\right)\tan\theta=\left(\frac{91.5}{2}+3.66\right)\times0.004\ 3=0.212(\mathrm{m})$$

$$\delta d_A=\left(\frac{L}{2}+x_F\right)\tan\theta=-\left(\frac{91.5}{2}-3.66\right)\times0.004\ 3=-0.181(\mathrm{m})$$

(6)最后船的艏艉吃水

$$d_F'=d_F+\delta d+\delta d_F=3.75+0.156+0.212=4.12(\mathrm{m})$$

$$d_A'=d_A+\delta d+\delta d_A=4.45+0.156-0.181=4.43(\mathrm{m})$$

4.6.2 装卸大量载荷对船舶浮态及初稳性的影响

船上增加或卸除大量的载荷(超过排水量的10%)时,上面公式对船舶浮态和稳性的影响就不够准确了。由于船舶吃水变化较大,所以新水线与原水线的面积、漂心位置等差别较大。

此时,需要根据静水力曲线图中的有关资料进行计算,所需的静水力曲线资料有:排水量Δ曲线、浮心坐标x_B及z_B(即$\overline{KB}$)曲线、漂心纵向坐标x_F曲线,每厘米纵倾力矩MTC、横稳心半径$\overline{BM}$曲线。

设船舶原排水量为Δ,重心坐标为(x_G,z_G),p吨的大量载菏加在坐标(x,y,z)处后,该船新的排水量为

$$\Delta_1=\Delta+p \tag{4-61}$$

重心位置为

$$x_{G_1}=\frac{\Delta x_G+px}{\Delta+p},z_{G_1}=\frac{\Delta z_G+pz}{\Delta+p} \tag{4-62}$$

如图4-22所示,在静水力曲线图横坐标上截取排水量$\Delta+p$,从这点作垂线与排水量曲线相交,再从交点引水平线与纵坐标轴相交,得到相应状态下的正浮吃水d_1。根据吃水d_1从有关曲线上量得x_{B_1}、$\overline{KB_1}$、$\overline{B_1M_1}$、X_F、MTC_1等值。

排水量为$\Delta+p$时的初稳性高

$$\overline{G_1M_1}=\overline{KB_1}+\overline{B_1M_1}-z_{G_1} \tag{4-63}$$

$$\tan\phi=\frac{py}{(\Delta+p)\overline{G_1M_1}} \tag{4-64}$$

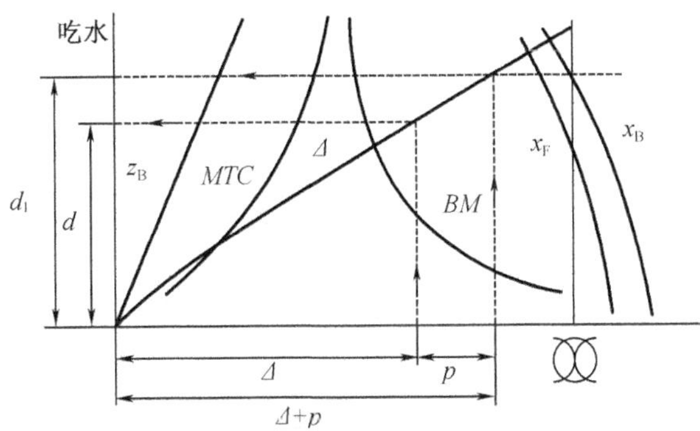

图 4-22 静水力曲线图

重心 G_1 和浮心 B_1 不一定在同一铅垂线上,即 x_{G_1} 不一定等于 x_{B_1},则纵倾力矩可求得为

$$M_T = (\Delta + p)(x_{G_1} - x_{B_1}) \tag{4-65}$$

船的纵倾值为

$$t = \frac{M_T}{100MTC_1}(\mathrm{m}) \tag{4-66}$$

船的艏艉吃水

$$d_F = d_1 + (\frac{L}{2} - X_{F_1})\frac{t}{L} \tag{4-67}$$

$$d_A = d_1 - (\frac{L}{2} + X_{F_1})\frac{t}{L} \tag{4-68}$$

对于卸除载荷的情况,可用同样的方法计算,不过这时在静水力曲线图的横坐标上应截取的排水量为 Δ 和 $\Delta - p$,相应计算中把 p 改为 $-p$。

例 4-10 某内河船的静水力要素见表 4-8,垂线间长为 200 m,初始状态该船平衡于正浮状态,吃水为 8 m,重心高度为 10 m,若在船上再装载 8 380 t 货物,货物的重心位置在(-1 m,0.3 m,6 m),求:

(1)初始状态的排水量和重心纵坐标 x_G、横坐标 y_G;

(2)装载货物后船舶的平均吃水;

(3)装载后船舶的浮态和艏艉吃水。

表 4-11 静水力要素表

吃水 /m	排水体积 /m³	X_B /m	Z_B /m	A_W /m²	X_F /m	BM /m	MTC t·m/cm	TPC t/cm
0	0	—	—	0	0.000		0	0
2	1 852	3.571	1.000	1 852	3.571	10.329	202.2	18.987
4	6 394	4.783	2.421	2 689	6.452	8.782	305.48	27.567

表 4-11(续)

吃水 /m	排水体积 /m^3	X_B /m	Z_B /m	A_W /m^2	X_F /m	BM /m	MTC t·m/cm	TPC t/cm
6	12 443	6.234	3.674	3 359	8.824	8.575	391.65	34.432
8	19 737	7.587	4.904	3 935	10.811	8.574	466.96	40.334
10	28 117	8.815	6.124	4 444	12.500	8.625	533.83	45.556
12	37 463	9.925	7.341	4 902	13.953	8.684	593.68	50.241
14	47 679	10.929	8.553	5 315	15.217	8.734	647.51	54.481
16	58 686	11.841	9.762	5 692	16.327	8.767	696.09	58.338

解 (1)初始状态的排水量和重心位置计算

查表得,吃水为 8 m 时,该船的排水体积为 19 737 m^3,由于是内河船,故该船的排水量为 19 737 t。

初始状态为正浮状态,故其重心坐标为

$$x_G = x_B = 7.587\ \text{m}$$

$$y_G = y_B = 0\ \text{m}$$

(2)装载货物后船舶的平均吃水

装载货物后的排水量为

$$\Delta_1 = \Delta_0 + p = 19\ 737 + 8\ 380 = 28\ 117(\text{t})$$

对应的排水体积为 28 117 m^3。

查表得

$$d_1 = 10\ \text{m}$$

(3)装载后船舶的浮态和艏艉吃水

装载货物后的重心位置

$$x_{G_1} = \frac{19\ 737 \times 7.587 + 8\ 380 \times (-1)}{28\ 117} = 5.028(\text{m})$$

$$y_{G_1} = \frac{19\ 737 \times 0 + 8\ 380 \times 0.3}{28\ 117} = 0.089\ 4(\text{m})$$

$$z_{G_1} = \frac{19\ 737 \times 10 + 8\ 380 \times 6}{28\ 117} = 8.808(\text{m})$$

初稳性高为

$$\begin{aligned}\overline{GM} &= z_B + \overline{BM} - z_G \\ &= 6.124 + 8.625 - 8.808 \\ &= 5.941(\text{m})\end{aligned}$$

横倾角为

$$\tan\phi = \frac{\overline{GG_1}}{\overline{GM}} = \frac{y_{G_1} - y_G}{\overline{GM}} = \frac{0.089\ 4}{5.941} = 0.015$$

$$\phi = 0.862°$$

纵倾值为

$$t = \frac{\Delta_1(x_{G_1} - x_{B_1})}{100MTC} = \frac{28\ 117 \times (5.028 - 8.815)}{100 \times 533.83} = -1.995\ \text{m}$$

新的艏吃水为

$$\begin{aligned} d_F &= d_1 + \left(\frac{1}{2} - \frac{x_F}{L}\right)t \\ &= 10 + \left(0.5 - \frac{12.5}{200}\right) \times (-1.995) \\ &= 9.127(\text{m}) \end{aligned}$$

新的艉吃水为

$$\begin{aligned} d_A &= d_1 - \left(\frac{1}{2} + \frac{x_F}{L}\right)t \\ &= 10 + \left(0.5 - \frac{12.5}{200}\right) \times (-1.995) \\ &= 11.122(\text{m}) \end{aligned}$$

4.7 自由液面对船舶初稳性的影响

4.7.1 自由液面和横倾力矩

1. 自由液面

船上通常设燃油舱、淡水舱、压载水舱等舱柜，如果舱内液体(燃油、淡水)未装满，则船舶倾斜时，舱内的液体也将流向倾斜一舷，且液面与水面保持平行，这种自由流动的液面称自由液面。

液体流动后，液体体积的形状发生变化，重心向倾斜一侧移动，产生一个倾斜的力矩，此力矩致使舷的稳性降低，故自由液面的存在对船舶稳性产生不利影响。

2. 自由液面产生的横倾力矩

设船的排水量为Δ，自由液体的体积为V，液体的重量密度为w_1，当船处于正浮状态时，其重心在G点，舱内的自由液面CD平行于水线WL，其重心在a点。当船横倾一小角度ϕ后，舱内液体的自由液面也发生倾斜而变为$C'D'$，且平行于新水线W_1L_1，其重心由a点移至a_1点。设在a点加一对大小相等、方向相反的共线力w_1V，则可以看作船的重心不变，但增加了一个横倾力矩，其数值为

$$M_h = w_1 V \times \overline{aa_1} = w_1 V \times \overline{am} \sin\phi \tag{4-69}$$

式中 m——自由液体倾斜后重力的作用线和正浮时重力作用线的交点；

$\overline{am}$——液体重心a至m点的距离。

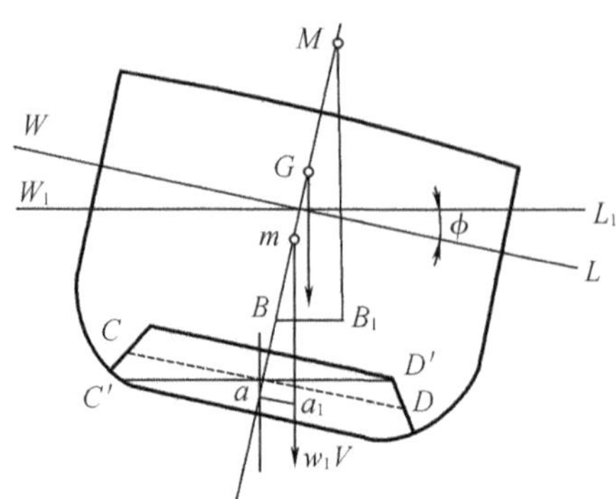

图 4-23 自由液面

运用4.2节所介绍的船舶等体积倾斜时浮心移动情况,在小倾角范围内,$\overline{aa_1}$可看作圆弧,m 为其圆心,$\overline{am}$为其半径。参照横稳心半径$\overline{BM}=\frac{I_T}{V}$可得

$$\overline{am}=\frac{i_x}{V} \tag{4-70}$$

这样,自由液面产生的横倾力矩可写为

$$M_h=w_1V\cdot\frac{i_x}{V}\cdot\sin\phi=w_1i_x\sin\phi \tag{4-71}$$

所以船横倾 ϕ 角后角后,除了船舶本身的复原力矩 $M_R=\Delta\cdot\overline{GM}\cdot\sin\phi$ 外,还有一个自由液面所产生的倾斜力矩。在这种情况下,船的实际复原力矩为

$$M_{R_1}=\Delta\cdot\overline{GM}\sin\phi-w_1i_x\cdot\sin\phi=\Delta\cdot\left(\overline{GM}-\frac{w_1i_x}{\Delta}\right)\sin\phi \tag{4-72}$$

则船的实际初稳性高

$$\overline{G_1M}=\overline{GM}-\frac{w_1i_x}{\Delta} \tag{4-73}$$

$-\frac{w_1i_x}{\Delta}$称为自由液面对初稳性高的修正值,其数值只与自由液面的大小、船的排水量有关,而与自由液面的液体体积无关。由式(4-73)可见,自由液面的影响使初稳性高减小了$(w_1V\cdot\overline{am})/\Delta$。参照(4-36)式,这个影响相当于把液体的重心由 a 点提高到了 m 点,因此 m 点亦称为自由液面的虚重心。

如果船上有几个自由液面的舱柜,则可算出各自的w_1i_x,然后把它们加起来除以船的排水量,即得所有自由液面对初稳性高的修正值 $-\frac{\sum w_1i_x}{\Delta}$, 此时

$$\overline{G_1M}=\overline{GM}-\frac{\sum w_1i_x}{\Delta} \tag{4-74}$$

4.7.2 纵稳性

同理,自由液面对纵稳性的影响:

$$\overline{G_1M_L} = \overline{GM_L} - \frac{w_1 i_y}{\Delta} \tag{4-75}$$

式中 i_y——自由液面的面积对其倾斜轴线的惯性矩。

4.7.3 减小自由液面的影响

由$\overline{G_1M} = \overline{GM} - \frac{w_1 i_x}{\Delta}$可以看出，自由液面的影响是减小船的初稳性高，也就是降低了船的初稳性。自由液面面积越大，i_x 也很大，可能使船失掉初稳性。为了减小自由液面对初稳性的不利影响，最有效的办法是使自由液面的面积惯性矩 i_x 尽量减小，所以可在船内设置纵向舱壁。下面举例说明一个设置纵向舱壁对减小自由液面影响的效果。

设有一个长为 l，宽为 b 的矩形自由液面。在横倾时，该自由液面对于其倾斜轴的惯性矩为

$$i_x = \frac{1}{12} l b^3$$

若采用纵向舱壁将其分为两个相同的部分，则自由液面 A_1 及 A_2 对于其倾斜轴的面积惯性矩的总和为

$$\sum_{j=1}^{2} i_{xj} = 2 \times \frac{1}{12} l \left(\frac{b}{2}\right)^2 = \frac{1}{4} \times \frac{lb^3}{12}$$

由此可见，用纵向舱壁将自由液面等分后，自由液面对稳性的不利影响可减小至$\frac{1}{4}$。同理可以证明，如果用两道纵舱壁将自由液面分成三等分，则其影响可减小至$\frac{1}{9}$。进一步推论可得，将舱室进行 n 等分后，自由液面的影响可减小至未分舱前的$\frac{1}{n^2}$。所以，船上宽度较大的油舱、水舱等通常都要设置纵向舱壁，如图 4-24 所示。

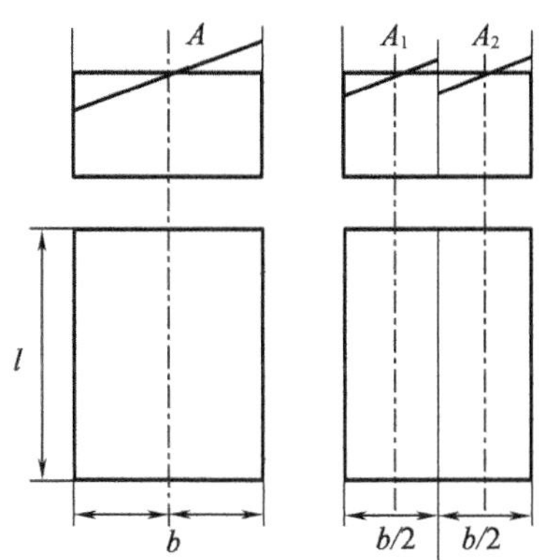

图 4-24 设置纵向舱壁

例题 4-11 某船将密度 $w=0.9\ \text{t/m}^3$的燃油 48 t 从舷侧转至两个船底舱内，且每一个船底舱均有自由液面，其长为 7 m，宽为 4 m。在舷侧舱中燃油重心的竖向坐标为

3.65 m，而在船底舱中燃油重心的竖向坐标为3.65 m，若此船的排水量为2 400 t，初始横稳性高度为0.652 m，试计算最终的横稳性高。

解　由于载荷作竖向移动的修正量为

$$\delta h_1 = \frac{p(z_2 - z_1)}{\Delta} = -\frac{48 \times (0.65 - 3.65)}{2\ 400} = 0.06(\mathrm{m})$$

自由液面的存在对横稳性高的影响为

$$\delta h_2 = -2 \times \frac{w_1 i_x}{\Delta} = -2 \times \frac{0.9 \times \frac{1}{12} \times 7 \times 4^3}{2\ 400} = -0.028(\mathrm{m})$$

最终的横稳性高为

$$h_1 = h + \delta h_1 + \delta h_2 = 0.652 + 0.06 - 0.028 = 0.684(\mathrm{m})$$

4.8　悬挂重量对船舶初稳性的影响

有些船舶还存在悬挂重物的情况，船舶的悬挂重量包括：悬挂肉类、救生艇、货物用吊杆装卸、渔船用吊杆起网，以及未固定的悬挂重量等，在船舶倾斜时，悬挂的重物相对于船舶的位置发生了改变，它们的存在对船舶初稳性会产生不利影响。

设船上有一未加固定的悬挂于A点的重量为p的物体，其重心位于D点，悬线长l，如图4－25所示。当船横倾一小角度ϕ后，重量为p的物体自D点移至D_1点。若在D点加一对大小相等、方向相反的共线力p，则可看作船的重心不变，但增加了一个横倾力矩，即

$$M_h = pl\sin\phi \tag{4-76}$$

则船在横倾ϕ时的实际复原力矩为

$$M_{R_1} = \Delta \times \overline{GM}\sin\phi - pl\sin\phi = (\overline{GM} - \frac{pl}{\Delta})\sin\phi \tag{4-77}$$

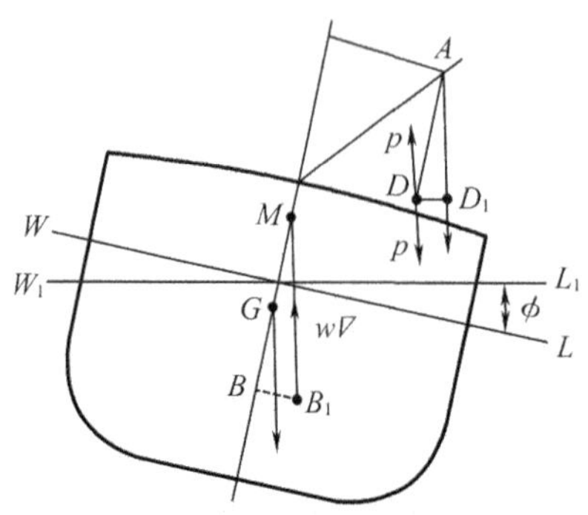

图4－25　悬挂重物

则船的实际稳性高为

$$\overline{G_1M}=\overline{GM}-\frac{pl}{\Delta} \tag{4-78}$$

由式(4－78)可见，悬挂重量的影响使初稳性高减小了$\frac{pl}{\Delta}$。参照式(4－36)，这个影响相当于把重量为p的物体自D点垂向移至悬挂点A，故称A点为悬挂重量的虚重心。

同理，可以求得悬挂重量情况下船的纵稳性高为

$$\overline{G_1M_L}=\overline{GM_L}-\frac{pl}{\Delta} \tag{4-79}$$

例题4－12　某船在吃水$d=3$ m，排水量$\Delta=4\ 000$ t时，船上用吊杆自岸上吊起40 t的载荷。吊杆端点距离基线高度$Z_A=16$ m，横向跨距$l=7$ m，该船的初稳性高度$h=0.8$ m，每厘米吃水吨数$TPC=15$ t/cm。求重物吊起时船的横倾角。

解　平均吃水的增量为

$$\delta d=\frac{p}{100TPC}=\frac{40}{100\times 15}\approx 0.026\ 7\ \text{m}$$

增加载荷对初稳性高的影响

$$\delta h_1=\frac{p}{\Delta+p}\left(d+\frac{\delta d}{2}-h-z_B\right)$$

悬挂载荷对初稳性高度的影响为

$$\delta h_2=-\frac{p(z_A-z_B)}{\Delta+p}$$

故，重物吊起时对初稳性高度总的修正值为

$$\begin{aligned}\delta h&=\delta h_1+\delta h_2=\frac{p}{\Delta+p}\left[\left(d+\frac{\delta d}{2}-h-z_B\right)-(z_A-z_B)\right]\\&=\frac{p}{\Delta+p}\left(d+\frac{\delta d}{2}-h-z_A\right)\end{aligned}$$

由上式可见，当重物吊起时，可看做是在悬挂点增加了载荷p，即

$$\delta h=\frac{40}{4\ 000+40}\left(3+\frac{0.026\ 7}{2}-0.8-1.6\right)\approx -0.136\ 5(\text{m})$$

新的初稳性高度为

$$h_1=h+\delta h=0.8-0.136\ 5=0.663\ 5(\text{m})$$

该船的横倾角为

$$\tan\phi=\frac{pl}{(\Delta+p)h_1}=\frac{40\times 7}{(4\ 000+40)\times 0.663\ 5}\approx 0.104\ 5$$

$$\phi\approx 5.96^\circ$$

最后，介绍装卸液体载荷和悬挂重量对船舶浮态和稳性的影响，计算时必须考虑下列两种影响：

首先，当装卸液体载荷或悬挂重量时，根据装卸载荷公式算出装卸载荷后的稳性高：

$$\overline{G_1M_1}=\overline{GM}+\frac{p}{\Delta+p}\cdot\left[d+\frac{\delta d}{2}-Z-\overline{GM}\right]\quad 和\quad \overline{G_1M_{L_1}}\approx\frac{\Delta}{\Delta+p}\cdot\overline{GM_L}$$

然后再考虑自由液面或悬挂重量对稳性高的影响,求出新的稳性高,并据此进行船舶浮态的计算。

自由液面的影响:$\overline{G_1M}=\overline{GM}-\dfrac{w_1i_x}{\Delta}$ 和 $\overline{G_1M_L}=\overline{GM_L}-\dfrac{w_1i_y}{\Delta}$

悬挂重量的影响:$\overline{G_1M}=\overline{GM}-\dfrac{pl}{\Delta}$ 和 $\overline{G_1M_L}=\overline{GM_L}-\dfrac{pl}{\Delta}$

4.9 船舶进坞及搁浅时的稳性

4.9.1 船舶进坞时的稳性

如图 4-26 所示,船舶未搁坞墩时的水线为 W_0L_0,此时的纵倾值假定为 t_0,当船舶即将完全落在墩上时,此时吃水线为 W_1L_1,纵倾为 0,船舶所承受的反作用力 R 达到最大值为

$$R_{max}=\frac{100\cdot MTC\cdot t_0}{(-x_R+x_f)} \tag{4-80}$$

式中 x_R——反作用力 R 作用点的 x 坐标,m;

x_f——漂心纵向坐标。

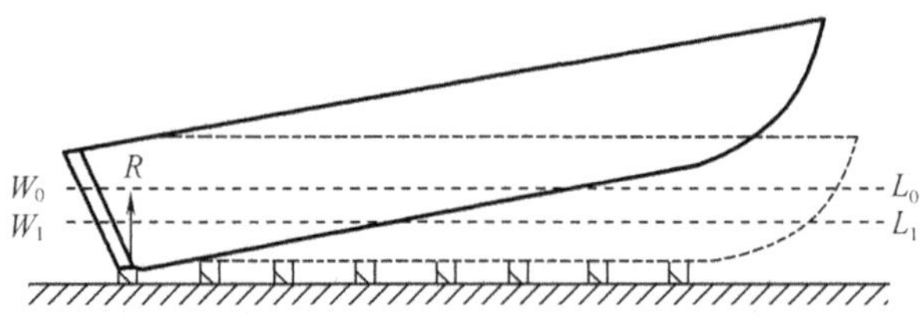

图 4-26 船舶进坞

船舶的初稳性高的变化可近似按下式计算:

$$\delta h=-\frac{R_{max}}{(\Delta-R_{max})}\cdot\left(d_m-h-\frac{R_{max}}{200\cdot TPC}\right) \tag{4-81}$$

式中,d_m、Δ、h、TPC 均是即将搁坞墩时的参数。

船舶出坞时的情况与进坞时相类似。

4.9.2 船舶搁浅时的稳性

船舶搁浅时的示意图如图 4-27 所示。

船舶搁浅时,假若所承受的反作用力不是很大,船舶也未破损,搁浅前后船舶的浮态变化可以通过实测得到。在这种情况下,有

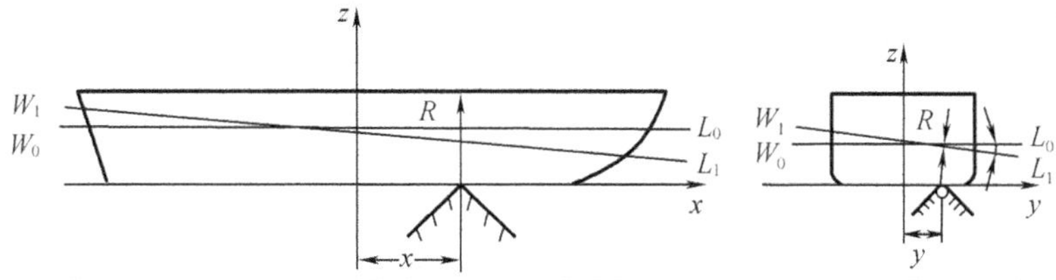

图 4－27　船舶搁浅

船舶所承受的反作用力为

$$R = 50 \cdot TPC(\delta d_F + \delta d_A)$$

船舶初稳性高的变化为

$$\delta h = \frac{R}{\Delta + R}\left(d_m + \frac{\delta d_F + \delta d_A}{4} - h\right)$$

接触点的横坐标为

$$y = \frac{\Delta + R}{R}(h + \delta h)\tan\phi$$

接触点的纵坐标为

$$x = x_f - \frac{100 \cdot MTC}{R}(\delta d_A - \delta d_F)$$

式中，δd_F、δd_A 为搁浅前后艏艉吃水的变化(m)，所有参数除了 ϕ 为搁浅后船舶横倾角的变化外，其他均为搁浅前的数值。

需要注意的是，上述公式求出的 R 为负值(如图 4－27 所示的情况，艏吃水的减少量大于艉吃水的增加量)，其物理意义可看作船上卸掉了一个载荷，从而船舶的初稳性也减小了。

4.10　船舶在各种装载下的初稳性和浮态的计算

船舶在使用过程中，装载情况是千变万化的，不可能一一加以计算。为了保证船舶的安全使用，必须对几种典型的装载情况进行初稳性和浮态计算。

对于普通货船来说，所需计算的典型装载情况有四种：满载出港、满载到港、空载(加压载水)出港、空载(加压载水)到港。船舶在各种装载情况下的初稳性和浮态计算通常包括下列三个部分：

(1)各种装载情况下排水量和重心位置的计算(表 4－12)；

(2)各种装载情况下浮态和初稳性的计算(表 4－13)；

(3)各种装载情况下浮态和初稳性总结表(表 4－14)。

表 4-12　装载重量和重心位置计算(满载出港)

序号	项目	重量/t	竖向		纵向			
			距基线		距船舯(前)		距船舯(后)	
			力臂/m	力矩	力臂/m	力矩	力臂/m	力矩
1	空船							
2	人员							
3	粮食							
4	燃料							
5	滑油							
6	淡水							
7	货物							
总计								

注:此种类型表格还有满载到港、压载出港、压载到港 3 张。

表 4-13　各载况的浮态和初稳性计算(满载出港)

项目	单位	公式及符号	满载出港	满载到港	压载出港	压载到港
排水量	t	Δ				
平均吃水	m	d				
重心纵向坐标	m	x_G				
浮心纵向坐标	m	x_B				
重心垂向坐标	m	z_G				
纵稳心距基线高	m	z_{ML}				
纵向初稳性高	m	$\overline{GM_L} = z_{ML} - z_G$				
每厘米纵倾力矩	t · m/cm	$MTC = \Delta \dfrac{\overline{GM_L}}{100L}$				
漂心纵向坐标	m	x_F				
纵倾力臂	m	$x_G - x_B$				
纵倾力矩	t · m	$M_t = \Delta(x_G - x_B)$				
纵倾值	m	$\Delta d = \dfrac{M_t}{100 \cdot MTC}$				
艏吃水增量	m	$\Delta d_F = (\dfrac{L}{2} - x_F)(\dfrac{\Delta d}{L})$				
艉吃水增量	m	$\Delta d_A = -(\dfrac{L}{2} + x_F)(\dfrac{\Delta d}{L})$				
艏吃水	m	$d_F = d + \Delta d_F$				
艉吃水	m	$d_A = d + \Delta d_A$				
横稳心距基线高	m	z_M				

表4-13(续)

项目	单位	公式及符号	满载出港	满载到港	压载出港	压载到港
未修正初稳性高	m	$\overline{GM_0}=z_M-z_G$				
自由液面修正值	m	$\Delta\cdot\overline{GM}$				
实际初稳性高	m	$\overline{GM}=\overline{GM_0}-\Delta\cdot\overline{GM}$				

表4-14 各载况的浮态和初稳性总结表

项目	单位	符号	满载出港	满载到港	压载出港	压载到港	要求
排水量	t	Δ					
平均吃水	m	d					
艏吃水	m	d_F					
艉吃水	m	d_A					
重心纵向坐标	m	x_G					
重心垂向坐标	m	z_G					
进水角	(°)	θ_E					
横摇周期	m	T_s					
实际初稳性高	m	$\overline{GM}$					≥0.15
30°处的复原力臂*	m	L_m					≥0.2
最大复原力臂对应角*	(°)	θ_m					≥30
消失角*	(°)	θ_v					
稳性衡准数		K					≥1
稳性校核结果							

注:带*的是大倾角稳性计算结果

4.11 船舶倾斜试验

初稳性高是衡量初稳性的重要指标。

$$\overline{GM}=z_B+\overline{BM}-z_G \quad 或 \quad \overline{GM}=\overline{KB}+\overline{BM}-\overline{KG}$$

上式中,$\overline{BM}$横稳性半径和$\overline{KB}$浮心垂向坐标可根据型线图及型值表精确求出。

船舶设计阶段计算所得的重量和重心位置,与船舶建成后的实际重量和重心位置有一定差异。故船舶建成以后要进行倾斜试验,以便准确地求得重量及重心的位置,以此作为船舶重量、重心的最终数据。所以,倾斜试验的目的是确定船舶的重量和重心位置,试验的结果要求精确可靠。

4.11.1 倾斜试验的原理

如图 4-28 所示,当船正浮于水线 WL 时,其排水量为 Δ。若将船上 A 处的重物 p 横向移动某一距离 l 至 A_1 点,则船将产生横倾并浮于新水线 W_1L_1。此时船的横倾角 ϕ 的正切为

$$\tan\phi = \frac{pl}{\Delta\cdot\overline{GM}} \tag{4-82}$$

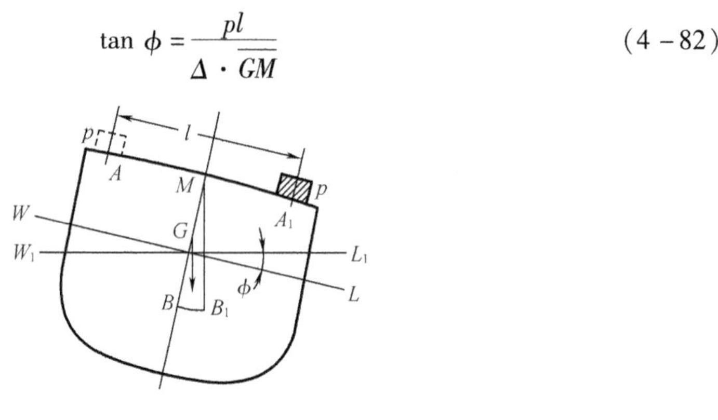

图 4-28 倾斜试验

初稳性高可写为

$$\overline{GM} = \frac{pl}{\Delta\cdot\tan\phi} \tag{4-83}$$

若已知船的排水量 Δ、移动重量 p、横向移动距离 l,并测量出横倾角 ϕ,将它们代入式(4-83)后,即得船的初稳性高 $\overline{GM}$ 值。

船的重心垂向坐标即可写成

$$z_G = z_B + \overline{BM} - \overline{GM} \tag{4-84}$$

z_B、$\overline{GM}$ 可根据排水量或吃水从静水力曲线图中查得。

4.11.2 试验方法

(1)测量艏艉吃水和水的重量密度,精确求出排水量。

(2)倾斜试验用的移动重物一般是生铁块,将它们分成 6 组(也可采用 4 组,但须经主管部门同意)堆放在甲板上指定位置,如图 4-29 所示,每组移动产生的力矩相近并且产生的力矩能使船产生 2°~4°的横倾角,横倾角用摆锤进行测量,如图 4-30 所示,摆锤用细线挂在船上的 O 点,下端装有水平标尺,船的横倾角的正切为 $\tan\phi = k/\lambda$;通常船上设 2~3 个摆锤,分别装在艏部、中央、艉部,角度取几个摆锤数值的平均值,移动重物的总重量约为船舶排水量的 1%~2%,移动的距离 l 约为船宽的 3/4。

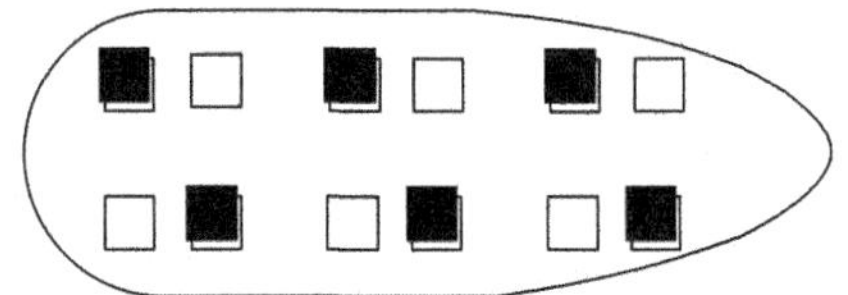

图中■为实验移动重量位置,□为无实验移动重量的空白位置

图 4-29 倾斜试验移动重量的布置

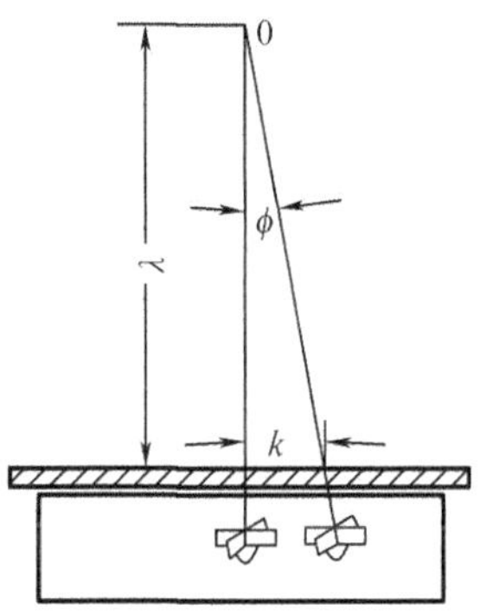

图 4-30 横倾角与摆锤

(3)为提高试验结果的精确度,应进行重复倾斜几次,记录并计算每次的横倾力矩 M 及横倾角 ϕ,则可根据$\overline{GM}=\dfrac{M}{\Delta\tan\phi}$算出各次的$\overline{GM}$值,然后取其算术平均值,即得船的初稳性高。但在实际计算中,常应用最小二乘法求取

$$\overline{GM}=\frac{1}{\Delta}\cdot\frac{\sum_{i=1}^{n}M_i\tan\phi_i}{\sum_{i=1}^{n}\tan^2\phi_i}$$

4.11.3 试验注意事项

为保证试验的准确性,应注意以下几点:

(1)应选风力不大于 2 级的晴天;

地点:应选在静水的遮蔽处所;

应注意风和水流的影响,尽可能使船首正对风向和水流方向,最好在坞内进行。

(2)为了不妨碍船的横倾,应将系泊缆绳全部松开。

(3)凡是船上能自行移动的物体都应设法固定,机器停止运转,与试验无关的人员均应离船,留在船上的人员都有固定位置,不能随意走动。

(4)船上的各类液体舱柜都应抽空或注满,消除自由液面的影响。如有自由液面则应查明其大小,以便进行修正。

(5)试验时,将船上的装载情况及船上缺少或多余的物资都应进行详细记录,以便将试验结果修正到空载状态。

(6)船舶倾斜试验详细的规范流程参阅中华人民共和国船舶行业标准 CB/T 3035－2005。

习　　题

1. 某船的船长 $L=122$ m,艏吃水为 6.0 m,艉吃水为 6.4 m,每厘米吃水吨数 TPC 为 24,每厘米纵倾力矩 MTC 为 100 t·m,漂心位置在舯后 2 m 处。现将重量为 240 t 的货物装在该船舯前 10 m 处,试计算装载货物后该船的艏艉吃水。

2. 海上浮式风力电站由三个浮筒、支撑结构、塔架和风力机组成。已知风力机和塔架的重量为 50 t,重心高度 40 m,支撑结构和浮筒重量为 70 t,重心高度为 5 m,浮筒为三个柱体,分别位于等边三角形的三个顶点位置,单个柱体截面积为 10 m^2。整个电站的浮力仅由三个浮筒支撑。若忽略柱体截面关于自身中和轴的惯性矩对稳性的影响。试计算:

(1)电站的重量和重心;

(2)中心正浮状态时柱体的吃水;

(3)若要求浮式风力电站的初稳心高不小于 10 m,求浮筒间的距离(等边三角形边长)的最小值。

3. 某均质材料建造的浮体截面为三角形,如图 4－31 所示,该浮体长为 L,宽为 B,吃水为 T,型深为 D,浮体所用材料的密度为 ρ_1,为使该浮体能正浮于密度为 ρ_0 的水面上,试求:

(1)$\frac{B}{D}$与$\frac{\rho_1}{\rho_0}$须满足什么关系。

(2)当$\frac{B}{D}=2$ 时,$\frac{\rho_1}{\rho_0}$的大小须满足的关系。

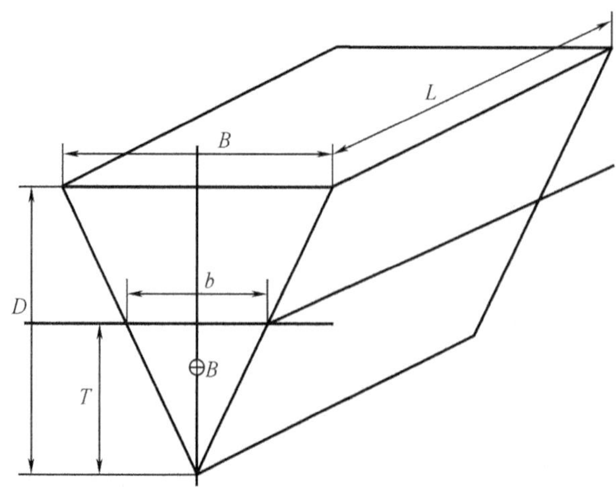

图 4－31　第 3 题图

4. 根据倾斜角度,船舶稳性可分为初稳性(小倾角稳性)和大倾角稳定,为什么要这样分?

5. 浮心移动公式计算表达用了什么原理?

6. 某箱形双体船横剖面如图4-32所示,其重心在基线以上3.875 m处,吃水 d_0 = 2.0 m,如果要求该船的初稳性高 $\overline{GM}$ 不小于2 m,试计算该船两单体中心线相距间距 d 的最小值。

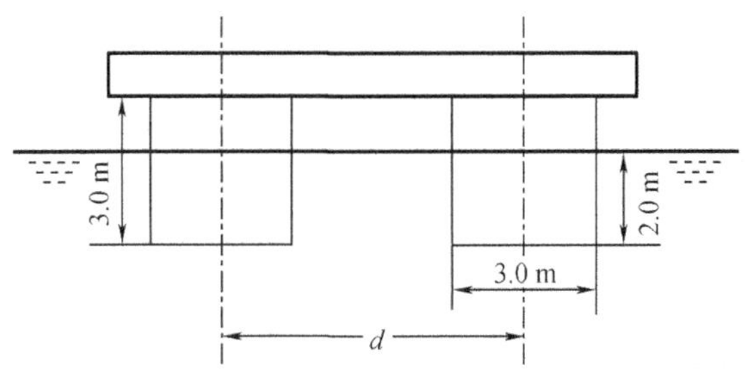

图4-32 第6题图

7. 棱柱的横截面为等腰梯形,两个底边长度分别为 a 和 $a/3$,腰长 $2a/3$。棱柱材质密度均匀,问当棱柱的密度在什么范围时,棱柱能以图4-33所示状态浮于水面并保持浮态的稳定?

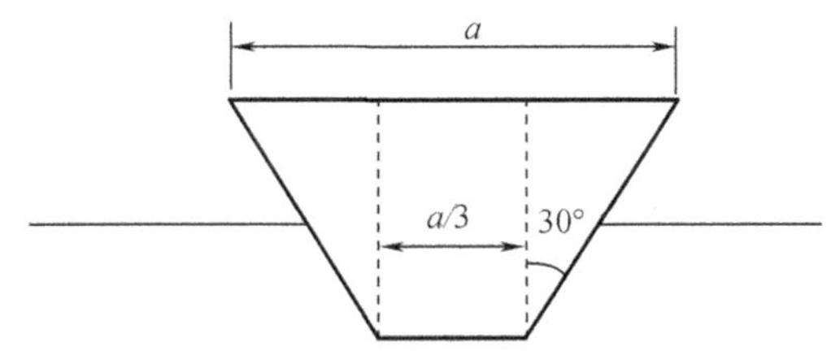

图4-33 第7题图

8. 一艘船舶在海水中的吃水为6.5 m,在这个吃水下,该船的排水量为13 600 t,KM = 9.30 m,KG = 8.65 m,重为220 t的货物从甲板移到底舱,移动距离为向下8.55 m,求移动后该船的吃水、排水量、初稳性高和重心高度。

9. 一艘船舶的排水量为3 000 t,初稳性为0.5 m,重量为80 t的货物装卸在高度为1.5 m高,距离中线6.1 m的右舷,求船舶的横倾角度。

10. 一艘长方形船舶,长宽分别为10 m和6 m,在淡水中的吃水为2 m,重量为2 t的货物水平移了5 m,该船的重心高度为1.8 m,计算货物移动后该船的横倾角。

11. 对于船长、型宽、吃水分别为 L、B、d 的长方体型驳船,试计算:

(1)该船的横稳心半径;

(2)该横稳心高度 $\overline{KM}$;

(3)$\overline{KB}$、$\overline{KM}$ 随着吃水 d 的变化而变化的曲线;

(4)当该船的吃水满足何种条件时,$\overline{KM}$ 达到最小值。

第5章 大倾角稳性

浮体在海上常常会遇到大的风浪，在风、浪联合作用下浮体往往发生大角度的摇摆，其横倾角可达到30°~40°，有时甚至更大。大倾角稳性指浮体倾角大于10°~15°，或上甲板边缘开始入水后的稳性。一般浮体的纵倾角较小，大倾角只在横倾时才产生。在大倾角情况下初稳性公式不再适用，那么在大倾角情况下船舶的稳性将会怎样？

本章主要讨论静稳性曲线的计算原理和方法，浮体在静力作用下的静稳性和在动力作用下的动稳性问题及稳性的衡准，进而校核船舶在各种装载情况下的稳性，此外，还将简要地讨论船体几何要素对稳性的影响。

本章知识要点：

1. 大倾角时静稳性臂计算方法。
2. 动稳性和动横倾角的确定方法。

5.1 大倾角时的静稳性臂及静稳性曲线

在讨论大倾角稳性问题时，仍然是研究船舶倾斜后静稳性臂或复原力矩的大小，为使讨论的问题简化，假定船舶处于静水中，排水量为Δ，它受静水力作用，水线面为一水平面W_0L_0。当船舶横倾ϕ角后，浮心位置由B_0移至B_ϕ，水线面变为$W_\phi L_\phi$，如图5-1所示。此时浮心与重心不再处于同一垂线上，浮力与重力形成一对力偶而生成复原力矩M_R为

$$M_R = \Delta \times \overline{GZ} = \Delta \times l \tag{5-1}$$

式中，$l = \overline{GZ}$，为重力作用线与浮力作用线之间的垂直距离，称为复原力臂或静稳性臂。

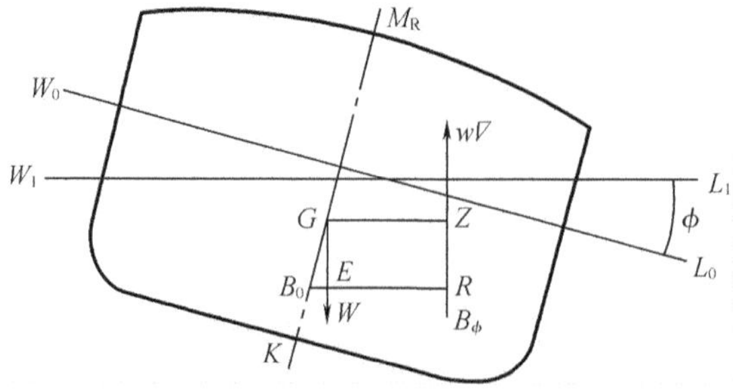

图5-1 大倾角稳性计算示意图

$$\overline{GZ} = \overline{GM}\sin\phi \approx \overline{GM}\phi \tag{5-2}$$

式(5-2)是根据如下假定得出的：

(1)等体积倾斜轴线通过正浮水线面的漂心;

(2)浮心移动曲线是圆弧的一段,其圆心为初稳心 M,半径为初稳心半径 $\overline{BM}$。

船舶大幅横倾时的横剖面示意图如图 5-2 所示,从图中可以看出,船舶大幅横倾时已不满足上述假设,这是因为,在大倾角情况下,船舶入水和出水楔形形状具有不对称性,等体积倾斜水线不再通过正浮水线面的漂心,浮心的移动曲线在横剖面上的投影不能再看作是圆弧,初稳心 M 不能再看作是固定不动的点,即 M 不再是浮力作用线与中心线的交点,稳心半径 $\overline{BM}$ 不再是定值,$\overline{BM}$ 将会随着横倾角的不同而发生改变。因此,在大倾角情况下,静稳性臂计算公式不能采用式(5-2),此时静稳性臂 l 是横倾角 ϕ 的函数,如图 5-3 所示,这时大倾角时的静稳性臂可用下式来表示:

$$\overline{GZ} = \overline{B_0R} - \overline{B_0E} = \overline{B_0R_1} - \overline{B_0G}\sin\phi \tag{5-3}$$

或写作

$$l = l_b - l_g \tag{5-4}$$

式中　$l_b = \overline{B_0R} = \dfrac{v \cdot h_e h_i}{\nabla}$ 称为形状稳性臂,它表示浮心沿水平横向移动的距离,其数值完全由排水体积的形状所决定。

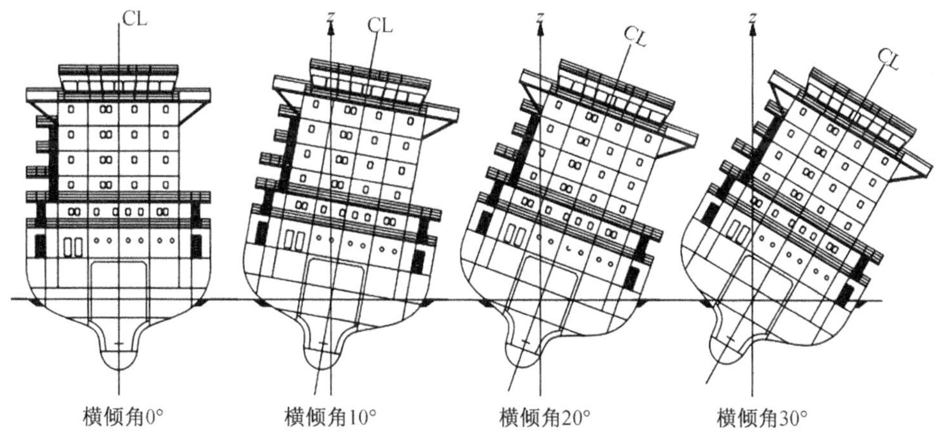

图 5-2　大倾角时的船舶横剖面

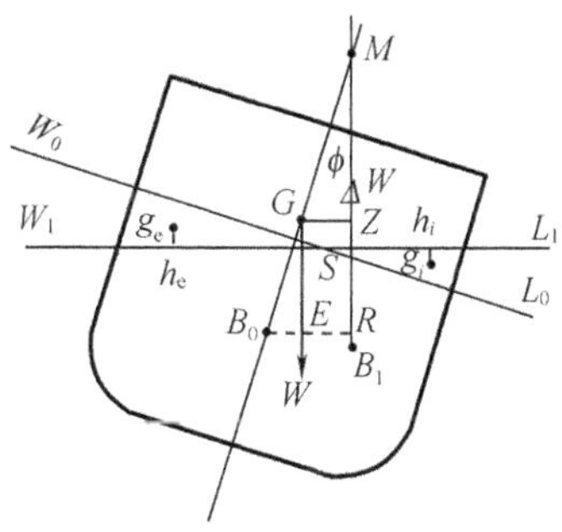

图 5-3　大倾角时静稳性臂计算

$l_g = \overline{B_0E} = \overline{B_0G}\sin\phi$，为重量稳性臂，其数值主要由重心位置所决定。式(5－3)又称为 Atwood 公式(Atwood formula，由 Atwood 和 Pengelly 1960 年推导出来)。

当舷壁为直壁(wall side)时，由 Atwood 公式可推导出直壁船静稳性臂计算公式(wall－side formula)：

$$\overline{GZ} = \sin\phi\left(\overline{GM} + \frac{1}{2}\overline{B_0M}\tan^2\phi\right) \tag{5-5}$$

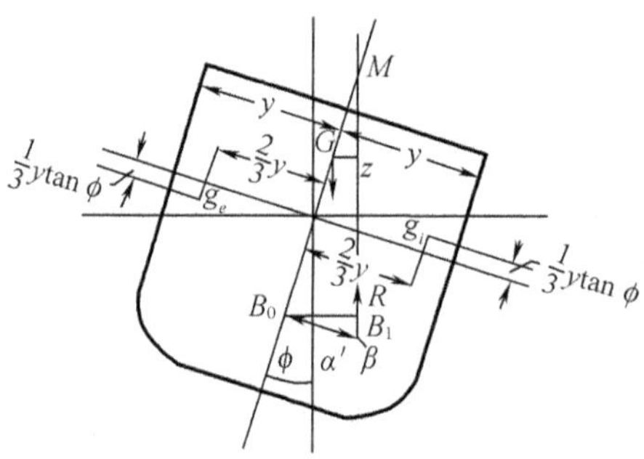

图 5－4 直壁船

该公式推导如下：设船舶初始平衡在水线 WL 处，倾角 ϕ 角到水线 W_1L_1 处，则楔形元的体积 V 为

$$V = \frac{1}{2}y^2\tan\phi\,\mathrm{d}x \tag{5-6}$$

出水体积与入水体积在水平方向组成的力矩为

$$\int_L \frac{y}{2}\cdot y\tan\phi\,\mathrm{d}x\cdot\frac{4y}{3} = \int_L \frac{2}{3}y^3\tan\phi\,\mathrm{d}x = \tan\phi\int_L \frac{2}{3}y^3\,\mathrm{d}x = I_x\tan\phi \tag{5-7}$$

出水体积与入水体积在垂直方向组成的力矩为

$$\int_L \frac{y}{2}y^2\tan\phi\cdot\frac{2y}{3}\tan\phi\,\mathrm{d}x = \int_L \frac{1}{3}y^3\tan^2\phi\,\mathrm{d}x = \frac{I_x}{2}\tan^2\phi \tag{5-8}$$

设 α 和 β 分别表示浮心在水平和垂直方向的位移，则有

$$\alpha = \frac{I_x\tan\phi}{\nabla} = \overline{B_0M}\tan\phi \tag{5-9}$$

$$\beta = \frac{\frac{1}{2}I_x\tan^2\phi}{\nabla} = \frac{1}{2}\overline{B_0M}\tan^2\phi \tag{5-10}$$

于是，有

$$\begin{aligned}\overline{B_0R} &= \alpha\cos\phi + \beta\sin\phi\\ &= \overline{B_0M}\tan\phi\cos\phi + \frac{1}{2}\overline{B_0M}\tan^2\phi\sin\phi\\ &= \sin\phi\left(\overline{B_0M} + \frac{1}{2}\overline{B_0M}\tan^2\phi\right)\end{aligned} \tag{5-11}$$

故有

$$
\begin{aligned}
\overline{GZ} &= \overline{BR} - \overline{BG}\sin\phi \\
&= \sin\phi\left(\overline{B_0M} - \overline{B_0G} + \frac{1}{2}\overline{B_0M}\tan^2\phi\right) \\
&= \sin\phi\left(\overline{GM} + \frac{1}{2}\overline{B_0M}\tan^2\phi\right)
\end{aligned} \tag{5-12}
$$

对于常规类型的船,静稳性臂 l 随横倾角 ϕ 的变化比较复杂,一般不能用简单的公式来表示。通常根据计算结果绘制成如图 5－5 所示的静稳性臂曲线图,由于复原力矩 $M_R = \Delta \cdot l$,复原力矩 M_R 与静稳性臂 l 之间只相差一常数系数,故在曲线图上通常以一条曲线表示 $l=f(\phi)$ 和 $M_R=f(\phi)$ 这两种关系,这种曲线图称为静稳性曲线图(curve of statical stability)。

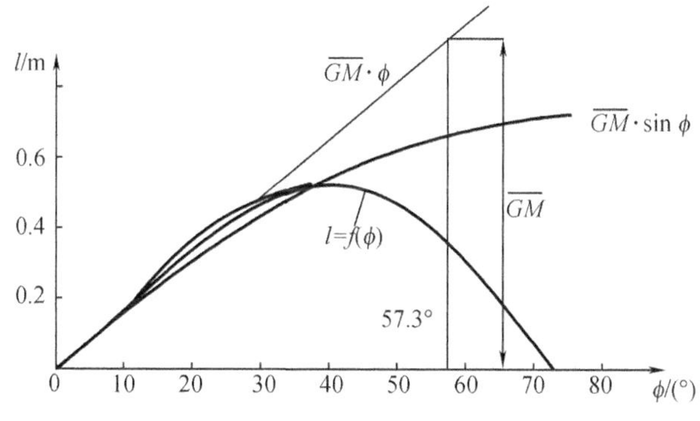

图 5－5　静稳性臂曲线图

把初稳性计算公式 $l=\overline{GM}\sin\phi$ 及初稳性近似计算公式 $l\approx\overline{GM}\phi$ 都绘制在图 5－5 中,从该图中可以看到:在小倾角时,三条曲线基本上是重合的。即在小倾角时,复原力臂 l 和横倾角 ϕ 成线性关系。但是,随着横倾角 ϕ 的增加,初稳性公式就不符合实际情况了。为此,对船舶的大倾角稳性应进行专门的讨论。

在船舶设计过程中,为了检验船舶在各种装载情况下的稳性是否满足规范要求,必须进行大倾角稳性计算。

5.2　船舶静稳性曲线的变排水量计算法

船舶静稳性曲线的计算主要有两种,等排水量法和变排水量法,本节介绍变排水量法。

5.2.1　基本原理

变排水量法是根据船舶倾斜后出水和入水楔形体积的移动来求所对应的排水体积和浮力作用线位置,该方法又称为郭洛瓦诺夫法。

如图 5-6 所示，假定船舶横倾 ϕ 角度后的水线 $W_\phi L_\phi$ 与正浮水线 W_0L_0 交于 O 点，NN 为通过 O 点的计算静矩的参考轴线，c 为旋转点 O 至中心线的距离（即偏离值），由于船舶装载情况是多样的，这里假定在某种装载状态下船舶的重心为 S，其垂向坐标为$\overline{KS}$。T_0 为正浮时的吃水。V_1 为入水楔形的体积，V_2 为出水楔形的体积。水线 $W_\phi L_\phi$ 下的排水体积∇_ϕ 必然是

$$\nabla_\phi = \nabla_0 + V_1 - V_2 \tag{5-13}$$

根据合力矩原理，由图 5-5 可以看出：∇_0 对于 NN 的体积静矩 M_ϕ，为

$$M_\phi = \nabla_\phi \times \overline{OE} = V_1 \times \overline{OA} + V_2 \times \overline{OB} - \nabla_0 \times \overline{OF} \tag{5-14}$$

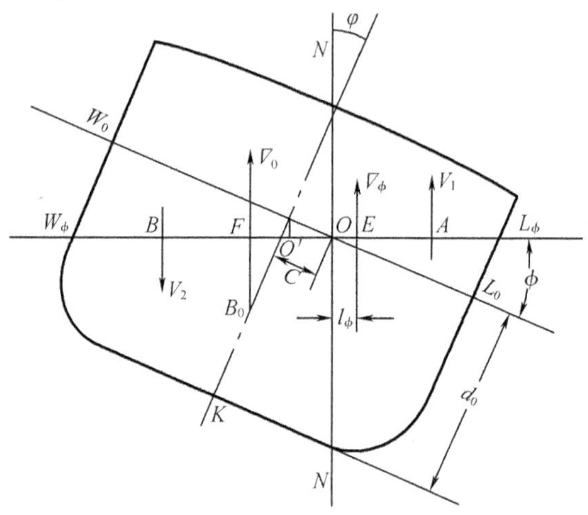

图 5-6 大倾角稳性计算

船舶浮于倾斜水线 $W_\phi L_\phi$ 时浮力作用线至轴 NN 的距离为

$$l_\phi = \overline{OE} = \frac{M_\phi}{\nabla_\phi} = \frac{V_1 \times \overline{OA} + V_2 \times \overline{OB} - \nabla_0 \times \overline{OF}}{\nabla_0 + V_1 - V_2} \tag{5-15}$$

令

$$\delta V_\phi = V_1 - V_2$$

$$M''_\phi = V_1 \times \overline{OA} + V_2 \times \overline{OB}$$

$$M'_\phi = -\nabla_0 \times \overline{OF}$$

则式（5-15）为

$$l_\phi = \frac{M''_\phi + M'_\phi}{\delta v_\phi} \tag{5-16}$$

式（5-16）中的 M'_ϕ可通过如下方法确定，从图 5-6 中可以看出，$\overline{OF}$可写为

$$\overline{OF} = \overline{FO'} + \overline{O'O} = (d_0 - \overline{KB})\sin\phi + C\cos\phi \tag{5-17}$$

因此

$$M'_\phi = -\nabla_0[(d_0 - \overline{KB})\sin\phi + C\cos\phi] \tag{5-18}$$

由式(5－16)可知,M'_ϕ求出后,计算 l_ϕ 的关键在于计算出入水楔形和出水楔形的体积差 $\delta V_\phi = V_1 - V_2$,以及他们对 NN 的体积静矩 $M''_\phi = V_1 \times \overline{OA} + V_2 \times \overline{OB}$。

5.2.2　δV_ϕ 和 M''_ϕ的计算公式

1. δV_ϕ 的计算式

图 5－7 为船舶横倾 ϕ 角度后某一横剖面处的入水和出水楔形。先讨论入水楔形,我们可以把入水楔形 L_0OL_ϕ 分成无穷多的小楔形。在 ϕ 处取一夹角为 $\mathrm{d}\varphi$ 的小三角形,设底边的距离为 a,则其面积为

$$\mathrm{d}A = \frac{1}{2}a^2\mathrm{d}\varphi \tag{5-19}$$

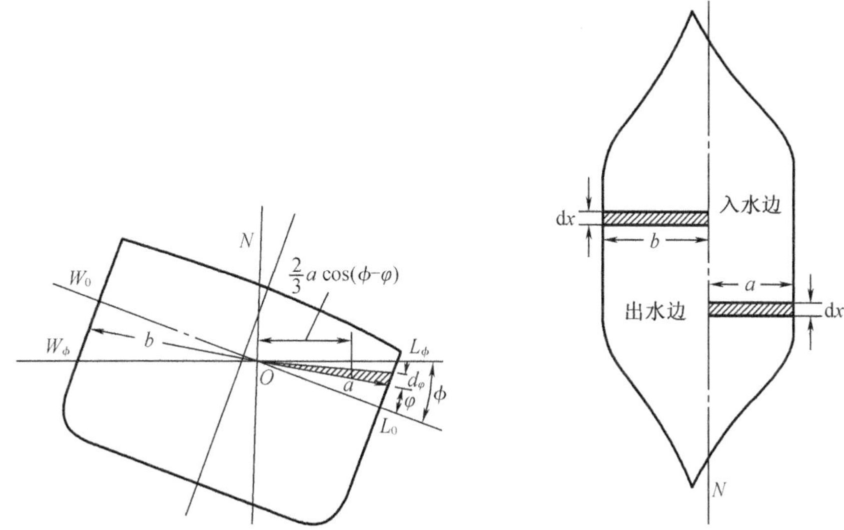

图 5－7　出水和入水楔形

在船长方向取 $\mathrm{d}x$ 一段,则小三角形的体积为:$\mathrm{d}A \times \mathrm{d}x$,沿整个船长 L 积分便得到微楔形的体积为

$$\mathrm{d}V_1 = \int_{-L/2}^{L/2} \mathrm{d}A\mathrm{d}x = \int_{-L/2}^{L/2} \frac{1}{2}a^2\mathrm{d}\varphi\mathrm{d}x \tag{5-20}$$

于是在横倾角 ϕ 范围内的入水楔形的体积 V_1 为

$$V_1 = \int_0^\phi \mathrm{d}V_1 = \frac{1}{2}\int_{-L/2}^{L/2}\int_0^\phi a^2\mathrm{d}\varphi\mathrm{d}x \tag{5-21}$$

同理,可求得出水楔形体积 V_2 为

$$V_2 = \int_0^\phi \mathrm{d}V_2 = \frac{1}{2}\int_{-L/2}^{L/2}\int_0^\phi b^2\mathrm{d}\varphi\mathrm{d}x \tag{5-22}$$

式中　b——出水楔形的水线半宽。

所以,入水与出水楔形的体积差 δV_ϕ 为

$$\delta V_{\phi} = V_1 - V_2 = \frac{1}{2}\int_{-L/2}^{L/2}\int_{0}^{\phi}(a^2 - b^2)\mathrm{d}\varphi\mathrm{d}x \tag{5-23}$$

2. M''_{ϕ}的计算式

如图 5－7 所示,入水小三角形面积对 NN 的面积静矩为

$$\begin{aligned}\mathrm{d}m &= \mathrm{d}A \times \frac{2}{3}a\cos(\phi - \varphi)\\ &= \frac{1}{2}a^2\mathrm{d}\varphi \times \frac{2}{3}a\cos(\phi - \varphi)\\ &= \frac{1}{3}a^3\cos(\phi - \varphi)\mathrm{d}\varphi\end{aligned} \tag{5-24}$$

沿整个船长 L 积分所得微楔形对 NN 的体积静矩为

$$\mathrm{d}M_1 = \int_{-L/2}^{L/2}\mathrm{d}m_1\mathrm{d}x = \int_{-L/2}^{L/2}\frac{1}{3}a^3\cos(\phi - \varphi)\mathrm{d}\varphi\mathrm{d}x \tag{5-25}$$

整个楔形对 NN 的体积静矩为

$$M_1 = \int_{-L/2}^{L/2}\int_{0}^{\phi}\frac{1}{3}a^3\cos(\phi - \varphi)\mathrm{d}\varphi\mathrm{d}x \tag{5-26}$$

同理,出水楔形对 NN 的体积静矩为

$$M_2 = \int_{-L/2}^{L/2}\int_{0}^{\phi}\frac{1}{3}b^3\cos(\phi - \varphi)\mathrm{d}\varphi\mathrm{d}x \tag{5-27}$$

则

$$M''_{\phi} = M_1 + M_2 = \int_{-L/2}^{L/2}\int_{0}^{\phi}\frac{1}{3}(a^3 + b^3)\cos(\phi - \varphi)\mathrm{d}\varphi\mathrm{d}x \tag{5-28}$$

由于水线面 $W_{\phi}L_{\phi}$ 对于 NN 轴线的面积惯性矩为

$$I_{\phi} = \int_{-L/2}^{L/2}\frac{1}{3}(a^3 + b^3)\mathrm{d}x \tag{5-29}$$

故式(5－20)也可写作

$$M''_{\phi} = \int_{0}^{\varphi}I_{\phi}\cos(\phi - \varphi)\mathrm{d}\varphi \tag{5-30}$$

将式(5－10)、式(5－15)和式(5－20)代入式(5－8),便可求得浮力作用线至 NN 的距离 l_{ϕ}。计算出 l_{ϕ} 后,即可求得浮力 $w\nabla_{\phi}$ 至假定重心 S 的距离 l_s

$$l_s = \overline{OE} + \overline{OO'} + \overline{SQ} = l_{\phi} + c\cos\phi + (T_0 - \overline{KS})\sin\phi \tag{5-31}$$

S 为假定重心的位置,在计算得到 l_s 后,可根据船舶实际装载情况的重心高度$\overline{KG}$进行修正,即得所求之静稳性臂,如图 5－7 所示。

$$l = l_s - \overline{SG}\sin\phi = l_s - (\overline{KG} - \overline{KS})\sin\phi \tag{5-32}$$

式(5－32)表明,静稳性臂 l 值的大小与假定重心 S 的位置无关,一般为计算的方便,习惯上将假定重心 S 取在基线处。

以上就是变排水量法计算静稳性臂的推导过程,具体计算时,可采用切比雪夫法列表计算。

5.2.3　稳性横截曲线

对于一艘船舶，当装载情况发生变化时，排水量 Δ、重心的位置$\overline{KG}$都发生变化，则静稳性曲线的形状也会改变，因此一条静稳性曲线只能代表一个排水量和一个重心高度状态下的静稳性臂 l 与横倾角 ϕ 的关系。

当排水量变化时，可用插值曲线插值。分别计算 4 ~ 5 根水线下不同横倾角时的排水体积∇_{ϕ} 和 l_s（图 5 -8）。然后以 l_s 为纵坐标，∇ 为横坐标绘制如图 5 -9 所示的 $l_s = f(\nabla_{\phi})$ 曲线图，该图称为稳性横截曲线图。

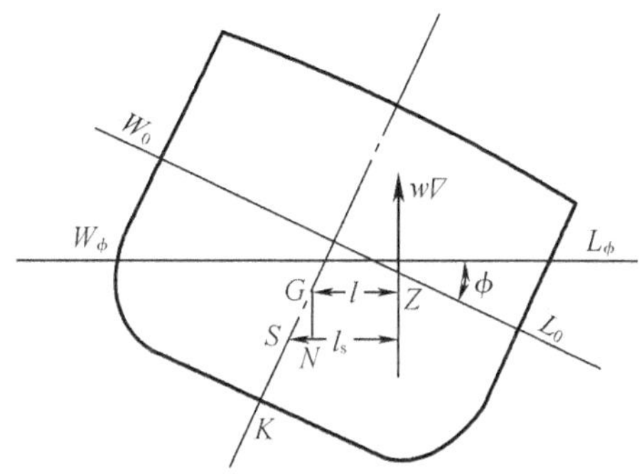

图 5 -8　假定重心与实际重心

对于一艘船舶，当装载情况发生变化时，排水量 Δ、重心的位置 $\overline{KG}$ 都发生变化，则静稳性曲线的形状也会改变，因此一条静稳性曲线只能代表一个排水量和一个重心高度状态下的静稳性臂 l 与横倾角 ϕ 之间的关系。

当排水量变化时，可用插值曲线插值。分别计算 4 ~ 5 根水线下不同横倾角时的排水体积∇_{ϕ} 和 l_s（图 5 -9）。然后以 l_s 为纵坐标，∇ 为横坐标绘制如图 5 -10 所示的 $l_s = f(\nabla_{\phi})$ 曲线图，该图称为稳性横截曲线图（或形状稳性力臂曲线，cross curves of stability）。

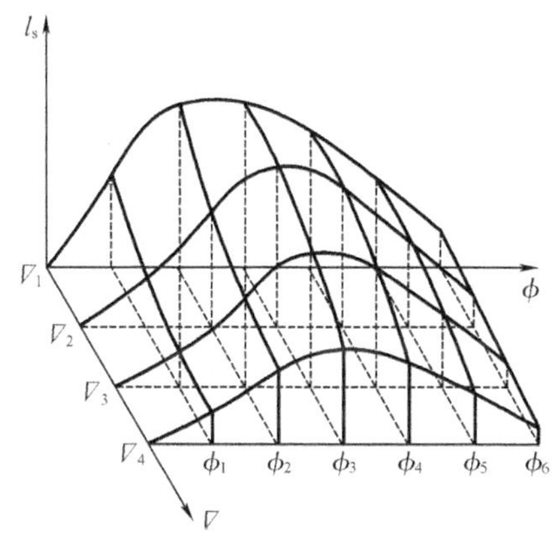

图 5 -9　不同横倾角时的排水体积∇_{ϕ} 和 l_s

有了上述稳性横截曲线图，可以根据船舶在各种装载情况下的排水量及其重心高度，按式(5－32)求出船舶的实际静稳性臂。

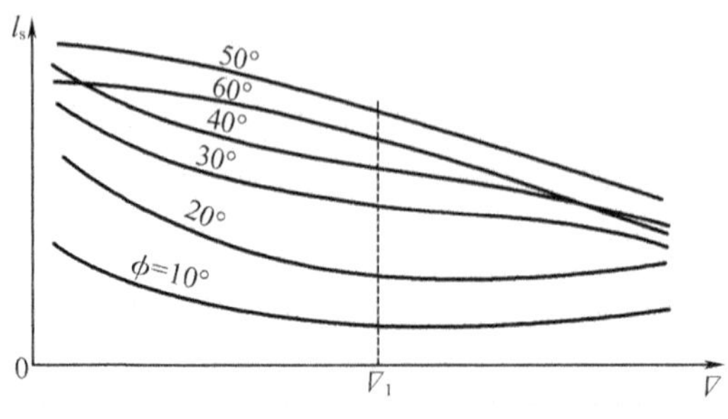

图 5－10　稳性横截曲线

5.3　船舶静稳性曲线的等排水量计算法

该方法的特点是把前一次倾斜的水线作为初始状态，绕该初始状态水线面的漂心再倾斜 $\delta\phi$ 角，依次继续倾斜，直至达到所要求的倾斜角度，该方法又称为克雷洛夫第二法。

如图 5－11 所示，船舶正浮于水线 W_0L_0 时，浮心在 B_0，横倾一角度 ϕ 后，浮于水线 $W_\phi L_\phi$ 浮心在 B_ϕ，B_ϕ 点的坐标为 $y_{B\phi}$ 和 $z_{B\phi}$，此时的静稳性臂为

$$l=\overline{GZ}=\overline{B_0R}-\overline{B_0E}=y_{B\phi}\cos\phi+(z_{B\phi}-\overline{KB_0})\sin\phi-\overline{B_0G}\sin\phi \qquad (5-33)$$

式中，$\overline{B_0R_1}=\overline{B_0F}+\overline{FR}=y_{B\phi}\cos\phi+(z_{B\phi}-\overline{KB_0})\sin\phi$，$\overline{B_0E}=\overline{B_0G}\sin\phi$。

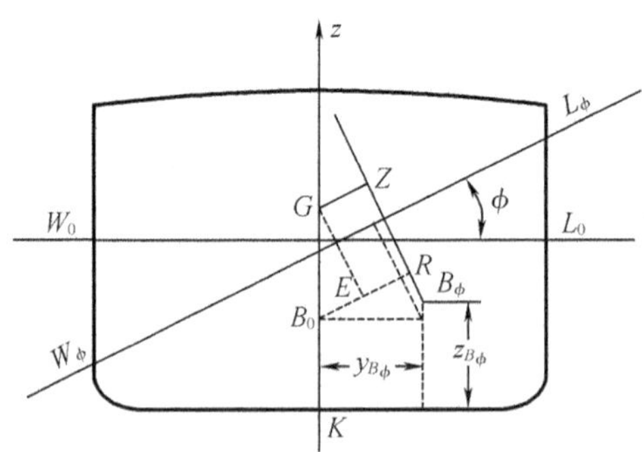

图 5－11　大倾角稳性

船横倾了 ϕ 角后，再自倾角横倾一无穷小的角度 $\mathrm{d}\phi$，这时等体积倾斜水线是 $W_{\phi+\mathrm{d}\phi}L_{\phi+\mathrm{d}\phi}$，浮心坐标的变化为 $\mathrm{d}y_{\mathrm{d}\phi}=\overline{B_\phi B_{\phi+\mathrm{d}\phi}}\cos\phi$，$\mathrm{d}z_{\mathrm{d}\phi}=\overline{B_\phi B_{\phi+\mathrm{d}\phi}}\sin\phi$。船舶在横倾角 ϕ 的状态，可以看作是船舶由正浮状态逐渐绕不同的倾斜轴作无数的无穷小横倾角 $\mathrm{d}\phi$ 的等体积横倾所得。故式(5－33)中的 $y_{B\phi}$ 和 $z_{B\phi}$ 可按如下公式计算：

$$\begin{cases} y_{B\phi} = \int_0^{\phi} \overline{B_\phi M_\phi} \cos \phi \mathrm{d}\phi \\ z_{B\phi} = \int_0^{\phi} \overline{B_\phi M_\phi} \sin \phi \mathrm{d}\phi + \overline{KB_0} \end{cases} \tag{5-24}$$

求出不同横倾角下等体积倾斜水线 $W_\phi L_\phi$ 的 I_ϕ，即可根据$\overline{B_\phi M_\phi} = I_\phi / \nabla$ 和式(5-34)算出浮心坐标($y_{B\phi}, z_{B\phi}$)，再根据式(5-33)计算静稳性臂 l。

具体步骤如下：

(1)如图 5-12 所示，过原水线面 W_0L_0 的漂心 F_0 作一辅助水线 $W_1'L_1'$，它与原水线的夹角为 $\delta\phi$。

(2)量取辅助水线的半宽值 a、b，在乞氏横剖面上量取，按稳性规范的规定，剖面数不少于 9 个，一般取 9~12 个站号。

(3)计算

辅助水线面面积为

$$S'_{W_1} = \int_{-\frac{l}{2}}^{+\frac{l}{2}} (a + b) \mathrm{d}x \tag{5-35}$$

入水楔形与出水楔形体积之差为

$$V_1 - V_2 = \frac{1}{2} \int_{-\frac{l}{2}}^{+\frac{l}{2}} \int_0^{\delta\phi} (a^2 - b^2) \mathrm{d}\phi \mathrm{d}x \tag{5-36}$$

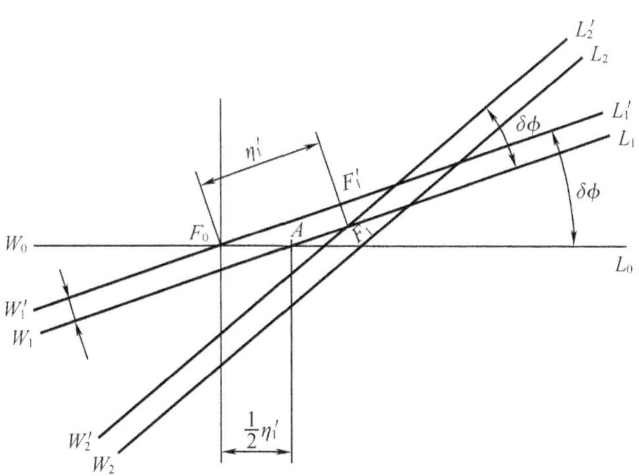

图 5-12　等排水量法

其中角度积分采用梯形法计算，积分区间只作为一个梯形，故

$$V_1 - V_2 = \frac{\delta\phi}{4} \int_{-\frac{l}{2}}^{+\frac{l}{2}} (a^2 - b^2) \mathrm{d}x \tag{5-37}$$

注意：纵向积分采用切比雪夫法计算。

(4)作图确定等体积倾斜水线

若 $V_1 \neq V_2$，则修正水层厚度

$$\varepsilon_1 = \frac{V_1 - V_2}{S'_{W_1}} = \frac{\dfrac{\delta\phi}{4}\int_{-\frac{l}{2}}^{+\frac{l}{2}}(a^2 - b^2)\,dx}{S'_{W_1}} \tag{5-38}$$

由于 ε_1 值比较小，一般用下面作图法求作 ε_1，因为辅助水线面 $W_1'L_1'$ 的漂心 F_1' 距 W_0L_0 的漂心 F_0 的距离为

$$\eta'_1 = \frac{\dfrac{1}{2}\int_{-\frac{l}{2}}^{+\frac{l}{2}}(a^2 - b^2)\,dx}{S'_{W_1}} \tag{5-39}$$

比较上述两式可得

$$\frac{1}{2}\eta_1'\delta\phi = \varepsilon_1 \tag{5-40}$$

根据这一关系，作图确定等体积倾斜水线 W_1L_1 的位置。在 W_0L_0 上，自 F_0 量取 $F_0A = \frac{1}{2}\eta_1'$，$W_1L_1$ 通过 A 点并平行 $W_1'L_1'$。

注意辅助水线和等体积倾斜水线的相对位置。

若 $V_1 > V_2$，则$\frac{1}{2}\eta_1'$往右舷量取，即等体积倾斜水线 W_1L_1 在辅助水线 $W_1'L_1'$之下；

若 $V_1 > V_2$，则$\frac{1}{2}\eta_1'$往右舷量取，即等体积倾斜水线 W_1L_1 在辅助水线 $W_1'L_1'$之下。

在辅助水线 $W_1'L_1'$上量取 $F_0F_1' = \eta_1'$，得辅助水线面 $W_1'L_1'$漂心 F_1'。由于修正水层厚度较小，此处近似地认为等体积倾斜水线 W_1L_1 的漂心 F_1 与 F_1'位于同一垂线上，则由 F_1'可决定 F_1。

同理以 F_1 为起点，按上述相同步骤作第二根辅助水线 $W_2'L_2'$，并可用同样的方法求得第二根等体积倾斜水线 W_2L_2。

其余水线依次类推。

(5)计算

各等体积倾斜水线面对通过其漂心的纵轴的横向惯性矩为

$$I_\phi = \frac{1}{3}\int_{-\frac{l}{2}}^{\frac{l}{2}}(a^3 + b^3)\,dx - S'_{W\phi}\eta'^2_\phi \tag{5-41}$$

对应的横稳心半径为

$$\overline{B_\phi M_\phi} = \frac{I_\phi}{\nabla} \tag{5-42}$$

浮心坐标为

$$Y_{B\phi} = \int_0^\phi \overline{B_\phi M_\phi}\cos\phi\,d\phi \tag{5-43}$$

$$Z_{B\phi} = \int_0^\phi \overline{B_\phi M_\phi}\sin\phi\,d\phi + \overline{KB_0} \tag{5-44}$$

静稳性臂

$$l = Y_{B\phi}\cos\phi + (Z_{B\phi} - \overline{KB_0})\sin\phi - \overline{B_0G}\sin\phi \tag{5-45}$$

所有计算采用表格形式。因为修正水层厚度一般很小，可以认为等体积倾斜水线的半宽和辅助水线的半宽相等；如果修正水层厚度较大，应量取等体积倾斜水线的半宽做第二次计算。

5.4　基于浸深的船舶静稳性曲线等排水量计算方法

由于船舶大幅横摇运动是非对称运动，船舶的左右舷吃水并不相同，所以不能再以简单的吃水来衡量，为此引入一个概念——浸深。设 $A(x)$ 为船舶瞬时横截面的浸水面积，$A(x)$ 与船舶的状态有关，如图 5－13 所示。设横倾水线与船型交点为 z_p 和 z_s，基线距两交点的距离称为船舶左舷和右舷的浸深，它们是横摇角 ϕ 和瞬时吃水 d' 的函数。$b(z)$ 表示半宽，d 为正浮时的吃水。

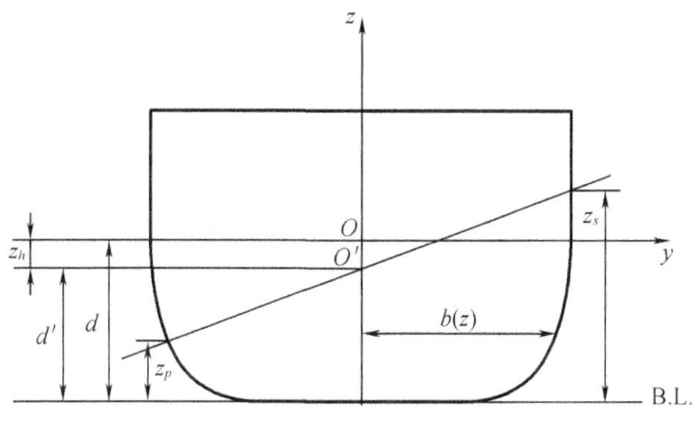

图 5－13　浸深示意图

根据引入的浸深这一概念，很容易推导出船舶在横倾时的浸水面面积 $A(x)$，如图 5－14 所示。

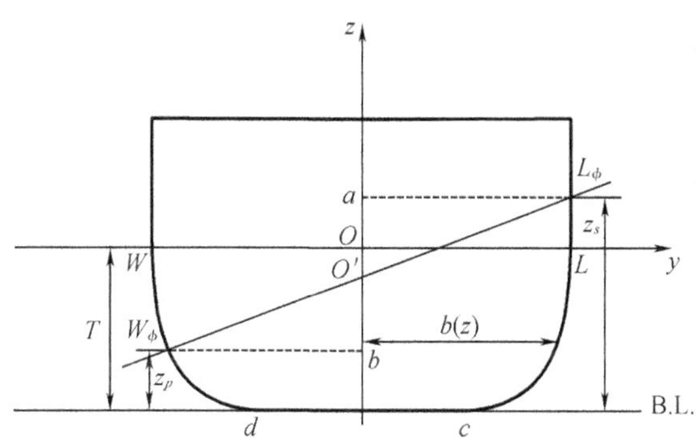

图 5－14　浸水面面积计算图

$$A(x)=S_{WLcd}-S_{WobW_\phi}+S_{aL_\phi Lo}+S_{o'bW_\phi}-S_{aL_\phi o'} \tag{5-46}$$

其中

$$S_{WLcd} = \int_0^d 2b(z)\,\mathrm{d}z \tag{5-47}$$

$$S_{WobW\phi} = \int_{z_p}^0 b(z)\,\mathrm{d}z \tag{5-48}$$

$$S_{aL_\phi Lo} = -\int_{z_s}^0 b(z)\,\mathrm{d}z \tag{5-49}$$

$$S_{o'bW_\phi} = \frac{1}{2}|W_\phi b| \cdot |bo'| = \frac{1}{2}b(z_p) \cdot b(z_p) \cdot \tan\phi \tag{5-50}$$

$$S_{aL_\phi O'} = \frac{1}{2}|aL_\phi| \cdot |ao'| = \frac{1}{2}b(z_s) \cdot b(z_s) \cdot \tan\phi \tag{5-51}$$

将式(5-47)至式(5-51)代入式(5-46)即可得到浸水面面积计算公式为

$$A(x) = \int_0^d 2b(z)\,\mathrm{d}z - \int_{z_p}^0 b(z)\,\mathrm{d}z - \int_{z_s}^0 b(z)\,\mathrm{d}z + \frac{1}{2}[b^2(z_p) - b^2(z_s)]\tan\phi \tag{5-52}$$

下面来推导静稳性臂的计算公式。设横倾时船舶的静稳性臂为 l_{GZ}，假设建立的坐标系如图 5-15 所示，当船舶重心在正浮水线上方时有

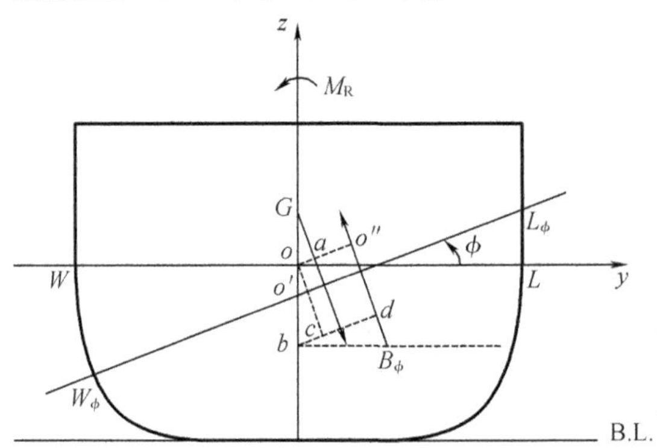

图 5-15 l_{GZ}计算图

$$l_{GZ} = |ao''| = |oo''| - |oa| \tag{5-53}$$

其中

$$|oa| = |oG| \cdot \sin\phi \tag{5-54}$$

式中 $|oG|$——重心到正浮水线面的距离。

$$\begin{aligned} |oo''| &= |bd| - |bc| \\ &= |bB_\phi|\cos\phi - |ob|\sin\phi \\ &= y_{B_\phi}\cos\phi + z_{B_\phi}\sin\phi \end{aligned} \tag{5-55}$$

式(5-55)中，y_{B_ϕ}为浮心横坐标，恒为正值，z_{B_ϕ}为浮心垂向坐标，恒为负值。

将式(5-54)、式(5-55)代入式(5-53)中可得

$$l_{GZ} = y_{B_\phi}\cos\phi + z_{B_\phi}\sin\phi - |oG| \cdot \sin\phi \tag{5-56}$$

令

$$y'_{B_\phi} = y_{B_\phi}\cos\phi + z_{B_\phi}\sin\phi \tag{5-57}$$

则有

$$l_{GZ}=y'_{B_\phi}-|oG|\cdot\sin\phi \tag{5-58}$$

同理,当船舶重心在正浮水线下方时有

$$l_{GZ}=|oo''|+|oa|=y'_{B_\phi}+|oG|\cdot\sin\phi \tag{5-59}$$

则 l_{GZ} 可写成

$$l_{GZ}=y'_{B_\phi}+\overline{oG}\sin\phi \tag{5-60}$$

当船舶重心在正浮水线上方时,$\overline{oG}$ 为负;当船舶重心在正浮水线下方时,$\overline{oG}$ 为正。

式(5　60)即为静稳性臂计算公式,在计算出静稳性臂 l_{GZ} 后,即可得到此时船舶所受到的复原力矩 M_R:

$$M_R=\Delta\cdot l_{GZ}=\Delta\cdot y'_{B_\phi}+\Delta\cdot\overline{oG}\sin\phi \tag{5-61}$$

式(5-61)中的 Δ 表示船舶的排水量,横倾时,作用在船体浸水部分的浮力和船体的重量必须平衡,故有

$$\Delta=\rho g\int_{x_a}^{x_f}A(x)\,dx \tag{5-62}$$

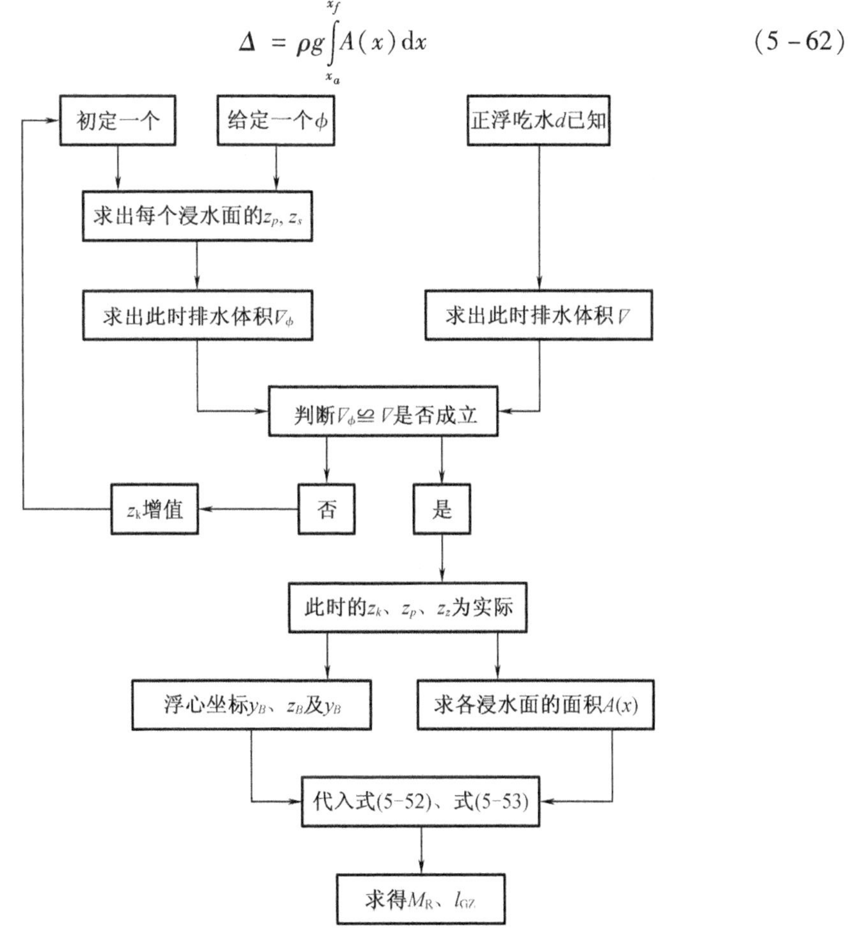

图 5-16　静稳性臂计算流程图

式(5-62)中的 $A(x)$ 为浸水面面积,其计算表达式见式(5-62)。在任意横倾角 ϕ

下,通过逐步调节 z_h(z_h 表示倾斜水线与 oz 轴的交点与正浮水线与 oz 轴的交点之间的距离,如图 5-13 所示)的值来确定倾斜水线的实际位置。直到满足式(5-62),此时则可得到在此倾角下倾斜水线的实际位置,既而求出船舶各剖面两侧的浸深 z_p 和 z_s。再通过式(5-62)和式(5-57)求出 $A(x)$ 和 y'_{B_ϕ},代入式(5-60)和式(5-61)中,则任意倾角下的静稳性臂 l_{GZ}和复原力矩 M_R 便可确定出来。

根据上述分析,采用计算机编程计算静稳性力臂 l_{GZ}和复原力矩 M_R 的流程图,静稳性臂计算流程如图5-16所示。

上述计算方法不仅可用来计算船舶在静水中的静稳性臂,也可用来计算船舶在波浪中的静稳性臂。

5.5 静稳性曲线的特征

本节讨论静稳性曲线的特征问题,船舶静稳性曲线的特征主要包括:曲线在原点处的斜率,最大静稳性臂及其对应的横倾角,稳性范围及曲线下的面积等。这些特征对于分析船舶的稳性性能非常重要。

1. 静稳性曲线在原点处的斜率

由静稳性臂公式:

$$l=\overline{GZ}=\overline{B_0R}-\overline{B_0E}=y_{B\phi}\cos\phi+(z_{B\phi}-\overline{KB_0})\sin\phi-\overline{B_0G}\sin\phi$$

上式对 ϕ 求导可得

$$\frac{\mathrm{d}l}{\mathrm{d}\phi}=\frac{\mathrm{d}y_{B\phi}}{\mathrm{d}\phi}\cos\phi-y_{B\phi}\sin\phi+\frac{\mathrm{d}z_{B\phi}}{\mathrm{d}\phi}\sin\phi+z_{B\phi}\cos\phi-\overline{KB_0}\cos\phi-\overline{B_0G}\cos\phi \tag{5-63}$$

由于

$$\frac{\mathrm{d}y_{B\phi}}{\mathrm{d}\phi}=\overline{B_\phi M_\phi}\cdot\cos\phi \tag{5-64}$$

$$\frac{\mathrm{d}z_{B\phi}}{\mathrm{d}\phi}=\overline{B_\phi M_\phi}\cdot\sin\phi \tag{5-65}$$

将式(5-63)和式(5-64)代入式(5-65)中可得

$$\frac{\mathrm{d}l}{\mathrm{d}\phi}=\overline{B_\phi M_\phi}\cos^2\phi-y_{B\phi}\sin\phi+\overline{B_\phi M_\phi}\sin^2\phi+z_{B\phi}\cos\phi-\overline{KB_0}\cos\phi-\overline{B_0G}\cos\phi \tag{5-66}$$

当 $\phi\to0$ 时,$\overline{B_\phi M_\phi}\to\overline{B_0M_0}$;$z_{B\phi}\to\overline{KB_0}$;$\sin\phi\to0$;$\cos\phi\to1$,故有

$$\left.\frac{\mathrm{d}l}{\mathrm{d}\phi}\right|_{\phi\to0}=\overline{B_0M_0}+\overline{KB_0}-\overline{KG}=\overline{GM_0} \tag{5-67}$$

由此可见,静稳性臂曲线在原点处的斜率(图 5-17)等于初稳心高$\overline{GM_0}$。

静稳性曲线的这一特征对于绘制和检验静稳性曲线开始一段的正确性很有帮助。

$$\tan\alpha=\frac{DC}{OC}=\frac{\overline{GM_0}}{1\text{ 弧度}}=\overline{GM_0} \tag{5-68}$$

在绘制静稳性曲线图时，通常可先在 $\phi=57.3°$（即 1 弧度）处取高度为$\overline{GM_0}$的一点 D，连 OD 线，若静稳性曲线绘制正确，在原点处应与 OD 线相切。

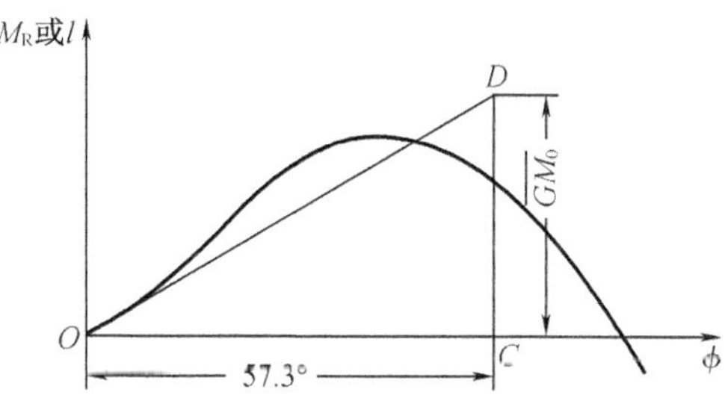

图 5 – 17 静稳性臂曲线在原点处的斜率

2. 稳定平衡与不稳定平衡位置

静稳性曲线的上升段（即图 5 – 18 的中的 OB 段）为稳定平衡段，静稳性曲线的下降段（即图 5 – 18 的中的 BD 段）为不稳定平衡段。

这是因为在上升段的平衡位置 A 点，当因微小扰动使横倾角稍大于 ϕ_1 时，此时的复原力矩大于横倾力矩，使船舶回到 A 点；当横倾角稍小于 ϕ_1 时，横倾力矩大于复原力矩、亦使船舶回到 A 点。由此可见，船舶在平衡位置 A 时，受到小干扰后，总会回复到原来位置 A，所以说 ϕ_1 点的位置是稳定平衡位置，ϕ_1 是所要求的静倾角。而在下降段的平衡点 C 点，当横倾角略大于 ϕ_2 时，横倾力矩大于复原力矩，使船舶进一步横倾；当横倾角略小于 ϕ_2 时，复原力矩大于横倾力矩，使船向正浮位置回复。由此可见，当船舶处于下降段的平衡点 C 点，受一小干扰后，总不会回到原来位置 C。

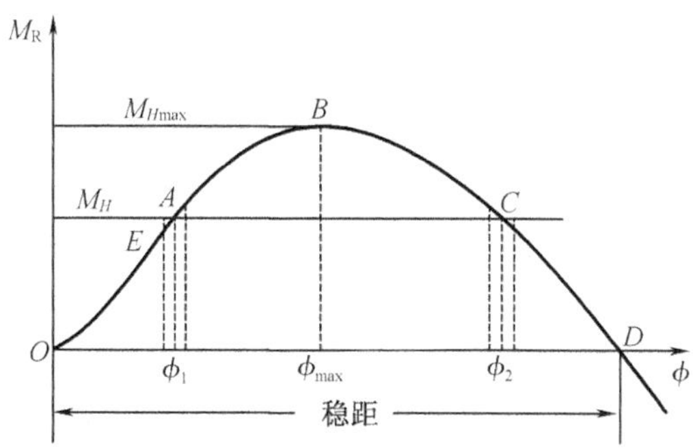

图 5 – 18 静稳性曲线特征

3. 甲板边缘入水角

静稳性曲线的上升段有一个反曲点 E，在 E 点以下的曲线上升较快，过了 E 点，曲线上升趋势减慢，E 点处斜率最大。这一现象是由于水线未淹过甲板边缘之前，形状稳性臂增加很快，一旦水线淹过甲板边缘，增加的趋势就减缓下来。因此，对大多数船型来说，反曲点 E 所对应的倾角大致对应于甲板边缘开始入水的角度，故称为甲板边缘入水角。

甲板上的上层建筑也会提供浮力，在计入上层建筑的影响后，静稳性曲线可能会出现 2 个峰值。

4. 最大静稳性臂及其对应的横倾角

从图 5－18 可以看到，静稳性曲线上的最高点 B 代表了船舶所能承受的最大静倾力矩，即船体本身所具有的最大复原力矩（臂），其对应的横倾角为 ϕ_{max}。显而易见，最大静稳性臂 l_{max} 和其所对应的横倾角 ϕ_{max} 是衡量船舶大倾角稳性的重要指标。

5. 稳性消失角及稳距

在静稳性曲线上的 D 点，其复原力矩 $M_R=0$，与之相对应的横倾角为稳性消失角 ϕ_V。OD 之间的距离称为稳距，表示船舶在该段范围内是具有复原力矩的。稳性消失角也是表示船舶稳性好坏的标志之一。

6. 静稳性曲线下的面积

静稳性曲线下的面积等于复原力矩所做的功，即 $T=\int_0^{\phi} M_H \mathrm{d}\phi=\int_0^{\phi} M_R \mathrm{d}\phi$。静稳性曲线下的面积（图 5－19）认为是船舶倾斜后所具有的位能，显然，静稳性曲线下的面积愈大，船舶的稳性愈好。因此，静稳性曲线下的面积也是表征船舶稳性的一个重要标志。

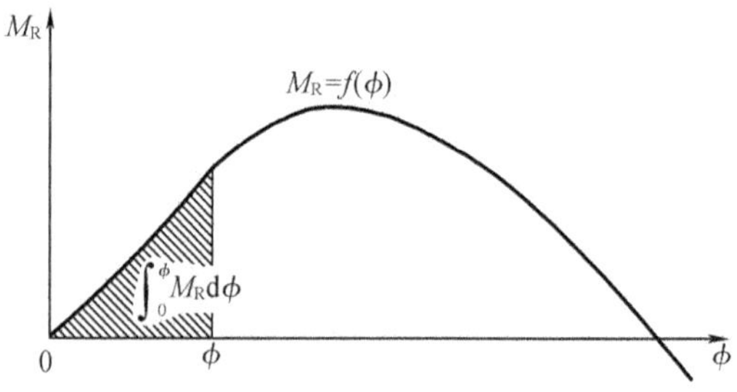

图 5－19　静稳性曲线下的面积

例 5－1　某船的静稳性力臂如表 5－1 和图 5－20 所示。

表 5－1　某船的静稳性力臂

横倾角/(°)	0	5	10	15	20	25	30	35
静稳性力臂/ m	0	0.164	0.34	0.53	0.726	0.917	1.092	1.247
横倾角/(°)	40	45	50	55	60	65	70	—
静稳性力臂/ m	1.382	1.418	1.299	1.041	0.681	0.244	−0.264	—

求：(1) 该船的稳性消失角；

(2) 该船的最大复原力臂；

(3) 稳定平衡和不稳定平衡位置；

(4) 该船的初稳性高。

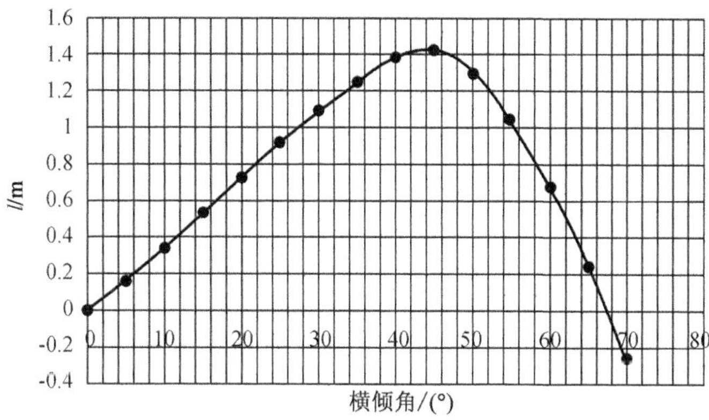

图 5 - 20　某船的静稳性曲线

解　(1)由图 5 - 20 可知,稳性消失角在 65°和 70°之间,按线性插值

$$0.224+\frac{(-0.264)-0.224}{70-65}\times(\phi_V-65)=0$$

解得 $\phi_V\approx67.3°$。

(2)查表知,45°时,该船的复原力臂达到最大值,最大复原力臂为 1.418 m。

(3)由于静稳性曲线的上升段为稳定平衡段,下降段为不稳定平衡段,故 0° ~45°段为稳定平衡段,45° ~67.3°段为不稳定平衡段。

(4)由静稳性曲线在原点处的斜率等于初稳心高可得

$$\overline{GM}=\frac{\mathrm{d}l}{\mathrm{d}\phi}=\frac{0.164}{5}\times\frac{180}{\pi}=1.88(\mathrm{m})$$

5.6　上层建筑及自由液面对静稳性曲线的影响

5.6.1　上层建筑对静稳性曲线的影响

一般情况下,稳性曲线算到上甲板就可以了。但是有些船舶,如具有符合结构强度及其水密性要求的上层建筑,还需计入上层建筑对静稳性曲线的影响,这是因为水密的上层建筑在入水后也产生相应的浮力和复原力矩。

在计算静稳性曲线时,可计入下列各部分:

(1)符合封闭上层建筑要求的干舷甲板上第一层及第二层上层建筑;

(2)符合封闭上层建筑要求的且设有通向上层甲板的补充出口的干舷甲板上的第一层及第二层甲板室;

(3)围蔽结构和关闭装置符合风雨密闭要求的货舱口;

(4)不能视为封闭的干舷甲板上第一层上层建筑或甲板室的进水井口以下部分。

考虑上层建筑后的静稳性臂的计算采用如下方法进行:如图 5 - 21 所示,当船舶横倾 ϕ 角而浮于水线 $W_\phi L_\phi$ 时,设上层建筑入水部分的横剖面积为 δA,面积形心在 g 处,对轴线 MN 的面积静矩为 $\delta m=\delta A\ \overline{op}$。沿长度方向进行积分,便可求得上层建筑入水部分的

体积 $\delta v\phi$ 及其对轴线 NN 的静矩 δM_ϕ。

$$\delta v'_\phi = \int_{-L/2}^{L/2} \delta A \mathrm{d}x \tag{5-69}$$

$$\delta M_\phi = \int_{-L/2}^{L/2} \delta m \mathrm{d}x \tag{5-70}$$

式中 L——上层建筑的长度。

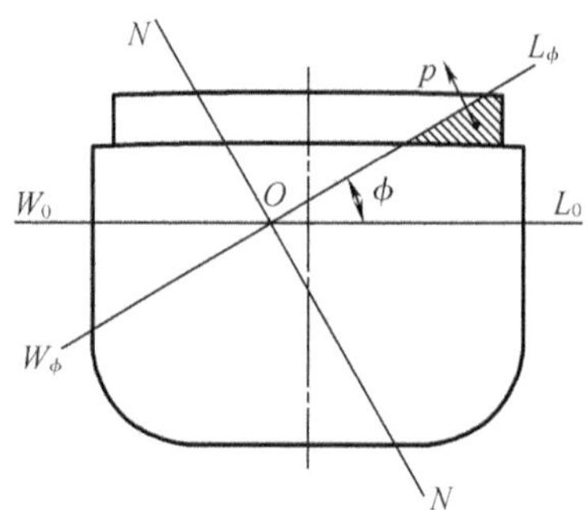

图 5-21 上层建筑对稳性的影响

故考虑上层建筑以后的总排水体积及其对 NN 的静矩为

$$\nabla_{\phi_s} = \nabla_\phi + \delta v'_\phi \tag{5-71}$$

$$M_{\phi_s} = M_\phi + \delta M_\phi \tag{5-72}$$

因此,浮力 $w\nabla_{\phi_s}$的作用线至 NN 的距离为

$$l_{\phi s} = \frac{M_{\phi_s}}{\nabla_{\phi_s}} \tag{5-73}$$

由式(5-31)可知,考虑上层建筑以后的浮力 $w\nabla_{\phi_s}$的作用线至假定重心 S 点的距离 l'_s为

$$l'_s = l_s + c\cos\phi + (d_0 - z_G)\sin\phi \tag{5-74}$$

由式(5-32)即可求得考虑上层建筑后的静稳性臂

$$l' = l'_s - (\overline{KG} - \overline{KS})\sin\phi \tag{5-75}$$

上层建筑的形状一般可进行简化处理,将上层建筑的入水剖面形状简化为三角形或四边形,如图 5-22 所示,当入水剖面形状简化为四边形时,k 为四边形的面积形心(图 5-22(a)中,o 为 ac 中点,g'和 g''分别为 bo 和 od 的中点);当入水剖面形状简化为三角形时,g 为三角形的面积形心(图 5-22(b)中,f 和 e 分别为 ac 和 bc 的中点)。

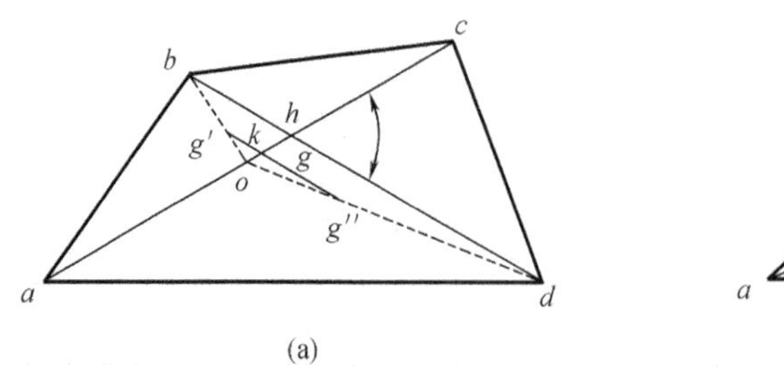

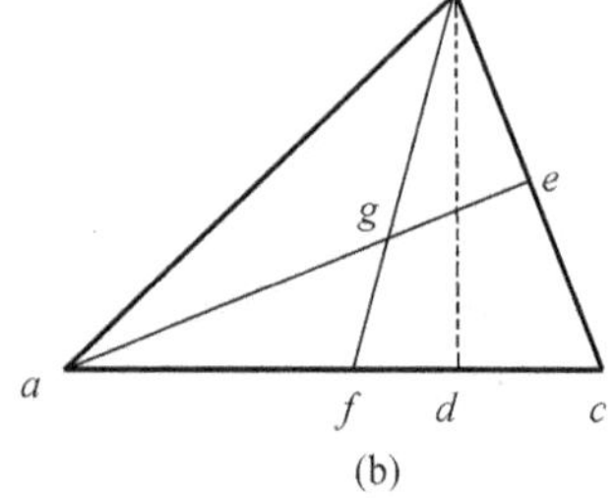

图 5-22 上层建筑入水剖面简化

(a)上层建筑剖面简化为四边形;(b)上层建筑剖面简化为三角形

5.6.2　自由液面对静稳性曲线的影响

当船内液体舱中存在自由液面时,舱内液体将随船舶的倾斜而移动,因而对于静稳性曲线有一定影响。液舱自由液面的影响使得复原力矩在各个横倾角都减小,复原力臂的减小值 δGZ 可用下式进行计算:

$$\delta GZ = \frac{\sum_{i=1}^{n} M_i}{\Delta} \tag{5-76}$$

式中　M_i——某一个液舱自由液面修正力矩,t · m;

n——全船应计及的自由液面影响的液舱数量。

在稳性计算中,应该把影响最大的情况作为进行修正的依据,由于接近空舱或接近满舱时自由液面产生的力矩较小,为此,规范规定在计算大倾角自由液面影响时,舱内液体体积一律取舱容的 50% 。

自由液面修正力矩的计算方法可用如下公式:

$$M = V \cdot b \cdot \rho \cdot k \cdot \sqrt{\delta} \tag{5-77}$$

式中　M——自由液面修正力矩,KN · m;

V——液舱总容积,m^3;

b——液舱最大宽度,m;

ρ——舱内液体的密度,t/m^3;

k——无因次系数,取法见表 5-2,中间值采用内插法确定;

δ——液舱的方形系数,$\delta = \frac{V}{blh}$,其中 h 为液舱最大深度(m),l 为液舱最大长度(m)。

表 5-2　计算自由液面修正的系数 k 值表

$$k = \frac{\sin\theta}{12}\left(1 + \frac{\tan^2\theta}{2}\right) \cdot \frac{b}{h}$$

式中,$\cot\theta \geqslant \frac{b}{h}$

$$k = \frac{\cos\theta}{8}\left(1 + \frac{\tan\theta}{\frac{b}{h}}\right) - \frac{\cos\theta}{12\left(\frac{b}{h}\right)^2}\left(1 + \frac{\cot^2\theta}{2}\right)$$

式中,$\cot\theta \geqslant \frac{b}{h}$

b/h \ θ	5°	10°	15°	20°	30°	40°	45°	50°	60°	70°	75°	80°	90°	θ / b/h
20	0.11	0.12	0.12	0.12	0.11	0.10	0.09	0.09	0.07	0.05	0.04	0.03	0.01	20
10	0.07	0.11	0.12	0.12	0.11	0.10	0.10	0.09	0.07	0.05	0.04	0.03	0.01	10
5	0.04	0.07	0.10	0.11	0.11	0.11	0.10	0.10	0.08	0.07	0.06	0.05	0.03	5

表 5-2(续)

b/h \ θ	5°	10°	15°	20°	30°	40°	45°	50°	60°	70°	75°	80°	90°	θ / b/h
3	0.02	0.04	0.07	0.09	0.11	0.11	0.11	0.10	0.09	0.08	0.07	0.06	0.04	3
2	0.01	0.03	0.04	0.06	0.09	0.11	0.11	0.11	0.10	0.09	0.09	0.08	0.06	2
1.5	0.01	0.02	0.03	0.05	0.07	0.10	0.11	0.11	0.11	0.11	0.10	0.10	0.08	1.5
1	0.01	0.01	0.02	0.03	0.05	0.07	0.09	0.10	0.12	0.13	0.13	0.13	0.13	1
0.75	0.01	0.01	0.02	0.02	0.04	0.05	0.07	0.08	0.12	0.15	0.16	0.16	0.17	0.75
0.5	0.00	0.01	0.01	0.02	0.02	0.04	0.04	0.05	0.09	0.16	0.18	0.21	0.25	0.5
0.3	0.00	0.00	0.01	0.01	0.01	0.02	0.03	0.03	0.05	0.11	0.19	0.27	0.42	0.3
0.2	0.00	0.00	0.00	0.01	0.01	0.01	0.02	0.02	0.04	0.07	0.13	0.27	0.63	0.2
0.1	0.00	0.00	0.00	0.00	0.00	0.01	0.01	0.01	0.01	0.04	0.06	0.14	1.25	0.1

我国的《船舶与海上设施法定检验规则》(非国际航行海船法定检验技术规则)还规定:对于横倾30°时自由液面修正力矩 M_{30} 满足公式 $M_{30} < 0.0981\Delta_{min}$(KN · m)的液舱($\Delta_{min}$ 为空载到港的排水量,单位为 t),可不计其自由液面对稳性曲线的影响。

为了减少自由液面的影响,船上在使用燃油和淡水时,都尽量地使存在自由液面的舱数最少,尽量避免设置长方形的液体舱。

5.7 船体几何要素对稳性的影响

船舶在倾斜以后,浮力作用线的位置完全由水线以下的船体形状所决定。因此,船的主尺度和横剖面形状对稳性都有影响,了解这些影响对指导船舶设计具有一定的意义。现对影响稳性较大的几个方面叙述如下,并简要介绍改进稳性的措施。

5.7.1 船体几何要素对稳性的影响

1. 干舷高度对稳性的影响

如图 5-23 所示,设 A、B 两种船型,除干舷高度外,其他几何要素及重心高度均相同,即 B 船的干舷较 A 船高。在倾斜水线未超过 A 船的甲板边缘时,两者的稳性相同。而当倾斜水线超过 A 船的甲板边缘后,B 船的静稳性臂较 A 船大,故 B 船静稳性曲线的最大静稳性臂、极限静倾角及稳距等都较 A 船为大。由此可见,增加干舷可有效地改善船的稳性。

2. 船宽对稳性的影响

如图 5-24 所示,设 A、B 两种船型,除船宽外,其他的几何要素及重心高度均相同,即 B 船的宽度较 A 船大。船宽大者水线面惯性矩也大,故 B 船的初稳性大于 A 船。另外,船宽大者,出、入水楔形的移动力矩也大,因而静稳性臂也大。但船宽大者甲板边缘入水角较小，因此 B 船静稳性曲线的最大静稳性臂所对应的横倾角较 A 船小。

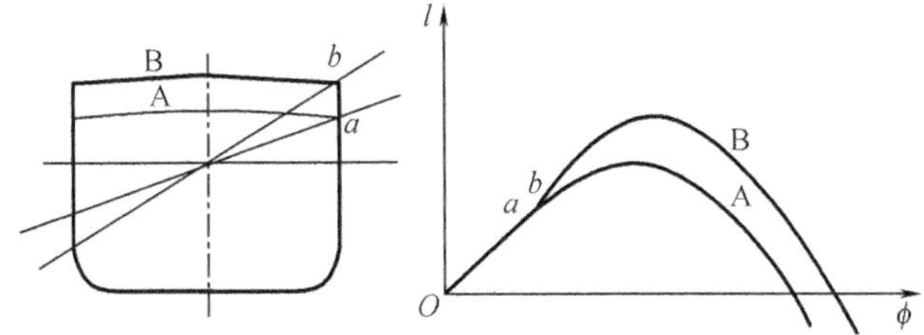

图 5－23　干舷高度对稳性的影响

3．其他船型要素对稳性的影响

（1）水线面系数对稳性的影响

A、B 两船，尺度、排水体积和重心高度均相同，但 A 船的横剖面形状是 U 型，B 船是 V 型，从而 B 船的水线面系数比 A 船大，所以 B 船初稳性高和静稳性臂均比 A 船大。如图5－25 所示。

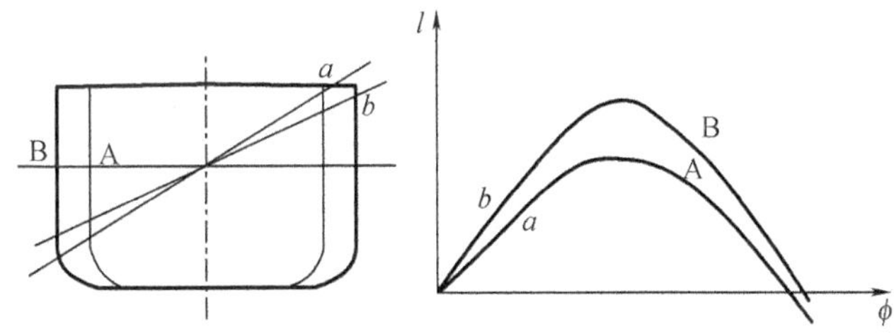

图 5－24　船宽对稳性的影响

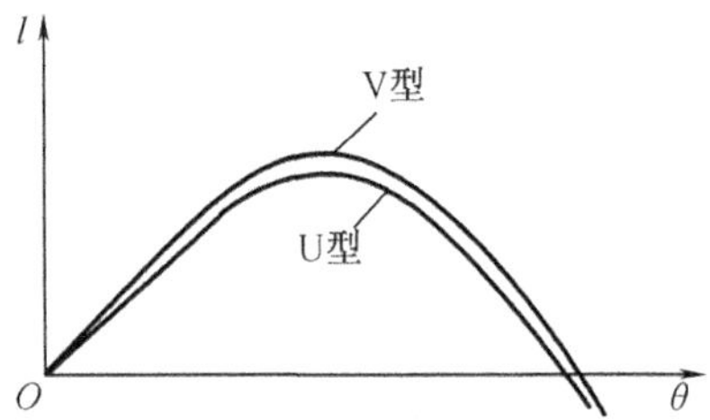

图 5－25　横剖面形状对稳性的影响

（2）吃水对稳性的影响

吃水减少，在横倾角不大时对稳性的影响很小。在大横倾角时，吃水浅的船舭部出水较早，使稳性降低，稳距亦减小。

（3）横剖面底部升高对稳性的影响

底部升高的船型，使出水楔形的体积和移动力矩减小，从而导致静稳性臂和稳距的减小。

此外，水线以上的横剖线适当“外飘”和采用较大的舷弧，都可增加倾角较大时的静稳性臂。

5.7.2 重心位置对稳性的影响

如图 5－26 所示，设船舶重心在 G 点时的静稳性臂为 l，若重心垂直向上移动了一个距离至 G_1 处，则其静稳性臂为

$$l' = l - \overline{GG_1}\sin\phi$$

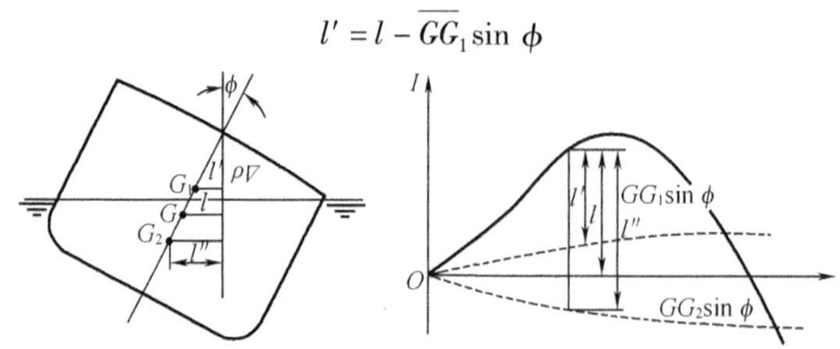

图 5－26 重心位置对船舶稳性的影响

如果重心下移至 G_2 处，则其静稳性臂为

$$l'' = l + \overline{GG_2}\sin\phi$$

从图中可以看到：提高重心将使初稳性高$\overline{GM}$、静稳性臂 l 和稳距都相应减小。降低重心，则作用相反。由此可见，重心位置对船舶稳性有重大的影响。

5.7.3 改进稳性的措施

最后，简要地讨论一下提高船舶稳性的措施问题。如果船舶稳性不够，一般可采用下列方法加以改进：

（1）降低船的重心。最常用的办法是在船的底部加压载物。有些船在设计时就考虑在底部装有一定数量的固定压载。船舶在使用过程中也常需加压载水以降低重心高度。

另一种降低船舶重心的办法是减少甲板以上的重量。有些稳性不足的旧船在改装时把一部分甲板室、桅和吊杆等拆除。

（2）增加船宽。在船的两舷水线附近加装相当厚度的护木、浮箱等，可以有效地改善稳性。有些旧军舰在改装时因增加雷达、通信设备和对空武器等，使整个船的重心有所提高。为了改善其稳性，可在舷侧加装一个凸出体，如图 5－27 至图 5－29 所示。

图 5－27 舷侧凸出体（Sponson）

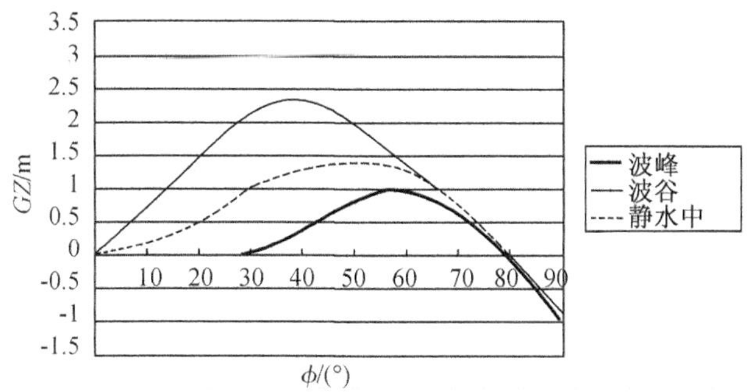

图 5-28　某船的静稳性曲线(无舷侧凸体)

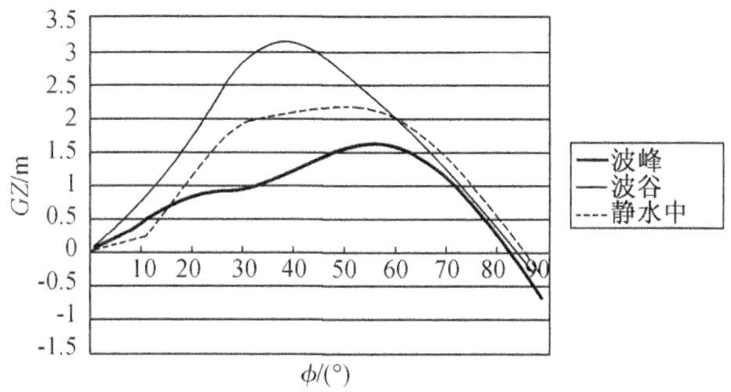

图 5-29　某船的静稳性曲线(有舷侧凸体)

(3)增加干舷。增加干舷高度也是提高船舶稳性的有效措施之一。某些稳性不足的老船可将载重线降低以增加干舷高度。

(4)减小风压倾斜力矩。这主要是减小船的受风面积,也就是减小上层建筑的长度和高度。某些小型海洋船舶及渔轮等,为了保证优良的航海性能,不得不降低船员的生活条件和工作条件,将居住舱室和驾驶室等做得矮小一些。

(5)减小自由液面和悬挂重量。

(6)注意船舶水线以上开口位置和风雨密闭性及水密性,提高船舶的进水角。

习　　题

1. 为什么初稳性公式在研究大倾角稳性时不适用?

2. 静稳性曲线与动稳性曲线的关系是什么?

3. 上层建筑和自由液面对静稳性曲线有何影响,如何进行计算?

4. 某船正浮时,浮心在龙骨之上 2.90 m,重心在浮心之上 1.60 m,当横倾 40°时,浮心的位置是 $Y_{B\phi}=1.75$ m, $Z_{B\phi}=3.20$ m,求此时的静稳性臂。

5. 某船在横倾 40°时静稳性臂达最大值,浮心的位置是 $Y_{B\phi}=1.75$ m, $Z_{B\phi}=3.20$ m。正浮时重心在龙骨之上 4.50 m,浮心在龙骨之上 2.90 m,求横倾 40°时的静稳性臂和横稳心的坐标。

6. 某船在横倾角 $\phi=30°$时的静稳性臂 $l=2.60$ m，动稳性臂 $l_d=0.73$ m。正浮时重心在龙骨之上 10.58 m，重心在浮心之上 5.99 m，求横倾时浮心在龙骨之上的距离。

7. 已知某内河船的排水量 $\Delta=573$ t；在横倾角 $\phi=30°$时的浮心坐标为 $Y_{B\phi}=0.573$ m，$Z_{B\phi}=1.68$ m；船舶正浮时的浮心坐标 $Z_{B_0}=1.56$ m，重心坐标 $Z_G=2.5$m，求船在横倾角 $\phi=30°$时的复原力矩。

8. 某船在各横倾角时的横稳心半径值如下表所示：

ϕ/(°)	0	10	20	30	40	50	60	70
$\overline{B_\phi M_\phi}$/m	1.85	1.78	1.63	1.09	0.78	0.57	0.43	0.38

若重心在浮心以上的高度为 0.95 m，试作其静稳性曲线。

第 6 章　动稳性和完整稳性衡准

本章介绍动稳性的相关概念、动稳性曲线、动横倾角的确定方法及完整稳性规范和稳性校核计算相关内容。

本章知识要点：

1. 动稳性和动横倾角的确定方法；
2. 进水角和进水角曲线；
3. 完整稳性规范和完整稳性校核。

6.1　船舶的动稳性及相关概念

6.1.1　动稳性的基本概念

船舶在受到外力矩 M_H 的突然作用后将很快产生倾斜，而且在倾斜过程中具有一定的角速度，这类稳性问题称为船舶的动稳性（dynamical stability）问题。和前面讨论的静稳性问题不同，对于静稳性问题，外力矩是逐渐作用在船体上，船在倾斜过程中，外力矩经常保持等于复原力矩，船倾斜得很慢，倾斜过程中的角速度等于零，当外力矩 M_H 不再增加时，船即平衡于某一横倾角 ϕ_1，ϕ_1 称为静横倾角。

但是，外力矩 M_H 突然施加于船体上时，船舶在倾斜过程中具有一定的角速度，这种情况与静力作用完全不同。如图 6 - 1 所示，设有一个外力矩突然作用在船上，使船以很快的速度产生倾斜。现对船在受力后的运动情况具体分析如下：

（1）在倾角 $\phi = 0$ 至 ϕ_1 之间，$M_H > M_R$ 船在外力矩作用下加速倾斜。

（2）当 $\phi = \phi_1$ 时，$M_H = M_R$ 只，外力矩已不能再使船舶继续倾斜，但由于船舶具有一定的角速度（亦即具有一定的动能），在惯性的作用下船将继续倾斜。

（3）在倾角 $\phi = \phi_1$ 至 ϕ_d 之间，$M_R > M_H$，船舶减速倾斜。

（4）当 $\phi = \phi_d$ 时，角速度等于零，船即停止倾斜，但这时 $M_R > M_H$，故船舶开始复原。

在复原过程中，船舶的运动情况是：

（1）在倾角 $\phi = \phi_d$ 至 ϕ_1 之间，$M_R > M_H$，船舶加速复原。

（2）当 $\phi = \phi_1$ 时，$M_R = M_H$，复原力矩已不能再使船舶复原，但由于船舶具有角加速度，故将继续复原。

（3）在倾角 $\phi = \phi_1$ 至 0 之间，$M_H > M_R$ 船的复原速度减小。

（4）在倾角 $\phi = 0$ 时，船的复原速度等于零而停止复原。但这时 $M_R = 0$，外力矩 M_H

又使船产生倾斜。

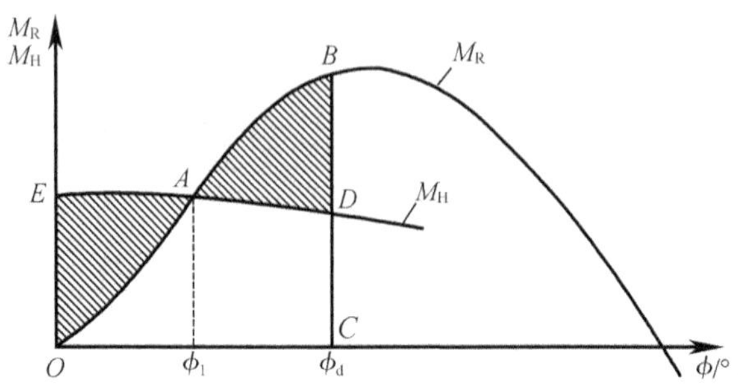

图 6-1 动稳性曲线示意图

这样,船舶将在倾角 0°与 ϕ_d 之间往复摆动,但由于水及空气阻力的作用,船的摆动角速度逐渐减小,最后将平衡于 ϕ_1 处,如图 6-2 所示。船在动力作用下的最大横倾角 ϕ_d 称为动横倾角(dynamical stability hell angle)。

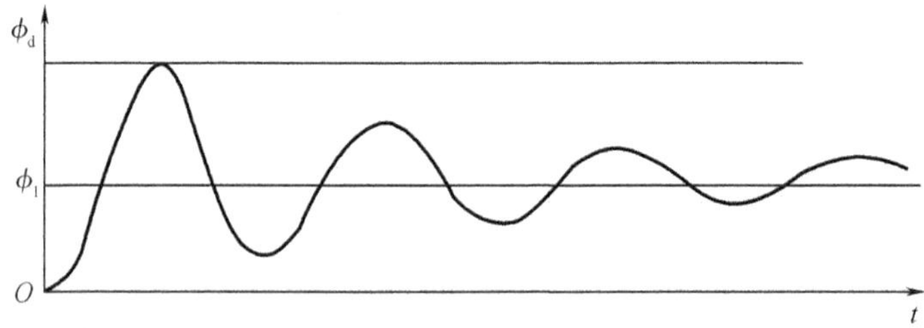

图 6-2 倾斜过程中船舶的往复摆动

阵风的突然吹袭、海浪的猛烈冲击等这类常见的外力作用形式,都会使船舶产生动稳性问题,从上述分析可知,船舶在外力矩 M_H 的动力作用下,即使已经达到了 $M_R=M_H$,船舶仍将继续倾斜,直至横倾角为 ϕ_d 时才开始复原运动。而动横倾角 ϕ_d 较静横倾角 ϕ_1 大很多,这当然是比较危险的情况,故在讨论船舶的大倾角稳性时,必须研究动稳性(dynamical stability)问题。

在外力矩的静力作用下,通过静力平衡,即 $M_R=M_H$ 可确定出静横倾角 ϕ_1,在外力矩的动力作用下,船舶倾斜时具有一定的角速度,只有当外力矩 M_H 所做的功完全由复原力矩所做的功抵消时,船的角速度才变为零而停止倾斜。根据这个原理,我们可以决定动力作用下的动横倾角 ϕ_d。

5.5 节已经讨论过,静稳性曲线下的面积等于复原力矩所做的功,因此,如图 6-1 所示,M_R 曲线所围的面积 $OABC$ 表示复原力矩所做的功 T_R,曲线 M_H 所围面积 $OEDC$ 表示外力矩所做的功 T_H,面积 $OEDC$ = 面积 $OABC$ 表示外力矩所作的功等于复原力矩所做的功,由于面积 $OADC$ 为两者所共有,故面积 OEA = 面积 ABD(图中阴影线部分),D 点所对应的倾斜角即为动横倾角 ϕ_d。

6.1.2　动稳性曲线

如图 6 - 3 所示为静稳性曲线，复原力矩所做的功可写成

$$T_R = \int_0^{\phi} M_R \mathrm{d}\phi \tag{6-1}$$

由于 $M_R = \Delta \cdot l$，故式(6 - 1)也可以写为

$$T_R = \int_0^{\phi} M_R \mathrm{d}\phi = \Delta \int_0^{\phi} l \mathrm{d}\phi = \Delta \times l_d \tag{6-2}$$

式中，$l_d = \int_0^{\phi} l \mathrm{d}\phi$ 称为动稳性臂，T_R 或 l_d 随 ϕ 而变化的曲线称为动稳性曲线，如图 6 - 3(b)所示。

因此，动稳性曲线是静稳性曲线的积分曲线。有了静稳性曲线 M_R 或 l，就可以用近似计算方法求出动稳性曲线(T_R 或 l_d)，静稳性曲线和动稳性曲线之间有下列关系：

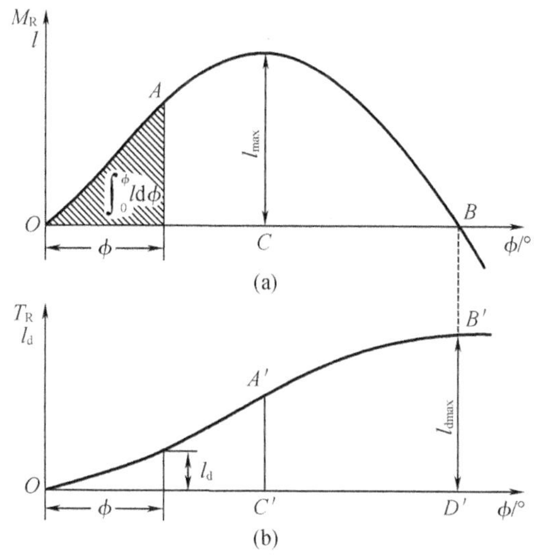

图 6 - 3　静稳性曲线

(1)在 $\phi = 0$ 处，静稳性臂 $l = 0$，动稳性臂 l_d 也等于零，这是 l_d 的最小值。

(2)当 ϕ 等于极限静倾角 ϕ_{max} 时，静稳性臂达最大值 l_{max}，在动稳性臂 l_d 曲线上表现为反曲点 A'。

(3)当 ϕ 等于稳性消失角时，$l = 0$，动稳性臂 l_d 达最大值 A'。

(4)动稳性曲线在某一倾角处的纵坐标代表静稳性曲线至该处所围的面积。

表 6 - 1 是根据静稳性曲线 $l = f(\phi)$ 用梯形法计算动稳性曲线的一个实际例子。

表 6-1 $\delta\phi=10°=0.1746$ 弧度，$\frac{1}{2}\delta\phi=0.0873$ 弧度

横倾角/(°)	静稳性臂 l/m	成对和	自上而下和 $\sum i$	动稳性臂
0	0	0	0	0.000
10	0.133	0.133	0.133	0.012
20	0.354	0.487	0.62	0.054
30	0.609	0.963	1.583	0.138
40	0.746	1.355	2.938	0.256
50	0.691	1.437	3.655	0.319
60	0.516	1.207	5.582	0.487
70	0.262	0.778	6.36	0.555
80	-0.029	0.233	6.593	0.575

动稳性臂 l_d 的物理意义是：船舶倾斜后的重心与浮心位置在垂向变化的增量。证明如下：

如图 6-4 所示，船的重心在 G，正浮时浮心在 B_0，等体积横倾 ϕ 角后浮心在 $B_\phi(y_{B\phi}, z_{B\phi})$。

设

$$L_d=\overline{ZB_\phi}-\overline{B_0G}$$

而

$$\overline{ZB_\phi}=\overline{ZR}+\overline{RB_\phi}=\overline{ZR}+\overline{QP}-\overline{FP}=\overline{B_0G}\cos\phi+y_{B\phi}\sin\phi-(z_{B\phi}-\overline{KB_0})\cos\phi$$

于是

$$L_d=\overline{B_0G}\cos\phi+y_{B\phi}\sin\phi-(z_{B\phi}-\overline{KB_0})\cos\phi-\overline{B_0G}$$

将 L_d 对 ϕ 求导

$$\frac{dL_d}{d\phi}=-\overline{B_0G}\sin\phi+\frac{dy_{B\phi}}{d\phi}\sin\phi+y_{B\phi}\cos\phi-\frac{dz_{B\phi}}{d\phi}\cos\phi+(z_{B\phi}-KB_0)\sin\phi$$

因为

$$\frac{dy_{d\phi}}{d\phi}=\overline{B_\phi M_\phi}\cos\phi$$

$$\frac{dz_{d\phi}}{d\phi}=\overline{B_\phi M_\phi}\sin\phi$$

所以

$$\frac{dL_d}{d\phi}=y_{B\phi}\cos\phi+(z_{B\phi}-\overline{KB_0})\sin\phi-\overline{B_0G}\sin\phi$$

此式就是第 5 章推导出的 l。

根据动稳性臂的定义：$l_{\mathrm{d}}=\int_0^{\phi} l\mathrm{d}\phi$，则$\frac{\mathrm{d}L_{\mathrm{d}}}{\mathrm{d}\phi}=l$。所以 $L_{\mathrm{d}}=l_{\mathrm{d}}$。

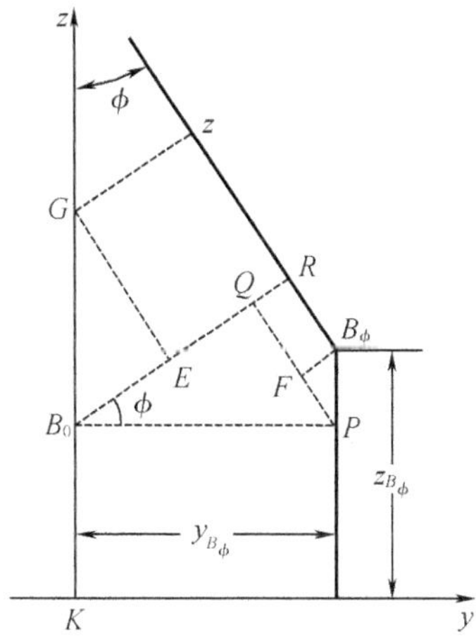

图 6-4　船舶倾斜后的重心与浮心位置变化

例 6-1　某船在横倾角 $\phi=45°$时，动稳性臂 $l_{\mathrm{d}}=0.7$ m，这时浮心横向坐标 $y_{B_\phi}=2.55$ m，求船在该横倾角时的复原力臂，假设船正浮时重心在浮心之上的距离 $a=2.1$ m。

解　由动稳性臂的几何意义为

$$l_{\mathrm{d}}=\overline{zB_\phi}-\overline{B_0G}=\overline{B_0G}\cos\phi+y_{B_\phi}\sin\phi-(z_{B_\phi}-\overline{KB_0})\cos\phi-\overline{B_0G}$$

即

$$0.7=2.1\times\frac{\sqrt{2}}{2}+2.55\times\frac{\sqrt{2}}{2}-(z_{B_\phi}-\overline{KB_0})\times\frac{\sqrt{2}}{2}-2.1$$

由此可得

$$z_{B_\phi}-\overline{KB_0}=0.69 \text{ m}$$

由式(5-27)

$$\begin{aligned}l&=y_{B_\phi}\cos\phi+(z_{B_\phi}-\overline{KB_0})\sin\phi-\overline{B_0G}\sin\phi\\&=2.55\times\frac{\sqrt{2}}{2}+0.69\times\frac{\sqrt{2}}{2}-2.1\times\frac{\sqrt{2}}{2}\\&=0.806(\mathrm{m})\end{aligned}$$

即该船此状态的复原力臂 $l=0.806$ m。

6.2　船舶在风浪中的动稳性

在外力(矩)的动力作用下，根据静稳性曲线或动稳性曲线，我们可以求得船在外力作用下的动横倾角或者船所能承受的最大外力矩。

6.2.1 动横倾角的确定

船受一定值阵风风力 F(即假定 F 不随 ϕ 变化)作用产生横倾,于是,水下部分则受到一个水阻力 R 作用。在稳定状态下,两个力大小相等,方向相反。由于 F 和 R 不在同一水平线上,相距 z_f,因而形成了一个使船横倾的力矩 M_f,见图 6-5。

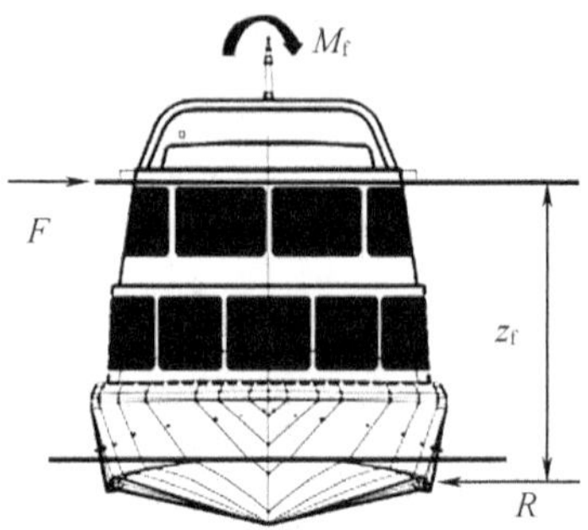

图 6-5 受风力 F 作用下的船舶

$$M_f = Fz_f \tag{6-3}$$

则横倾力臂为

$$l_f = \frac{M_f}{\Delta} \tag{6-4}$$

在此动倾外力矩 M_f 的作用下,可利用静稳性曲线和动稳性曲线求解出船舶在动力横倾力矩作用下的动横倾角 ϕ_d。

1. 静稳性曲线法

由于静稳性曲线下的面积等于倾斜力矩所做的功,故在图 6-6(a)上,作水平线 AD,令 $\overline{OA} = M_f$,并使面积 OAB = 面积 BCD,此时外力矩所做的功等于复原力矩所做的功,由此可求得动横倾角 ϕ_d。

静稳性曲线法原理简单明确,但在作图过程中需要凑面积,存在一定的误差。

2. 动稳性曲线法

横倾力矩 M_f 所做的功为

$$T_f = \int_0^{\phi} M_f \mathrm{d}\phi = M_f\phi \tag{6-5}$$

或横倾力臂

$$l_{df} = \int_0^{\phi} l_f d\phi = l_f\phi \tag{6-6}$$

T_f 或 l_{df} 曲线是一根直线,其斜率为 M_f(或 l_f)。当 $\phi = 1$ 弧度(57.3°)时,在数值上 $T_f = M_f$ 或 $l_{df} = l_f$。这样,我们可在图 6-6(b)的横坐标上 $\phi = 57.3°$处垂直量取 M_f(或 l_f)得 N 点,连接 ON,则直线 ON 即为 T_f(或 l_{df})随 ϕ 而变化的曲线。

T_f(或 l_{df})与 T_R(或 l_d)两曲线的交点 c'表示横倾力矩 M_f 所做的功与复原力矩 M_B 所作的功相等。因此,与 c'点相对应的倾角即为 ϕ_d。

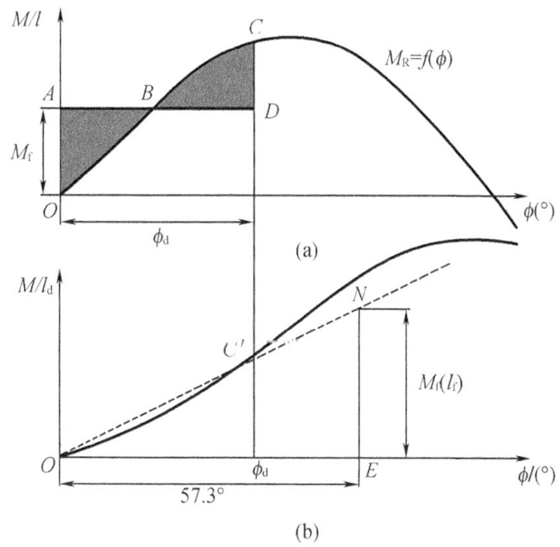

图 6－6　用静稳性曲线或动稳性曲线确定动横倾角

6.2.2　阵风作用下船舶所能承受的最大风倾力矩 M_{fmax}（或力臂 l_{fmax}）

1. 静稳性曲线法

在静稳性曲线图上（图 6－7（a））作一水平线并使面积 OFG = 面积 GHK，K 点落在静稳性曲线的下降段上，表示复原力矩所做的功恰好等于外力矩所做的功，则 $\overline{OF}$ 即为所求的最大风倾力矩 M_{fmax}（或力臂 l_{fmax}），K 点相对应的倾角称为极限动横倾角 ϕ_{dmax}。

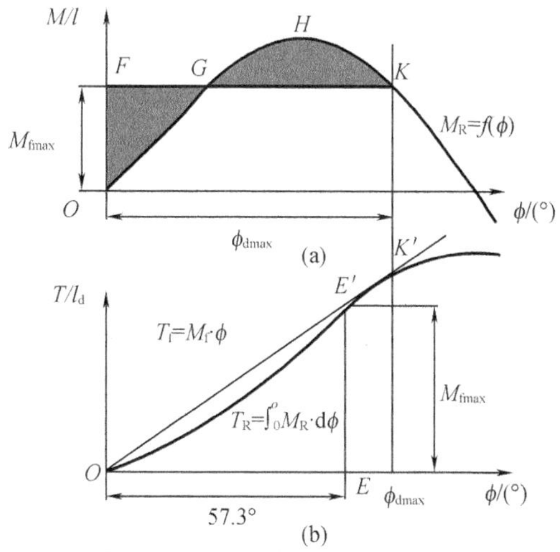

图 6－7　限动横倾角

2. 动稳性曲线法

在动稳性曲线图上（图 6－7（b）），过 O 点作与动稳性曲线相切的切线 OK'，此直线表示最大风倾力矩 M_{fmax}所做的功，OK'直线在 ϕ = 57.3°处的纵坐标便是所求的最大风倾

力矩 M_{fmax}（或力臂 l_{fmax}），切点 K'相对应的倾角便是极限动横倾角 ϕ_{dmax}。

假使作用在船上的动风倾力矩（或力臂）大于 M_{fmax}（或力臂 l_{fmax}），则表示该力矩所作的功的直线不再与动稳性曲线相交或相切，这就意味着在动力作用的情况下，船舶已经不能抵抗这样大的横倾力矩，船将倾覆。

6.2.3　在风浪联合作用下，船舶所能承受的最大倾斜力矩 M_{fmax}（或力臂 l_{fmax}）

船舶受到波浪作用产生摇摆，当船向迎风一舷横摇至最大摆幅 ϕ_0 并刚往回横摇时，突然受到一阵风的吹袭（图 6－8），此时船最危险。这是因为这时复原力矩的方向与风倾力矩的方向一致，两个力矩加在一起促使船舶倾斜加剧。由于船舶是左右对称的，故其静、动稳性曲线必对称于 O 点。

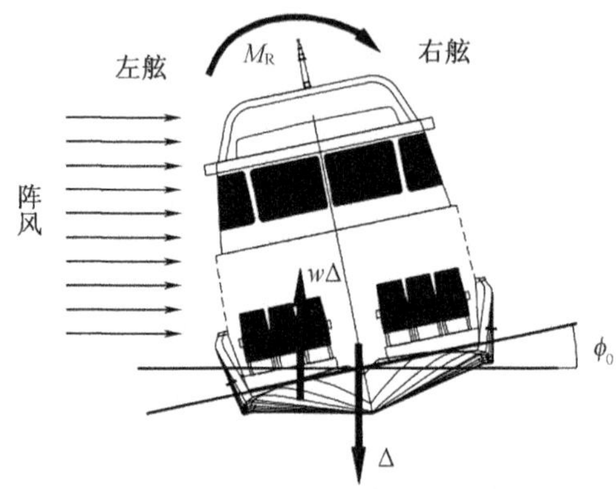

图 6－8　风浪联合作用下的船舶

1. 静稳性曲线法

如图 6－9 所示，在图 6－9（a）上截取$\overline{OG}=\phi_0$，作水平线 BE，令$\overline{GB}=M_f$，并使面积 ABC = 面积 CDE，与 D 点对应的即为动横倾角 ϕ_d。从图中可以看出，若不考虑横摇角 ϕ_0，在同样的 M_f 作用下，动横倾角 ϕ_d'要比 ϕ_d 小得多。

2. 动稳性曲线法

同样在图 6－9（b）上，向左量 ϕ_0，在动稳性曲线上得 A'点，由 A'沿横轴取 57.3°，作垂线，截取$\overline{B'N'}=M_f$，连 $A'N'$与动稳性曲线交于 D'点，D'相对应的横倾角即为 ϕ_d。由图 6－9（a）和图 6－9（b）所得的 ϕ_d 是完全一致的。

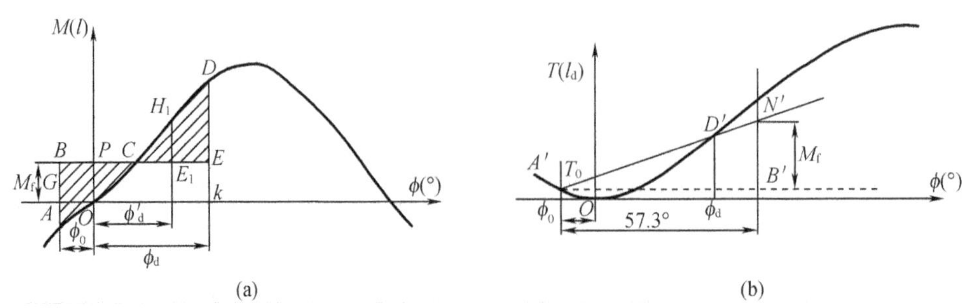

图 6－9　在风浪联合作用下动横倾角

6.2.4　在风浪联合作用下，船舶所能承受的最大倾斜力矩 M_{fmax}（或力臂 l_{fmax}）

1. 静稳性曲线法

如图6－10所示，在静稳性曲线图（a）上，作水平线 FL 使面积 AFH = 面积 HKL，L 恰在静稳性曲线下降段上，则 $\overline{GF}$ 即为要求的船舶在风浪联合作用下所能承受的最大倾斜力矩 M_{fmax}（或力臂 l_{fmax}），也就是说，这是使船倾覆的最小力矩（或力臂），故又可称作最小倾覆力矩（或力臂），常记作 M_q（l_q）。L 相对应的横倾角 ϕ_{dmax} 叫极限动倾角，它表示船舶所允许横倾的最大角度，达到或超过此角度，船就倾覆。从图上可以看到，若不考虑横摇角 ϕ_0，则船舶的最小倾覆力矩 M_q'（或力臂）将比 M_q 大得多。

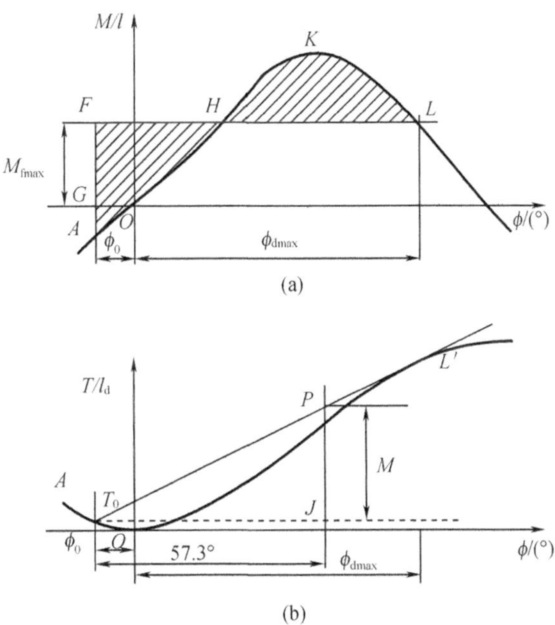

图6－10　在风浪联合作用下的稳性曲线

2. 动稳性曲线法

在动稳性曲线上，过 A' 点作动稳性曲线的切线 $A'L'$，再从 A' 沿水平方向取57.3°，作垂线与 $A'L'$ 交于一点，则该点在过 A' 点的水平线以上的纵坐标即为 M_q（或 l_q），切点 L' 相对应的角度为 ϕ_{dmax}。

可见，考虑横摇角的情况，对船舶来说最危险，因此，我们总是依据风浪联合作用的情况来进行大倾角稳性的核算。

例6－2　某船排水量 Δ = 4 430 t，平均吃水 d = 5.3 m，其静稳性曲线如图6－11所示。

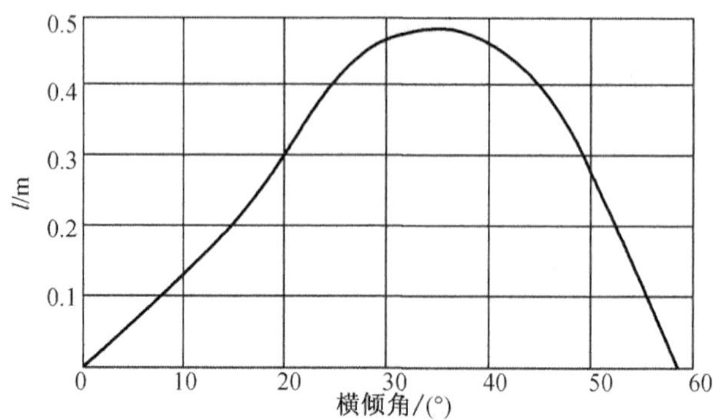

图 6-11 某船的静稳性曲线

求:(1)该船的极限静横倾角;

(2)在静力作用下的极限倾覆力矩;

(3)应用梯形法进行动稳性曲线的计算,并以适当比例绘制动稳性曲线;

(4)该船在正浮时的极限动倾角及极限倾覆力矩;

(5)该船在最大摆幅 $\phi_0=15°$时的极限动倾角及极限倾覆力矩。

解 (1)由曲线图可量得极限静横倾角 $\phi_{max}\approx 33.0°$。

(2)由曲线图可量得最大静稳性臂 $l_{max}\approx 0.48$ m,则静力作用下的极限倾覆力矩为

$$M_{Q\max}=\Delta\cdot l_{\max}=4\ 430.0\times 0.48=2\ 126.40(\mathrm{t\cdot m})$$

(3)按梯形法计算动稳性臂(表 6-2),其中 $\delta\phi=10°=0.174\ 6$ rad

表 6-2 梯形法计算动稳性臂

横倾角	静稳性臂	成对和	自上而下和	动稳性臂/m
ϕ/(°)	l/m		$\sum i$	$l_d=\frac{1}{2}\times\Delta\phi\times\sum i$
0	0	0	0	0
10	0.13	0.13	0.13	0.011
20	0.30	0.43	0.56	0.049
30	0.47	0.77	1.33	0.116
40	0.46	0.93	2.26	0.197
50	0.28	0.74	3.00	0.262
60	-0.05	0.23	3.23	0.282

某船的静、动稳性曲线如图 6-12 所示。

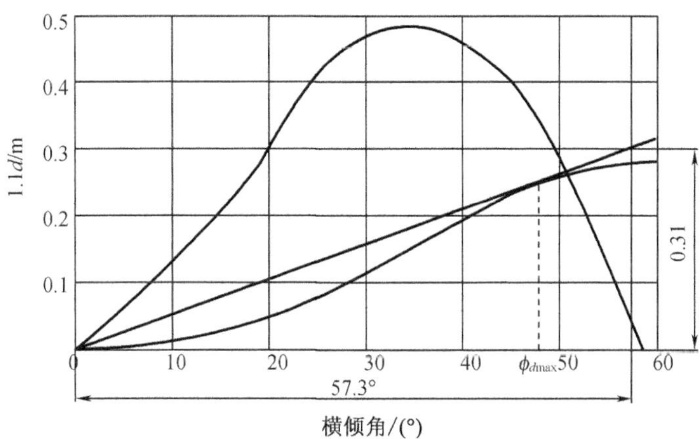

图6-12 某船的静、动稳性曲线

(4)由动稳性曲线作图可量得正浮时极限动倾角 $\phi_{dmax}\approx47.0°$;

作图得正浮时极限倾覆力臂 $l_{Qmax}\approx0.31$ m;

则正浮时极限倾覆力矩 $M_{Qmax}=\Delta\cdot l_{Qmax}=4\ 430.0\times0.31=1\ 373.30(t\cdot m)$。

(5)$\phi_0=15°$时的动稳性曲线如图6-13所示:

作图量得该状态下极限动倾角:$\phi'_{dmax}\approx51.0°$;

极限倾覆力臂:$l_{Qmax}=l_q\approx0.21$ m

则 $\phi_0=15°$时船的极限倾覆力矩:

$$M'_{Qmax}=M_q=\Delta\cdot l_q\approx4\ 430.0\times0.21=930.30(t\cdot m)$$

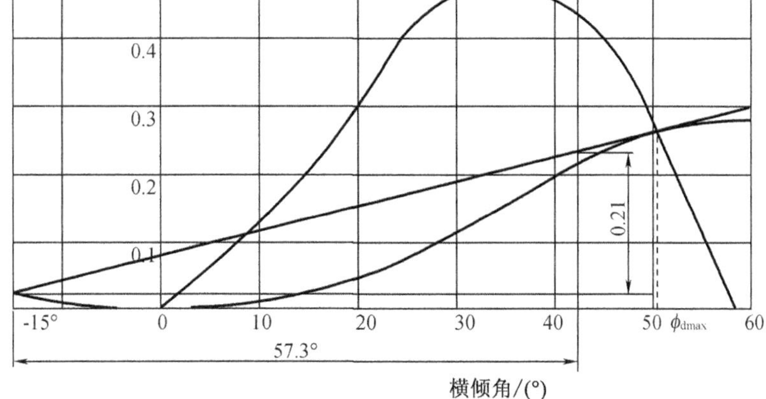

图6-13 动稳性曲线(风浪中)

6.3 进水角和进水角曲线

船舶的甲板及上层建筑的侧壁上有许多开口，如果这些开口不是水密的，则当船舶倾斜时，水面达到某一开口，海水将灌入船身主体内部，使船舶处于危险状态。因此，当倾斜水线到达该开口处即认为船舶丧失稳性。故在稳性校核时，还要计算水线到达最先进水的那个非水密处的倾斜角度 ϕ_E，ϕ_E 即称为进水角。进水角以后的静稳性曲线不再计及，使稳性的有效范围缩小，从而降低了船舶的抗风浪能力。

现行稳性规范要求计入船侧、甲板或上层建筑中非水密开口的进水影响，需绘制进水角曲线，进水角的大小与船舶的排水量相关，因此，进水角曲线需绘制进水角和排水体积（或排水量）的关系曲线，进水角计算至非水密开口的门（窗）槛或围板上缘，对于某些船型（如客船）还要绘制舭部出水角曲线、甲板进水角曲线，如图 6－14 所示。

在进行计算时须注意，如果水能通过船侧、上层连续甲板、上层建筑或甲板室的非风雨密关闭的开口及非风雨密的货舱口、通风筒等进入船体内，则这些开口应视为进水开口。小开口，诸如通过钢缆、锚链、索具的开口和锚孔、泄水孔、排水管和卫生管等管口，一般可不作为进水开口。

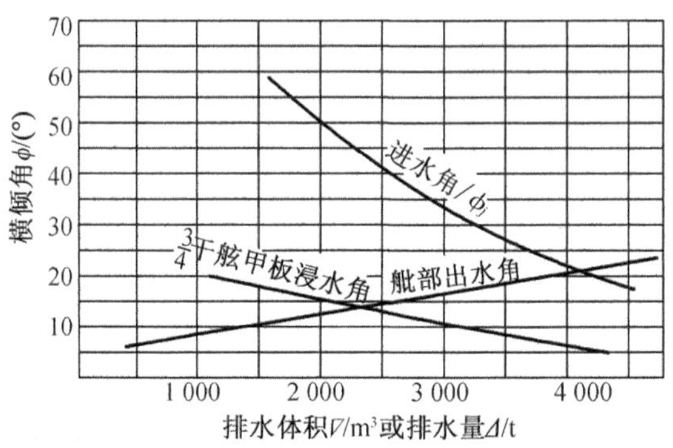

图 6－14 进水角曲线

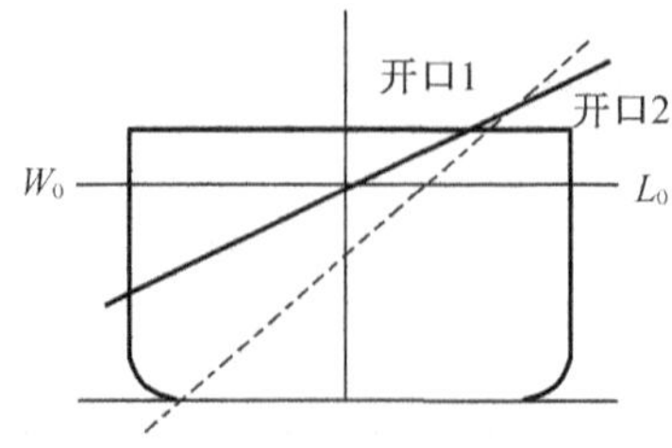

图 6－15 进水开口的位置与进水先后次序

另外还须注意，在不同的排水量时，最先进水的开口可能不是同一个，如图 6－15 所示，当吃水超过 W_0L_0 时，开口 1 先进水，反之则开口 2 先进水。此时应计算两个开口的进水角曲线，而最终的进水角曲线由两段角度值较小的曲线组成。

设船舶在某一排水量时的稳性曲线如图 6－16 所示，根据排水体积查得进水角 ϕ_E，并把它画在图 6－16 上。显然，这时船舶的稳性曲线的有效部分至进水角 ϕ_E 处为止，然后，根据有效部分来决定最小倾覆力矩 M_q（或力臂 l_q）。

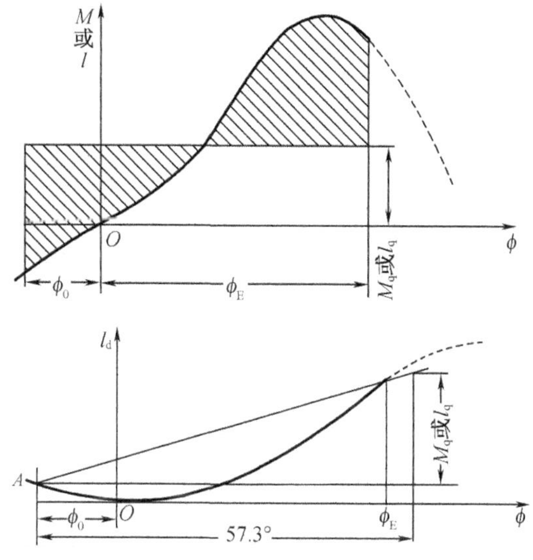

图 6－16　进水角下的最小倾覆力矩

例 6－3　某船排水量为 5 000 t，参考重心 $z_S = 0$ m 时的静稳性曲线为：$l_S = 4 \times \dfrac{\phi(150° - \phi)}{(75°)^2}$（m），式中，横倾角的单位为（°），在某装载状态下，该船的实际重心高度为 4 m。求

（1）该船的静稳性曲线函数表达式；

（2）该船的初稳性高；

（3）该船的动稳性曲线的函数表达式；

（4）若船舶的进水角为 50°，风浪条件下的初始横倾角为 10°，计算该船在风浪条件下的极限倾覆力矩。

解　（1）$l = l_S - (Z_G - Z_S)\sin\phi = 4 \times \dfrac{\phi(150° - \phi)}{(75°)^2} - 4\sin\phi$

（2）$\overline{GM} = \dfrac{dl}{d\phi} = \dfrac{180}{75\pi} \times 2 \times 4 - 4 \approx 2.11$（m）

（3）$l_d = \int_0^{\phi} l d\phi = 4 \times \left(\dfrac{\phi}{75°}\right)^2 \times \left(1 - \dfrac{1}{3} \times \dfrac{\phi}{75°}\right) \times \dfrac{75°\pi}{180°} - 4(1 - \cos\phi)$

（4）由于有进水角的存在，极限动倾角取为 50°，

10°时的动稳性臂 $l_{d_{10}} = 0.028\ 1$ m；

50°时的动稳性臂 $l_{d_{50}} = 0.381$ m；

$$l_d = \frac{l_{d_{50}} - l_{d_{10}}}{50 - (-10)} \times \frac{180}{\pi} = \frac{0.381 - 0.028\ 1}{60} \times \frac{180}{\pi} \approx 0.337\text{(m)}$$

故极限倾覆力矩 $M_q = \Delta \cdot l_d = 1\ 348(t \cdot m)$

6.4 船舶完整稳性规范和完整稳性校核

6.4.1 船级社、船舶公约与规范

海上航行具有一定的危险性,一旦出现事故会造成严重的生命和财产损失,随着人们航海经验的积累、造船技术的发展及海洋水文和气息知识的丰富,出于航海安全的目的,人类对船舶稳性、结构不断进行研究和探索,逐渐归纳、形成了各种船舶设计、建造等方面的约定和规则。

船舶的设计和建造必须接受船籍国政府的法定检验。法定检验是指:为保障船舶和海上人命、财产的安全,防止水域环境污染及保障起重设备安全作业等,按照《船舶与海上设施法定检验规则》(以下简称"法规")和政府的法令、条例,对船舶进行所规定的各项检查和检验,以及在检查和检验满意后签发或签署相应的法定证书。法定检验是强制执行的,由政府的主管机关执行,也可以由主管机关认可的船级社或其他组织执行。我国政府的主管机关是中华人民共和国海事局(由原中华人民共和国船舶检验局和港务监督局合并组成)。中国船级社承担船舶及海上设施的具体检验业务。

船舶除了接受法定检验以外,对入级船舶,还需接受所入船级社的入级检验。船舶入级检验是指按照船级社制订的《船舶入级与建造规范》(简称"规范")来检验船舶是否符合其规定,如符合就授予相应的入级标志,并载入该船级社的船舶录。入级检验由船级社执行。我国的船级社是中国船级社,简称"CCS"。船舶入级和入哪个船级社由船东决定。表 6-3 给出了世界主要船级社。

表 6-3 世界主要船级社

序号	各国船级社名称	英文全称	缩写
1	美国船级社	American Bureau of Shipping	ABS
2	法国船级社	Bureau Veritas	BV
3	挪威船级社	DET NORSKE VERITAS	DNV
4	德国劳氏船级社	Germanischer Lloyd	GL
5	韩国船级社	Korean Register of Shipping	KR
6	中国船级社	China Classification Society	CCS
7	英国劳氏船级社	Lloyds Register of Shipping	LR
8	日本船级社	NIPPON KAIJI KYOKAI	NK
9	俄罗斯船级社	Russian Maritime Register of Shipping	RS

表 6-3(续)

序号	各国船级社名称	英文全称	缩写
10	意大利船级社	Registo Italiano Navade	RINA
11	印度船级社	Indian Register of Shipping	IRS
12	波兰船舶登记局	Polish Register of Shipping	PRS

注:2013 年 9 月,挪威船级社和德国劳氏船级社合并,新公司名称为 DNV GL 集团

船舶运输具有国际性,各国需要协调船舶技术标准与海运管理的相关规定,在国际上,做到这一点的方式就是形成各种国际公约,通过执行国际公约来逐步缩小各国之间的差异,统一标准。1948 年,在日内瓦国际会议通过了成立政府间海事协商组织(IMCO)的公约,1982 年 5 月,政府间海事协商组织(IMCO)更名为国际海事组织(International Maritime Organization,IMO),截至 2012 年 9 月,已有 171 个正式成员,中国于 1973 年恢复在国际海事组织中的成员国地位,从 1989 年起连续担任该组织的 A 类理事国。该组织的主要活动是制定和修改有关海上安全、防止海洋受船舶污染、便利海上运输、提高航行效率及与之有关的海事责任方面的公约;交流上述有关方面的实际经验和海事报告;为发展中国家提供一定的技术援助。

IMO 通过制定公约、规则、议定书等来约束各成员国,与海上安全相关的公约主要有:国际海上人命安全公约(International Convention for the Safety of Life at Sea, SOLAS)、国际载重线公约(International Convention on Load Lines, LL)等,与防止海洋污染相关的公约主要有:国际防止船舶造成污染公约(International Convention for the Prevention of Pollution from Ships, MARPOL)、国际干预公海油污事件公约(International Convention Relation to Intervention on High Seas in Cases of Oil Pollution Casualties, INTERVENTION)等。公约缘于各国、各船级社统一海运标准的要求,反过来又指导、规范标准的制定,这些公约的制定,在保护生命、财产安全,保护海洋环境等方面起到了积极的作用。

6.4.2　国内航行船舶完整稳性要求

为便于驾驶人员掌握船舶的稳性情况,船上应备有“船舶稳性报告书”或“船舶装载手册”,报告书或手册至少应包括下列内容:

(1)船舶主要参数;

(2)基本装载情况稳性总结表;

(3)主要使用说明;

(4)各种基本装载情况稳性计算;

(5)液体舱自由液面惯性矩表及初稳性高度修正的说明;

(6)进水点位置及其进水角曲线;

(7)许用重心高度曲线图或最小许用初稳性高度曲线图;

(8)油船装卸操作手册。

报告书或手册应根据倾斜试验报告,由设计部门或船厂负责计算编制。

6.4.2.1 国内航行船舶稳性基本要求

1. 稳性衡准

船舶均应符合规范对稳性衡准数的要求,所核算的各种装载状态下的稳性应符合下式的要求:

$$K=\frac{M_q}{M_f}\geqslant 1 \tag{6-7}$$

或

$$K=\frac{l_q}{l_f}\geqslant 1 \tag{6-8}$$

式中 K——稳性衡准数;

M_q——最小倾覆力矩(l_q 为最小倾覆力臂),它表示了船舶在最危险情况下能抵抗外力矩的极限能力;

M_f——风压倾斜力矩(l_f 为风压倾斜力臂),它表示了在恶劣海况下风对船舶作用的动倾力矩(力臂)。

$k\geqslant 1$ 表示了风压倾斜力矩小于使船舶倾覆所必需的最小倾覆力矩(至多是相等),所以船舶不致倾覆,因而认为具有足够的稳性。

M_q(或 l_q)是根据静稳性曲线或动稳性曲线及横摇角 ϕ_0 来确定的。基本计算方法已在前面静稳性和动稳性曲线的应用中进行过讨论。计算时使用的稳性曲线必须是经过自由液面修正和考虑了进水角影响后的曲线,若有上层建筑也应考虑在内。

对于风压倾斜力臂的计算,中国船舶检验局(现为中国海事局)2011 年《船舶与海上设施法定检验规则》对非国际航行船舶规定采用下列计算方法。

(1)风压倾斜力臂计算公式

$$l_f=\frac{PA_fZ}{9\ 810\Delta} \tag{6-9}$$

式中 P——单位计算风压,Pa;

A_f——船舶受风面积,m^2;

Z——计算风力作用力臂,m;

Δ——所核算装载情况下的船舶排水量,t。

计算风力作用力臂 Z 为在所核算装载情况下船舶正浮时受风面积中心至水线的垂向距离。受风面积中心通常应用确定图形重心的方法求得。

单位计算风压 P 应按计算风力作用力臂 Z 及航区由表 6-4 查得。

表 6-4　单位计算风压 P/Pa

航区	计算风力作用力臂 Z/m						
	1.0	1.5	2.0	2.5	3.0	3.5	4.0
远海航区	829	905	976	1 040	1 099	1 145	1 185
近海航区	448	493	536	574	603	628	647
沿海、遮蔽航区	228	248	268	284	301	314	326

航区	计算风力作用力臂 Z/m					
	4.5	5.0	5.5	6.0	6.5	≥7.0
远海航区	1 219	1 249	1 276	1 302	1 324	1 347
近海航区	667	683	698	711	724	736
沿海、遮蔽航区	336	343	350	357	363	368

表 6-4 中的航区定义如下：

远海航区指国内沿海超出近海航区的海域。

近海航区指中国渤海、黄海及东海距岸不超过 200 nmile 的海域；台湾海峡；南海距岸不超过 120 nmile（台湾岛东海岸、海南岛东海岸及南海岸距岸不超过 50 nmile）的海域。

沿海航区指台湾岛东海岸、台湾海峡东西海岸、海南岛东海岸及南海岸离岸不超过 10 nmile 的海域，除上述海域外离岸不超过 20 nmile 的海域；离有避风条件且有施救能力的沿海岛屿不超过 20 nmile 的海域；对离岸超过 20 nmile 的上述岛屿，部海事局按实际情况适当缩小该岛屿周围海域的离岸范围。

遮蔽航区指在沿海航区中又划分出一定的水域为遮蔽航区，其指沿海航区内由海岸与岛屿、岛屿与岛屿围成的遮蔽条件较好，波浪较小的海域。在该海域内，岛屿与岛屿之间、岛屿与海岸之间的横跨距离应不超过 10 nmile。

船舶受风面积 A_f 是指所核算装载情况下船舶正浮时，实际水线以上船舶各部分在船舶中纵剖面上的侧投影面积。受风面积由满实面积和非满实面积两部分组成。

对圆舭形船舶，横摇角 θ_1 按下式计算

$$\theta_1 = 15.28 C_1 C_4 \sqrt{\frac{C_2}{C_3}} \tag{6-10}$$

式中，系数 C_1、C_2、C_3、C_4 按如下条件确定。

系数 C_1 与波浪的波长、波高和周期有关，C_1 按下式算得的横摇自摇周期 T_θ 及航区由图 6-17 查得

$$T_\theta = 0.58 f \sqrt{\frac{B^2 + 4KG^2}{\overline{GM_0}}} \tag{6-11}$$

式中　f——与船宽吃水比（B/d）相关的系数，其取值按表 6-5 查得。

$\overline{GM_0}$——所核算装载情况下船舶未计及自由液面修正的初稳性高，m；

B——不包括船壳板的最大船宽,m;

KG——核算装载情况下船自重心至基线的垂向高度,m。

表 6-5 *f* 取值表

B/d	2.5 以下	3.0	3.5	4.0	4.5	5.0	5.5	6.0	6.5	7.0 以上
f	1.0	1.03	1.07	1.10	1.14	1.17	1.21	1.24	1.27	1.3

注:$T_\theta > 20$ s 时,$C_1 = 0.19$。

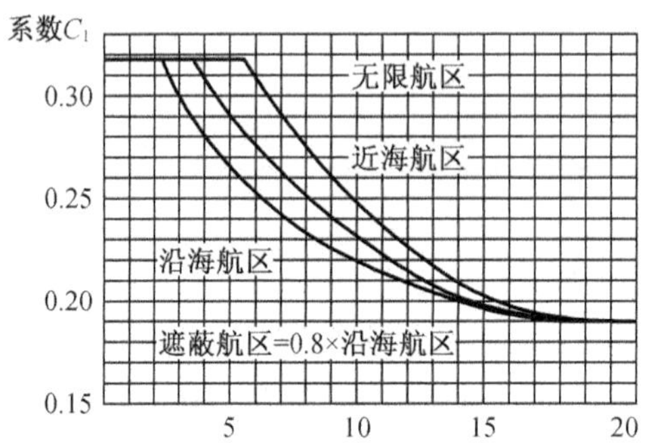

图 6-17 船舶自摇周期 T_θ/s

C_2 按如下公式计算:

$$C_2 = 0.13 + 0.6\frac{KG}{d} \tag{6-12}$$

当 $C_2 > 1$ 时,取 $C_2 = 1.0$;当 $C_2 > 0.68$ 时,取 $C_2 = 0.68$。

C_3 主要与船舶的宽度吃水比 B/d 有关,按表 6-6 查得。

表 6-6 C_3 取值表

B/d	2.5 以下	3.0	3.5	4.0	4.5	5.0	5.5	6.0	6.5	7.0 以上
C_3	0.011	0.013	0.015	0.017	0.018	0.019	0.020	0.021	0.022	0.023

系数 C_4 主要与船舶的类型和舭龙骨的尺寸有关,按表 6-7 查得。

表 6-7 C_4 取值表

$\frac{A_b}{LB}$/%	0	0.5	1.0	1.5	2.0	2.5	3.0	3.5	4.0 及以上
干货船、油船、集装箱船、海驳	1.000	0.754	0.685	0.654	0.615	0.577	0.523	0.523	0.523
客船、渔船、拖船	1.000	0.885	0.823	0.769	0.708	0.654	0.577	0.546	0.523

表 6－7 中，A_b 是舭龙骨的总面积（m^2），L 为垂线间长（m），B 为型宽（m）。对于有方龙骨的船舶，可将其侧面积计入舭龙骨面积 A_b 之内。对于设有减摇装置的船舶，计算 ϕ_0 时，不应计入其作用。

对其他特殊线型的船舶，C_2、C_3 和 C_4 应经验船部门同意后采用。对于折角线型船舶，横摇角 θ_1 按下式计算：

$$\theta_1 = 0.8\theta_1' \tag{6-13}$$

式中　θ_1'——相应于无舭龙骨圆舭型船的横摇角。

2. 初稳性高度与复原力臂曲线

我国《国内航行海船法定检验技术规则》中规定：船舶（不含起重船、挖泥船、非自航海驳、双体客船及港内作业的拖船）在各种装载情况下经过自由液面修正后的初稳性高和静稳性曲线应满足下列要求：

（1）初稳性高应不小于 0.15 m。

（2）横倾角等于或大于 30°处的复原力臂应不小于 0.2 m，如船体进水角小于 30°，则进水角处的复原力臂应不小于该规定值。

（3）船舶最大复原力臂所对应的横倾角应不小于 25°，如进水角小于最大复原力臂所对应的横倾角，则进水角即为最大复原力臂所对应的横倾角。

（4）当船舶的船宽与型深比 B/D 大于 2 时，最大复原力臂所对应的横倾角较（3）规定值减小按下式计算所得的 $\Delta\theta$ 值：

$$\Delta\theta = 20\left(\frac{B}{D} - 2\right)(k-1) \quad (°) \tag{6-14}$$

式中　D——船舶型深，m；

B——不包括船壳板的最大船宽，m，当 $B > 2.5D$ 时，取 $2.5D$；

K——计算所得的稳性衡准数，当 $K > 1.5$ 时，取 $K = 1.5$。

对遮蔽航区的船舶，以下要求可作为（2）～（4）的等效要求：

①最大复原力臂对应的横倾角 ϕ_{max} 不小于 15°；

②最大复原力臂值 l_m 应不小于下式规定之值：

$$l_m = 0.2 + 0.022(30 - \theta_m) \quad (m) \tag{6-15}$$

式中　θ_m——最大复原力臂 l_m 的对应角，（°）；

③进水角小于最大复原力臂所对应的横倾角，则进水角即为最大复原力臂所对应的横倾角，进水角处的复原力臂即为最大复原力臂。

（5）上述各项要求，均应为经自由液面修正后的数值。

（6）静水力曲线和复原力臂曲线通常应在设计纵倾条件下计算而得。当营运纵倾或船舶的形状和布置使纵倾的变化对复原力臂产生可观的影响时，这些纵倾变化的影响应被计入。

（7）计算复原力臂曲线时，可计入下列各部分：

①符合规定条件的有关封闭上层建筑要求的上层连续甲板上第一层上层建筑及类似封闭的其他各层上层建筑；

②符合规定条件的有关封闭上层建筑要求且设有通向上层甲板的补充出口的第一

层甲板室；

③凸形甲板和符合规定条件的有关风雨密要求的货舱口；

④不符合上述①、②规定的第一层上层建筑和甲板室的进水角开口之前的部分。

(8)计算复原力臂曲线时，应计及进水角开口的影响：如水能通过船侧、上层连续甲板、上层建筑或甲板室的非风雨密关闭的开口及货舱口、通风筒等进入船体内，则该开口应作为进水角开口；小开口，诸如通过钢缆、锚链、索具的开口和锚孔、流水孔、排水管和卫生管等管口，如验船师认为当它们浸没时不是引起严重进水的原因，可不作为进水角开口；有进水角影响的船舶，应作出进水角与排水量的关系曲线，并注明进水角开口的所在位置；船舶由于通过进水角开口进水会沉没时，则稳性曲线在相应的进水角处切断，并且应认为船舶完全丧失稳性。

(9)船舶在任一装载情况下，初稳性高度和复原力臂曲线均应按下列规定计及自由液面的影响：凡存在自由液面且装载量在航行途中不发生变动的液体舱，如液货舱、压载水舱等，可按实际装载率计算自由液面的影响；凡存在自由液面且装载量在航行途中发生变动的液体舱，如消耗液体舱、污油水舱、传送液货过程中的液货舱、航行途中变换压载水的压载水舱等，均应按50%的装载量计算自由液面的影响。如舱的形状特殊，存在更不利的自由液面影响，则应按后者计算自由液面的影响。如两液体舱之间设有连通管，则该两舱应视作一个舱计算自由液面的影响。对消耗液体舱和航行途中变换压载水的压载水舱，应假定每一类液体至少有一对边舱或一个中心线上的舱存在自由液面，且所取的舱组或舱的自由液面应为最大。对上述装满98%以上舱容的液体舱及存有通常剩余液体的空舱，可不计自由液面的影响；满载液货舱应按装载至98%舱容高度计算0°横倾自由液面的影响；符合 $M_{30} < 0.098\,1\Delta_{\min}$（单位为 KN · m，$M_{30}$为横倾30°时液体的移动力矩，$\Delta_{\min}$为空载到港排水量，t）的液体舱可不计其自由液面对复原力臂曲线的影响。自由液面对复原力臂曲线的影响可以采用修正重心高度的方法来计入。上述规定要求可允许采用静力学方法来完成，此时，对船舶初稳性计算应精确计入满载舱（按装载98%舱容计）、部分装载舱及舱内有剩余液体的各液舱内实际液位高度，在船舶正浮时的自由液面惯性矩对初稳性高度的修正；对船舶大倾角稳性计算：应精确计入满载舱（按装载98%舱容计）、部分装载舱及舱内有剩余液体的各液舱内实际液位高度，在船舶不同横倾角状态时的移动力矩对复原力臂的修正。所述满载舱如系压载水舱，且能确保其始终保持100%舱容装载，则可不计其自由液面修正。

(10)结冰计算

冬季（12月、1月、2月）航行于青岛（北纬36°04′N）以北的船舶，应对其稳性最差的基本装载情况计算结冰的稳性。

计算船舶结冰的稳性时，应计及其排水量的变化。冰的重量应视为超载重量。

结冰的部位及结冰重量应符合以下规定：

①最前面的上层建筑（不包括艏楼）或甲板室的前端壁以前范围或艏部1/3设计水线长度范围内的露天甲板和步桥的水平投影面积，取较大者，结冰重量取每平方米15 kg，其后面的重量取每平方米5 kg，甲板机械、设备及舱口盖等包括在露天甲板水平投影面积内，不另行计算；

②艏部 1/3 设计水线长度内，实际水线以上的船壳、上层建筑及甲板室、甲板货的两舷侧投影面积，结冰重量取 10 kg/m^2；

③最前面的上层建筑（不包括艏楼）或甲板室的前端壁正投影面积，结冰重量取7.5 kg/m^2；

④最前面的上层建筑（不包括艏楼）或甲板室的前端壁以前范围或艏部 1/3 设计水线长度范围内（取较大者）的桅杆、吊杆、起重柱及通风筒等，结冰重量取 20 kg/m，旗杆、栏杆、索具及天线等取 5 kg/m；

⑤救生艇及吊艇架的水平投影面积，结冰单位面积质量取 5 kg/m^2；

⑥上述结冰的竖向范围，均自实际水线向上至 10 m 高度为止。

（11）横摇加速度衡准数

江—海航行自航船舶当装载甲板货时，其所核算的各种装载情况下，横摇加速度衡准数 K_a 应符合下式要求：

$K_a = \dfrac{0.25}{a_c} \geqslant 1$ 对海上航行至近海航区或远海航区的船舶；

$K_a = \dfrac{0.30}{a_c} \geqslant 1$ 对海上航行至沿海航区、遮蔽航区的船舶；

式中　a_c——横摇加速度因数，按下式计算：

$$a_c = \frac{0.035B\theta_1}{T_\theta^2} \tag{6-16}$$

其中　B——不包括船壳板的最大船宽，m；

θ_1——横摇角；

T_θ——横摇自摇周期。

6.4.2.2　国内航行船舶稳性特殊要求

船舶除符合前述各项规定外，还应满足以下有关的稳性特殊要求。

船舶如有某种装载情况，其稳性较以下规定的基本装载情况更为恶劣，则应加算此种情况的稳性。船舶到港时如不加压载稳性不合格，则应加算航行中途情况的稳性，此时，压载情况应与出港时相同。在计算各种装载情况稳性时，除另有规定外，对燃料及备品的计算重量应取：出港为 100%，航行中途为 50%，到港为 10%。船舶稳性不符合要求而必须采用永久性水压载时，应征得用船单位和验船师的同意，并采取有效措施，以保证压载的可靠。

1. 客船

客船应核算下列基本装载情况的稳性，其中，I 级客船的完整稳性应符合本章对远海航区客船的要求：满载出港；满载到港；满客无货出港；满客无货到港；压载出港；压载到港。

乘客集中于船舶的一舷或船舶全速回航时，船舶的静倾角均不得超过以下的极限静倾角：航行于远海航区船舶的极限静倾角，为不需用特殊扳手可开启的舷窗下缘进水角、舷门下缘进水角、2/3 其他开口进水角、2/3 上层连续甲板边缘入水角或 10°，取其中最小者；航行于非远海航区船舶的极限静倾角，为不需用特殊扳手可开启的舷窗下缘进水角、舷门下缘进水角、4/5 其他开口进水角、4/5 上层连续甲板边缘入水角或 12°，取其中最小者。

乘客集中一舷时的分布及重量应符合以下规定:乘客集中密度按每平方米 4 人计算,乘客重量取为每人 75 kg;集中的乘客首先应从乘客所能到达的最上一层甲板起由上向下地布满一舷的外走道,再由上向下地分布在同一舷的内走道、梯口等自由活动面积内,但不超过船舶中纵剖面线;对宽度小于 0.7 m 的狭窄处所,分布面积按实际面积的 50% 计算;当上述自由活动面积不够分布全船总乘客数时,多余乘客应正常分布在上层的客舱内,以计及其对重心升高的不利影响;乘客的重心位置:站立者取为甲板以上 1.0 m,坐者取为座位以上 0.3 m。

计算船舶全速回航时的静倾角其横倾力臂 l_R 应按下式计算:

$$l_R = 0.02\frac{V_m^2}{l_{WL}}\left(KG - \frac{d}{2}\right) \tag{6-17}$$

式中 V_m——船舶最大设计航速,m/s;

l_{WL}——船舶设计水线长,m;

KG——所核算装载情况下船舶重心至基线的垂向高度,m;

d——所核算装载情况下船舶的型吃水,m。

核算乘客集中于船舶的一舷或船舶全速回航时的静倾角可不计结冰影响。

2. 干货船

干货船应核算下列基本装载情况的稳性:满载出港、满载到港、压载出港、压载到港。

甲板上装货的干货船,如型宽与型深之比超过 2.5,则稳性曲线中最大复原力臂对应的横倾角可小于 25°,但不得小于 15°,此时最大复原力臂对应的横倾角前复原力臂曲线下的面积应不小于:$0.055 + 0.001(30° - \theta_m)$ m · rad,式中 θ_m 为最大复原力臂的对应角,(°)。

3. 集装箱船

集装箱船应核算下列基本装载情况的稳性:满载出港、满载到港、压载出港、压载到港。

计算满载状态时,如满载出港吃水不到夏季载重线,允许加压载使吃水达到夏季载重线,且至少应计算下述配载情况:集装箱数为设计的最大货箱数与空箱数之和,同一型号的货箱重量取满载出港时可能达到的同一箱重。

计算集装箱船的稳性时,每只集装箱重心垂向位置应取在集装箱高度的 1/2 处。

确定风压静倾角的风压倾侧力臂取计算值的 1/2。在确定风压静倾角时,假定风压倾侧力臂不随船舶的横倾而变化。

集装箱船在横风作用下从复原力臂曲线上求得的静倾角,应不大于 1/2 上层连续甲板边缘入水角,且不超过 12°。

计算复原力臂曲线时,不计入甲板上集装箱浮力的影响。

集装箱船所核算的各种装载情况经自由液面修正后的初稳性高度均应不小于0.3 m。

装载集装箱的非专用集装箱船可参照上述要求,但计算满载状态时的最大吃水可允许小于该船相应于夏季载重线的吃水。

集装箱船设计时和建造完成投入营运后,应采取措施尽可能减小双层底压载水舱排空后剩余液体自由液面的影响，如该影响使船舶在装卸货物过程中或航行状态下的初稳性高度小于 0.15 m，可要求采取相应的补救措施。

4. 液货船

液货船应核算下列基本装载情况的稳性：满载出港、满载到港、部分装载出港、部分装载到港、压载出港、压载到港。

船舶在各种装载情况下，初稳性高度和复原力臂曲线应计及自由液面的影响。

部分装载出港、部分装载到港两种装载情况的每一品种液货，至少应考虑一个中心舱或一对边舱为部分装载舱，且所取的舱或舱组的自由液面应为最大者。

对未在所有货油舱内设置纵舱壁的双壳油船，应在设计阶段考虑使装卸货油过程中计及自由液面修正后的初稳性高度不小于 0.15 m。如需借助操作措施达到此要求，则应按要求编制油船装卸操作手册。

对未在所有货油舱内设置纵舱壁的双壳油船，设计时和建造完成投入营运后，应采取措施尽可能减小双层底压载水舱排空后剩余液体自由液面的影响，如该影响使船舶在装卸货油过程中或航行状态下的初稳性高度小于 0.15 m，可要求采取相应的补救措施。

此外，《国内航行船舶法定检验技术规则》还对双体客船、运木船、非自航海驳、拖船、起重船、挖泥船、消防船、半潜船、近海供应船、顶推船－驳船组合体、特种用途船、勘划作业吃水标志的工程船的稳性提出了具体要求。

6.4.3　国际航行船舶完整稳性要求

国际海事组织（IMO）从上世纪中后期就一直致力于制定和修订适用于所有船舶类型的完整稳性规范，从最初分舱和稳性问题分委会（STAB）讨论起草后经 IMO 大会通过的 A.167 决议和 A.168 决议，到 1993 年 IMO 第 18 次大会通过的 A.749(18)决议。近年来，随着现代船舶设计技术和船舶流体性能研究的持续发展，对 A.749(18)进行了不断的重新评估和修订，经 IMO 稳性、载重线和渔船安全分委会（SLF）多年的工作，起草了《2008 年国际完整稳性规则》（2008 IS Code），即第一代完整稳性规则。

1.《2008 年国际完整稳性规则》中的稳性衡准要求

除另有说明，规则中的完整稳性要求适用于长度为 24 m 及以上的船舶和其他海上运载工具，规则中所提的船舶和其他海上运载工具包括：货船、运输木材甲板货物的货船、客船、渔船、特种用途船舶、近海供应船、移动式近海钻井装置、平底船、甲板上装载集装箱的货船和集装箱船。

规则中对复原力臂曲线的特性提出了如下衡准：

(1) 复原力臂曲线（GZ 曲线）下的面积，在横倾角 $\phi \leqslant 30°$ 时，应不小于 0.055 m · rad，在横倾角 $\phi \leqslant 40°$ 或进水角 $\phi_f \leqslant 40°$ 时（ϕ_f 是船体、上层建筑或甲板室中不能作风雨密关闭的开口进水时的横倾角。在适用此衡准时，不会发生连续浸水的小开口不必视为打开），应不小于 0.09 m · rad。此外，当横倾角在 30°和 40°之间或在 30°和 ϕ_f 之间，而 ϕ_f 小于 40°时，复原力臂曲线下的面积应不小于 0.03 m · rad。

(2) 在横倾角等于或大于 30°时，复原力臂至少为 0.2 m。

(3) 最大复原力臂应出现在不小于 25°的横倾角时。如果这样要求不现实，应经主管机关批准后,适用基于等效安全水平的替代衡准。

(4)初始稳心高度 GM_0 应不小于 0.15 m。

除上述4项衡准外,船舶还应满足建议的强风与横摇衡准(气象衡准)。气象衡准是从动稳性角度出发,提出的对船舶稳性的要求。

在各种标准装载状态下,船舶抵御横风和横摇联合作用的能力应符合如下要求:如图6-18所示,船舶受到垂直于其中心线的一个稳定风压的作用,产生一个稳定风压力臂 l_{W1},在该稳定风压作用下,船舶的静平衡角为 ϕ_0;假定由于波浪作用,船由静平衡角 ϕ_0 向上风摇至一个横摇角 ϕ_1;然后,船舶受到一个突风风压,产生风压力臂 l_{W2};在此种情况下,面积 b 应不小于面积 a,即稳性衡准数 $K=b/a\geqslant 1$,a 表示风浪等外力所做的功,b 为船舶复原力所做的功,在静稳性曲线上 a、b 分别为突风作用力臂对应角左右两部分的面积,除满足稳性衡准数 $K\geqslant 1$ 外,还要求稳定风的作用所造成的横倾角(ϕ_0)不应超过16°或甲板缘淹没角的80%,取小者。

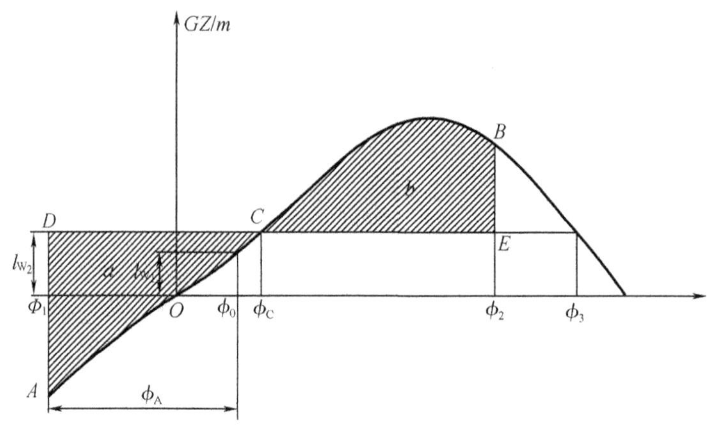

图6-18 船舶抵御横风和横摇联合作用能力分析

图6-18中:l_{W_1} 为稳定风压力臂,单位为m;l_{W_2} 为突风风压力臂,单位为m;ϕ_2 为进水角(ϕ_f)或50°或 ϕ_C,取其中小者;进水角 ϕ_f 为船体、上层建筑或甲板室不能风雨密关闭的开口浸水时对应的横倾角,不会发生连续进水的小开口无须做开口考虑;ϕ_C 为突风风压力臂与 GZ 曲线的第二个交角。ϕ_0 为稳定风压作用下的船舶静平衡角。

a、b 可按以下方法求得:将计算得到的定常风压倾侧力臂 l_{W_1} 和突风压倾侧力臂 l_{W_2} 标在图6-18的竖坐标上,过这两点分别作与横坐标的平行线,得到与 GZ 曲线的交点 O' 和 C,O' 对应定常风作用下的横倾角 ϕ_0。自 ϕ_0 向 ϕ 轴的负方向量取横摇角 ϕ_A 得 ϕ_1 点。再自坐标原点 O 向 ϕ 轴的正方向量取 ϕ_2,ϕ_2 为进水角或50°或 ϕ_3(ϕ_3 为图中 $GZ=l_{W2}$ 的直线与 GZ 曲线的第2个交点角)中的小者。过 ϕ_1 和 ϕ_2 分别作 ϕ 轴的垂线交 GZ 曲线得 A、B 两点,从而构成面积 a(图中 ACD)及面积 b(图中 BCE)。面积 a、b 分别为

$$\begin{cases} a = \int_{\phi_1}^{\phi_C} (l_{W_2} - GZ(\phi))\mathrm{d}\phi \\ b = \int_{\phi_C}^{\phi_2} (GZ(\phi) - l_{W_2})\mathrm{d}\phi \end{cases} \tag{6-18}$$

如果利用动稳性曲线计算，则 a、b 分别为

$$\begin{cases} a = l_{d_1} - l_{d_c} + l_{W_2}(\phi_1 + \phi_c) \\ b = l_{d_2} - l_{d_c} - l_{W_2}(\phi_2 - \phi_C) \end{cases} \tag{6-19}$$

式中　l_{d_1}、l_{d_2} 和 l_{d_C} 分别为 ϕ_1、ϕ_2 和 ϕ_C 处的动稳性力臂。

2. 风压横倾力臂 l_{W_1} 和 l_{W_2} 的计算

风压横倾力臂 l_{W_1} 和 l_{W_2} 在任何倾斜角度时应为恒定值并应按下式计算：

$$l_{W_1} = \frac{P \cdot A \cdot Z}{1\,000 \cdot g \cdot \Delta} \quad (\mathrm{m}) \tag{6-20}$$

$$l_{W_2} = 1.5 \cdot l_{W_1} \quad (\mathrm{m}) \tag{6-21}$$

式中　P——风压，取值 504 Pa；

A——船舶和甲板货水线以上部分的投影侧面积，m^2；

Z——自 A 的中心至水下侧面积的中心或至约一半吃水处的垂直距离，m；

Δ——该船的排水量，t；

g——重力加速度，取 9.81 $\mathrm{m/s^2}$。

表 6－8 给出了一份计算受风面积及风压倾斜力臂的计算表格。

表 6－8　受风面积及风压倾斜力臂的计算表

吃水 d = ________ m；排水量 Δ = ________ t

序号	项目	投影面积 A_p/m^2	流线型系数 K_1	非满实系数 K_2	受风面积 $A_V = K_1 K_2 A_p/\mathrm{m}^2$	风力作用力臂 Z/m	面积矩 $A_V Z/\mathrm{m}^2 \cdot \mathrm{m}$

3. 横摇角 ϕ_1 的计算

对于具有防摇装置的船舶，在决定其横摇角 ϕ_1 时，不应考虑该装置的作用。除非主管机关对该装置即使在突然切断其供电时仍然有效的证明感到满意。ϕ_1 按如下公式计算：

$$\phi_1 = 109 \cdot k \cdot X_1 \cdot X_2 \cdot \sqrt{r \cdot s} \tag{6-22}$$

式中　X_1——与船宽吃水比 B/d 相关，具体取值见表 6－9；

X_2——与该船的方形系数 CB 相关，具体取值见表 6－10；

k——对于无舭龙骨或立龙骨的圆舭型船舶，$k = 1.0$，对于尖舭型船舶，$k = 0.7$，对

于有舭龙骨、立龙骨或两者皆有的船舶，k 值取法见表 6－11，表 6－11 中 A_k 为舭龙骨的总面积，或立龙骨的投影侧面积，或这些面积之和（m^2）；$r=0.73+0.6\ OG/d$，其中：$OG=KG-d$，d 为船舶平均型吃水（m）。

s 取法见表 6－12，表 6－12 中 T 指船舶自然横摇周期。在缺乏足够的信息时，可使用下列近似公式：

$$T=\frac{2CB}{\sqrt{GM}}$$

式中，$C=0.373+0.023(B/d)-0.043(L_{WL}/100)$。表 6－9 至表 6－12 中的中间值可通过线性插值获得。

表 6－9　X_1 系数值

B/d	X_1
≤2.4	1.0
2.5	0.98
2.6	0.96
2.7	0.95
2.8	0.93
2.9	0.91
3.0	0.90
3.1	0.88
3.2	0.86
3.4	0.82
≥3.5	0.80

表 6－10　X_2 系数值

C_B	X_2
≤0.45	0.75
0.50	0.82
0.55	0.89
0.60	0.95
0.65	0.97
≥0.70	1.00

表 6-11　k 系数值

$\frac{A_k \times 100}{L_{WL} \times B}$	k
0	1.0
1.0	0.98
1.5	0.95
2.0	0.88
2.5	0.79
3.0	0.74
3.5	0.72
≥4.0	0.70

表 6-12　s 系数值

T	s
≤6	0.100
7	0.098
8	0.093
12	0.065
14	0.053
16	0.044
18	0.038
≥20	0.035

对于客船，还需满足如下特殊衡准，当乘客集中在一舷时所产生的横倾角不应超过 10°。应假设每位乘客的最低质量为 75 kg，但经主管机关批准，此值可以增加。此外，行李重量和分布应经主管机关批准。

乘客的重心高度应假设等于：

(1)站立的乘客，在甲板水平上 1 m。

(2)坐着的乘客，在座位以上 0.3 m。

当评定是否符合衡准时，应假定乘客和行李位于其通常可自行安排的处所。当分别评定是否符合衡准时，应假定不带行李的乘客的分布会产生在实际中可能出现的最不利的乘客倾侧力矩和/或初稳性高度的组合。在这方面，没有必要取值超过每平方米四人。

此外，在利用下列公式计算时，回转产生的横倾角应不超过 10°：

$$M_R = 0.200 \cdot \frac{v_0^2}{L_{WL}} \cdot \Delta \cdot \left(KG - \frac{d}{2}\right) \tag{6-23}$$

式中　M_R——倾侧力矩，kN/m；

v_0——营运航速,m/s;

L_{WL}——水线处船长,m;

Δ——排水量,t;

d——平均吃水,m;

KG——重心在基线以上的高度,m。

4. 临界初稳性高度曲线

临界初稳性高度曲线是指船舶在各种装载情况下所对应的临界初稳性高,船舶在实际营运时的$\overline{GM}$值不可低于此临界值,不然的话,船舶稳性不足,航海安全就没有保证。

船舶稳性校核已提出了各种装载情况下对稳性衡准数 K、初稳性高$\overline{GM}$、最大复原力臂 l_{max}、极限静倾角 ϕ_{Gmax}、稳性消失角 ϕ_v 的要求,临界初稳性高度曲线必须满足上述各种衡准要求。如图 6-19 所示,首先绘出 5 条分别满足各项衡准要求的临界初稳性高随排水量变化的曲线,对于某一排水量,有 5 个临界初稳性高分别满足 5 个稳性基本要求,只有最大值才能同时满足 5 个要求,显然临界初稳性高度曲线就是这 5 条曲线的包络线。

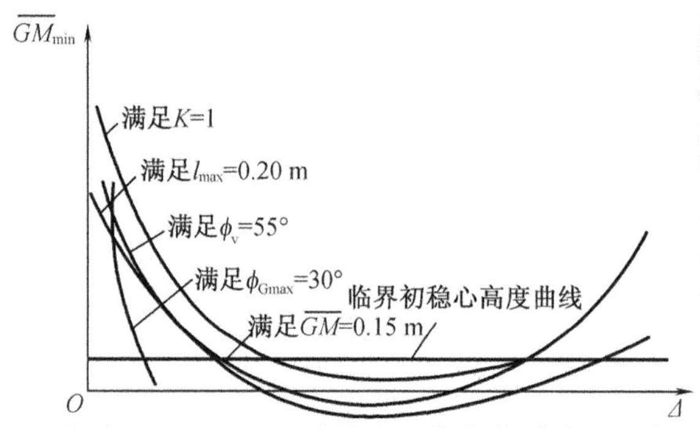

图 6-19 临界初稳性高度曲线

例 6-4 某内河船的排水量为 5 000 t,进水角 $\phi_E=50°$,大倾角稳性参数和曲线如表 6-13 和图 6-20 所示:

表 6-13 某船的静、动稳性力臂值

	0	5	10	15	20	25	30	35
l	0.000	0.200	0.400	0.574	0.720	0.832	0.934	1.024
l_d	0.000	0.009	0.035	0.077	0.134	0.202	0.279	0.364
	40	45	50	55	60	65	70	75
l	1.097	1.134	1.092	0.964	0.755	0.508	0.228	-0.072
l_d	0.457	0.554	0.651	0.741	0.816	0.871	0.903	0.910

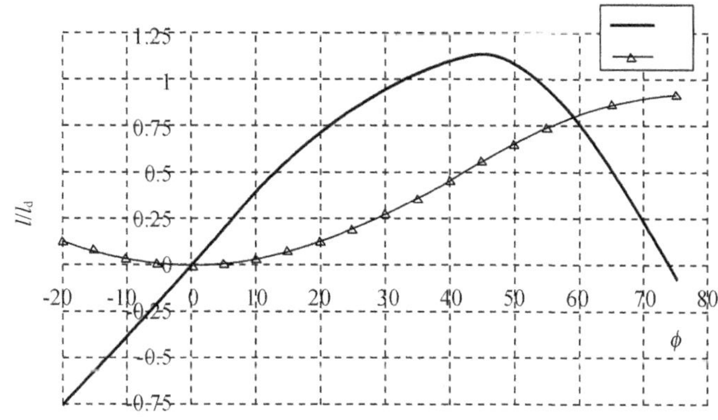

图 6-20　某船的静稳性和动稳性曲线

若船舶的初始横倾角为 20°，环境的最大风倾力矩为 2 500 t·m，求该船的稳性衡准数。

解　由于进水角的存在，本题中的极限动倾角大于 $\phi_E=50°$，取极限动倾角为 50°。

极限风倾力臂：

$$l_q=\frac{l_d(50)-l_d(-20)}{50+20}\times\frac{180}{\pi}=\frac{0.651-0.134}{70}\times 57.3\approx 0.4232(\mathrm{m})$$

稳性衡准数

$$K=\frac{\Delta l_q}{M_f}=\frac{5\,000\times 0.4232}{2\,500}=0.8464<1$$

该船不能抵抗极限风载荷，稳性不符合要求。

例 6-5　某海船，其主尺度如下：$L=75.4$ m，$B=11.9$ m，平均吃水 $d=4.32$ m，该船的排水量 $\Delta=2\,625$ t，重心高 $\overline{KG}=5$ m，经自由液面修正后的横稳性高 $\overline{GM}=0.12$ m，该船装配有舭龙骨，舭龙骨长 $l_b=15$ m，宽 $b_b=0.4$ m，水线以上部分的投影侧面积 $A=175\ \mathrm{m^2}$，投影侧面积的中心至水下侧面积的中心的距离 $Z=4.19$ m，分压 $P=504\ \mathrm{N\cdot m^{-2}}$，按 IMO 气象衡准的要求，(1) 计算该船的横摇角 ϕ_1，(2) 以 16 kn 营运航速回转时的倾侧力矩。

解　(1) 稳定风压力臂 l_{W_1} 为

$$l_{W_1}=\frac{PAZ}{1\,000g\Delta}=0.014\ \mathrm{m}$$

突风风压力臂 l_{W_2} 为

$$l_{W_1}=1.5l_{W_1}=0.021\ \mathrm{m}$$

总的舭龙骨面积

$$A_k=2\times 15\times 0.4=12(\mathrm{m^2})$$

故 $\frac{A_k\times 100}{L\times B}=1.337$，查表 6-11 并进行线性插值，可得 $k=0.963$。由于 $B/d=2.755$，查表 6-9 并进行线性插值，可得 $X_1=0.94$。

该船的方形系数为

$$C_B = 2\ 625/(1.025 \times L \times B \times d) = 0.66$$

查表 6 - 10 并进行线性插值,可得 $X_2 = 0.975$。重心在水线以上的高度为

$$\overline{OG} = \overline{KG} - d = 0.68$$

为了计算横摇周期,首先计算系数 C:

$$C = 0.373 + 0.023 \times (B/d) - 0.043 \times (L/100) = 0.404$$

由此得船舶横摇周期为

$$T = \frac{2CB}{\sqrt{\overline{GM}}} = 27.752\ \text{s}$$

查表 6 - 12,可得系数 $s = 0.035$,由于 $r = 0.73 + 0.6 \times \overline{OG}/d = 0.824$,故可得

$$\phi_1 = 109kX_1X_2\sqrt{rs} = 16.34°$$

(2)该船的运营航速为

$$v_0 = 16 \times 0.514\ 4 \approx 8.23(\text{m/s})$$

按式(6 - 17)可计算回转时的倾侧力矩

$$\begin{aligned} M_R &= 0.200 \times \frac{v_0^2}{L} \times \Delta \times \left(KG - \frac{d}{2}\right) \\ &= 1\ 339.39\ \text{KN/m} \end{aligned}$$

6.5 第二代完整稳性衡准简介

目前生效的国际第一代完整稳性规则即(《2008 年国际完整稳性规则》(2008 IS Code))。该衡准是根据 20 世纪中期收集的船舶营运统计和气象衡准制定的规定性规则,该规则主要基于船舶静力学理论以船舶在静水中静止时在横风、横浪作用下的复原力臂曲线的参数来描述的。经过 10 多年的执行,人们发现现有衡准主要有如下缺陷:无法体现现代船舶水动力学研究的新成果、无法体现船舶类型及其操作和环境条件的多样化、对船舶稳性失效模式涉及不够。

长期以来,国际海事组织(IMO)和学术界均倾向于采用水动力学理论研究船舶稳性衡准并改进现有完整稳性衡准规则体系。在 2008 年的 SLF 第 51 次会议上 IMO 启动了"新一代完整稳性衡准"的制定工作,提出了新一代完整稳性衡准的发展框架和目的,定义了新一代完整稳性衡准中所用的术语,并成立了工作组和通信组,分别负责会议期间和闭会期间新一代完整稳性衡准的提案收集、讨论、样船验证和制定。

经过 IMO 多年的工作,第二代完整稳性衡准主要关注五种稳性失效模式:(1)参数横摇;(2)横甩/骑浪;(3)瘫船;(4)纯稳性丧失;(5)过度加速度。

1. 参数横摇

参数横摇是指阻尼较小的船，遭遇到一定频率的波浪时，伴随着显著的纵摇、升沉运动在短时间内产生很大横摇角的非线性现象。参数横摇的横摇周期等于两倍遭遇周期且迎浪或随浪中会有参数横摇发生。

1998 年，巴拿马型 C11 集装箱船 APL China 号在北太平洋海域遭遇严重的迎浪参数横摇，横摇角达到 40°。

2. 横甩/骑浪

船舶在波浪中横甩指船舶使用最大操舵能力仍不能维持定常航向并出现无法控制的明显舷摇运动的现象。横甩被认为通常发生在随浪或尾斜浪中。

3. 瘫船

船舶由于推进系统或操舵系统问题，处于无法推进或操舵的状态，此时船舶可能在自由漂移时在波浪作用下发生共振横摇。

4. 纯稳性丧失

当船舶以较高航速在随浪中航行时，大的波浪以接近船速超越船体，波峰在船中保持足够的时间，发生稳性损失，导致船体倾斜或倾覆。

5. 过度加速度

主要表现在集装箱船在航行中由于加速度过大引起的甩箱现象。

图 6－21　参数横摇

图 6－22　过度加速度

稳性失效模式依据其危害程度可分为两种：完全稳性失效和部分稳性失效。完全稳性失效模式是指有可能引起船舶倾覆的失效模式。部分失效模式是指出现诸如非常大的横摇角或加速度现象，这种现象虽然不会导致船舶损失，但仍然会危害人员和货物安全。

第二代国际完整稳性衡准采用分层次衡准的思路，共分为第一层薄弱性衡准（vulnerability criteria level 1）、第二层薄弱性衡准（vulnerability criteria level 2）和稳性直接评估（direct stability assessment）。对于需要评估的船舶，分别针对瘫船、参数横摇、横甩、纯稳性丧失和过度加速度共五种稳性失效模式进行逐层次的衡准评估。三个层次的衡准方法实现难度由易到难，由最保守方法直至最精确方法。如果所设计的船舶第一层薄弱性衡准没有通过，则进行第二层薄弱性衡准的评估；在无法通过第二层薄弱性衡准时，进行第三层评估——稳性直接评估。在三层衡准评估都无法通过时，必须对船型进行重新设计或制定航行操作指南，以避免稳性失效的发生。当一艘船舶无法通过一、二层薄弱性衡准，就认为这艘船舶属于完整稳性意义上的“非常规”船型。表 6 – 14 给出了 3 层评估方法的描述和特性。

表 6 – 14　完整稳性 3 层评估方法的特性描述

结构	描述	复杂性	安全裕度	目的
第一层薄弱性衡准	根据几何尺寸、静力学、装载状况和基本航行参数给出的公式或简单计算方法	低	高	判断船舶对特定的稳性失效模式是否“非常规”
第二层薄弱性衡准	简化了的物理模型计算方法，根据合适的指导可以直接使用	中	中	验证对特定的稳性失效模式的薄弱性，决定是否要进行稳性直接评估
稳性直接评估	要依据最新和最先进的概念和技术。至少应满足下述要求以保证直接评估功法的可靠性：如果可能，应使用“杂交”的时域方法和概率统计理论进行稳性失效模型的评估，“杂交”方法包括势流加试验或经验阻尼，刚体非线性动力学模型加未扰动的波浪压力（Froude – Krylov 假设）。如果可能，应包括附加质量、波浪阻尼和绕射力计算公式，横摇阻尼的粘性和升力系数，操纵性系数，推力和外部环境力。合适的指导与规程（如波浪分布图和船舶航行条件）应明确。期望采用概率方法来进行安全水平的评估	高	低	评估安全水平，为制定特定的航行操作指南提供数据和支撑

6.6　船舶参数横摇运动

6.6.1　参数横摇的基本原理

参数横摇是阻尼较小的船在纵浪(顶浪或随浪)或接近纵浪的情况下,当遭遇一定频率的波浪时稳性变化较大,伴随着显著的纵摇、升沉运动在短时间内产生很大横摇角的现象。其根本原因是稳性高的周期性变化导致船舶瞬时湿表面积的迅速变化,从而导致横摇静水恢复力的非线性变化。

参数横摇的基本原理源于参数振动。参数振动属于振动形式的一种,但是又不同于常规的自由振动、受迫振动和自激振动等振动形式,产生参数振动的系统通常被称为参变系统。参数振动的最大特点是它由外界的激励产生,但激励却不是以外力的形式施加于系统,而是通过周期性改变系统内的某些参数来间接地实现。由于参数的时变特性,参数振动系统属于非自治系统。描述参数振动的数学模型通常为周期变系数的常微分方程,对参数振动的研究归结于对时变系统常微分方程组零解稳定性的研究。

我们可以通过一个小例子理解参数横摇的发生机理,参数振动的一个很典型的日常生活中的例子就是荡秋千。玩过的人都知道,如果在秋千荡到最低点时迅速降低重心,荡到最高点时迅速提高重心,就可以使秋千越荡越高。对于荡秋千这个过程,如果认为秋千来回摆动一次是一个周期,那么重心高度的改变则经历了两个周期。这种系统内参数周期性的改变导致振幅迅速增大的现象就是参数共振现象。若从船尾向船首方向观察一艘船,船舶也可以看作一个简单的摆动模型,那么船舶在特定环境条件下发生的类似的参数共振现象就是本书所研究的船舶的参数横摇现象。

根据理论研究和试验证明,在满足以下四个条件时可能会发生参数横摇:

(1)横摇固有周期约为波浪激励周期的两倍;

(2)波长近似等于船长;

(3)波高超过某个定值;

(4)横摇阻尼较小。

6.6.2　参数横摇运动方程

自然界振动现象一般满足如下方程:

$$\ddot{x} + 2\upsilon\dot{x} + cx = f(t) \tag{6-24}$$

式中 υ、c 为常数,此运动方程为二阶常系数线性常微分方程。根据 $f(t)$ 是否为零,运动分为自由振荡和强迫振荡。如果系统固有频率和外界干扰频率一致,则发生共振现象,该方程的理论已经相当成熟。

不同于常规振动,参数激励运动一般满足如下运动方程:

$$\ddot{x}+p(t)\dot{x}+q(t)x=f(t) \tag{6-25}$$

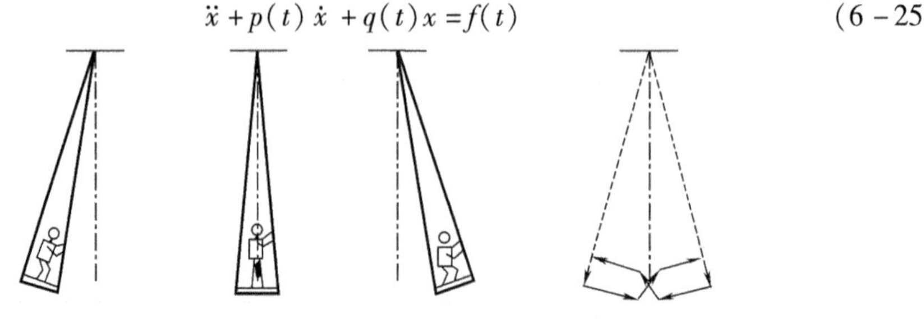

图 6-23 荡秋千的发展过程

式中 $p(t)$、$q(t)$ 为周期为 T 的函数。此方程为线性变系数常微分方程,求解该类方程比较困难,后面将做具体分析。该方程具有丰富的物理内涵,即使没有外界激励,即 $f(t)=0$,在一定条件下,该方程也能出现类似共振的现象,自然界常见的参数共振现象为荡秋千。

在荡秋千中,如果人按如下策略动作,则很快就能达到较大的振幅:

(1)当到达最大位移处时,人体下蹲;

(2)当到达平衡位置时,人体站立。

此时人体重心的变化频率恰好等于秋千固有频率的 2 倍。

荡秋千模型可以简化为具有变长度的单摆,如图 6-24 所示。

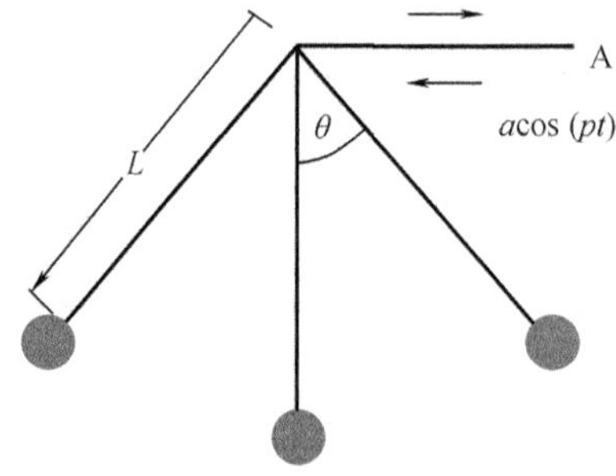

图 6-24 摆线长周期性变化的单摆

假设端点 A 以频率 p、振幅 a 进行振动,则摆线长可以表示为

$$L_1=L+a\cos(pt) \tag{6-26}$$

则单摆运动方程可以表示为

$$\frac{\mathrm{d}}{\mathrm{d}t}(ml^2\dot{\phi})=-mgL_1\sin\phi \tag{6-27}$$

假设

$$\frac{a}{L_1}\ll 1,\ \sin\phi\approx\phi \tag{6-28}$$

单摆运动方程可以表示为

$$\ddot{\phi}+\frac{g}{L+a\cos(pt)}\phi=0 \tag{6-29}$$

简单计为

$$\ddot{\phi} + \phi(t)\phi = 0 \tag{6-30}$$

式(6-30)是描述参数振动最简单的运动方程。

现假设摆长变化频率 p 为单摆固有频率 ω_0($\omega_0 = \sqrt{\frac{g}{L}}$)的两倍,并有如图 6-25 所示的相位关系。可以直观看出当摆球处在最大摆幅处时,小球下降,此时绳子张力 F_1 对小球做负功 W_1,当摆球处于平衡位置时,摆球上升,此时绳子张力对小球做正功 W_2,该过程如图 6-26 所示。由于小球在平衡位置附近速度最大,绳子张力 $F_2 > F_1$,即 $W_2 > W_1$,因此系统中有净能量输入,在不考虑阻尼的情况下,这必然将导致系统振幅无休止的增大。此时,摆线长度的变化频率恰巧是单摆固有频率的两倍,在该情况下,系统接收能量的效率最高。

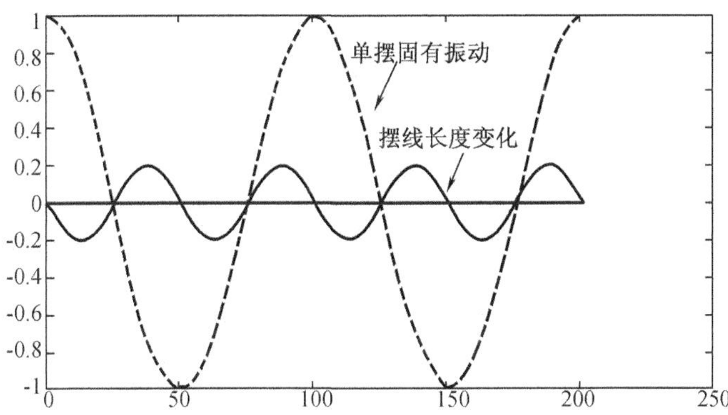

图 6-25　单摆固有振动与摆线长振动之间的相位关系

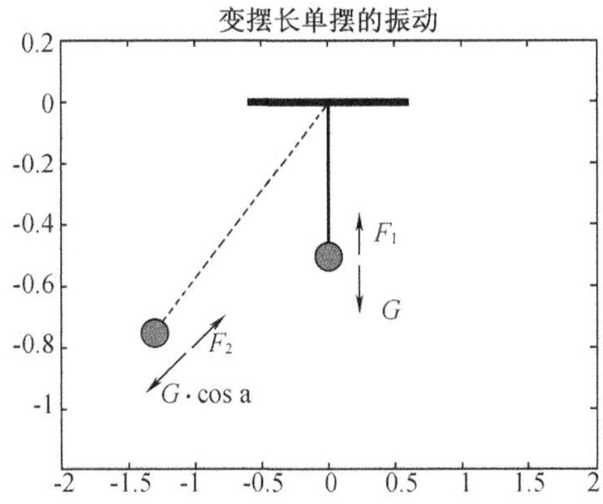

图 6-26　单摆固有振动与摆线长振动之间的相位关系

实际上,所有振动系统中都会存在阻尼作用。阻尼的主要作用是消耗系统的能量。若外界对系统做的净功大于阻尼消耗的能量,即外界对系统有净能量输入,此时系统将发生参数共振;若系统获得的净能量小于阻尼消耗的能量,则不会发生参数共振。因此,必然存在一个临界阻尼，控制着参数共振发生与否。从这个角度而言，横摇阻尼对准确预报参数横摇的发生具有重要作用。

对于船舶的参数横摇运动，1955 年 Kerwin 考虑了单个自由度的横摇运动，在忽略 Smith 效应的情况下，其假定，在迎浪状态下，船舶复原力臂为一周期性改变的函数，船舶的横摇运动方程可写为

$$\ddot{\phi} + 2\delta\dot{\phi} + (\omega_m^2 + \omega_a^2\cos(\omega t))\cdot\phi = 0 \tag{6-31}$$

式中 $\omega_m = \sqrt{\dfrac{W\cdot GM_m}{I_x + A_{44}}}$；

$\omega_a = \sqrt{\dfrac{W\cdot GM_a}{I_x + A_{44}}}$；

$\overline{GM_m}$——静水中的初稳性高；

$\overline{GM_a}$——波浪扰动引起的稳性高变化的幅值，且有

$$\overline{GM(t)} = \overline{GM_m} + \overline{GM_a}\cos(\omega t) \tag{6-32}$$

将式(6-31)无量纲化，令

$$2\tau = \omega t \tag{6-33}$$

将式(6-33)代入式(6-31)化简可得

$$\frac{\mathrm{d}^2\phi}{\mathrm{d}\tau^2} + 2\mu\frac{\mathrm{d}\phi}{\mathrm{d}\tau} + (\bar{\omega}_m^2 + \bar{\omega}_a^2\cos(2\tau))\phi = 0 \tag{6-34}$$

无量纲参数

$$\mu = \frac{\delta}{\frac{\omega}{2}};\quad \bar{\omega}_m = \frac{\omega_m}{\frac{\omega}{2}};\quad \bar{\omega}_a = \frac{\omega_a}{\frac{\omega}{2}}; \tag{6-35}$$

利用代换去除阻尼项，令

$$\varphi(\tau) = x(\tau)\exp(-\mu\tau) \tag{6-36}$$

将式(6-36)代入式(6-34)可得

$$\frac{\mathrm{d}^2 x}{\mathrm{d}\tau^2} + (p - 2q\cos(2\tau))x = 0 \tag{6-37}$$

式(6-37)即为马修方程(Mathieu Equation)，式中，$p = (\bar{\omega}_m^2 - \mu^2)$；$q = -\dfrac{\bar{\omega}_a^2}{2}$。

习　题

1. 某非国际航行船排水量 $D = 6\ 000$ t，平均吃水 $d = 5.3$ m，重心 G 点距基线高度为 3 m，船舶的进水角为 50°。任意角度下浮力作用线至 G 点的距离

$$l_s(\phi) = 0.03\phi - 0.000\ 4\phi^2, \phi > 0$$

$$l_s(\phi) = 0.03\phi + 0.0004\phi^2, \phi < 0$$

上式中,横倾角 ϕ 的单位为(°)。试求:

(1)该船的初稳性高;

(2)该船的最大回复力矩;

(3)动稳性曲线表达式;

(4)根据规范要求,风浪中船的初始横摇角为 10°,极限风速下该船的风倾力矩为 1 500 t · m,求该船的稳性衡准数;

(5)若重心升高 0.2 m,求 $\phi = 30°$时的静稳性臂。

2. 某船的排水量 $\Delta = 520$ t,其动稳性力臂 l_d 值如表 6 – 15 所示。

表 6 – 15　第 2 题表

ϕ/(°)	0	10	20	30
l_d/m	0	0.15	0.36	0.68

该船的进水角 $\phi_E = 30°$,当船具有横摇角 $\phi_0 = 0°$,$\phi_0 = -10°$时,分别求极限动倾力矩 M_q。

3. 某船的排水量为 40 000 t,静稳性曲线的纵坐标如表 6 – 16 所示。

表 6 – 16　第 3 题表

ϕ/(°)	0	10	20	30	40	50	60	70	80
l/m	0	0.12	0.30	0.79	1.15	1.13	0.84	0.41	-0.05

画出此静稳性曲线及动稳性曲线,并用动稳性曲线求在最大横摇角 $\phi_0 = 20°$时的最小倾覆力矩(设进水角为 55°)。

第7章　抗　沉　性

船舶在使用过程中有可能发生海损事故，如碰撞、火炮袭击等，使船体破损，舷外水进入舱室。这类海损事故将造成严重后果，使生命和财产遭到重大损失。为此，船舶在设计阶段就应该考虑抗沉性问题。

抗沉性就是指船舶在一舱或数舱进水后仍能保持一定的浮性和稳性的能力。船舶的抗沉性是由水密舱壁将船体分隔成适当数量的水密舱室来保证的，当一舱或数舱进水后，船舶的下沉不超过规定的极限位置，并应有一定的稳性。各类船舶对抗沉性的要求不同，通常军船的抗沉性要求要比民船高一些，民船中客船抗沉性要求要比货船高。为了保证安全航海，《国际海上人命安全公约》对海船的抗沉性提出了明确的要求，我国船级社也颁布了相应的规范及条约。

本章知识要点：

1. 计算破损稳性的增加重量法和损失浮力法；
2. 破损稳性衡准。

7.1　进水舱的分类和渗透率

1. 进水舱的分类

船体通过水密舱壁（watertight bulkheads）分割为多个舱室（compartments），如图7－1所示，在抗沉性计算中，根据船舱进水情况，可将船舱分为下列三类，如图7－2所示。

第一类舱：舱的顶部位于水线以下，船体破损后整个舱室被海水灌满，舱顶未破损，舱内没有自由液面。双层底和顶盖在水线以下的深舱柜等破损进水属于这种情况。

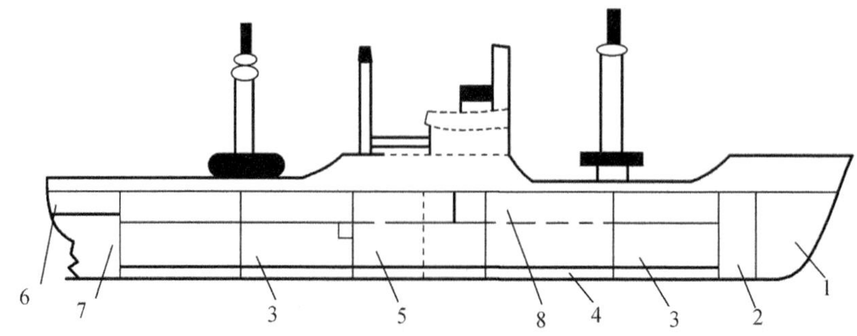

图7－1　某船的舱室

1—艏尖舱；2—锚链舱；3—货舱；4—压载舱；5—机舱；6—舵机舱；7—艉尖舱；8—甲板间舱

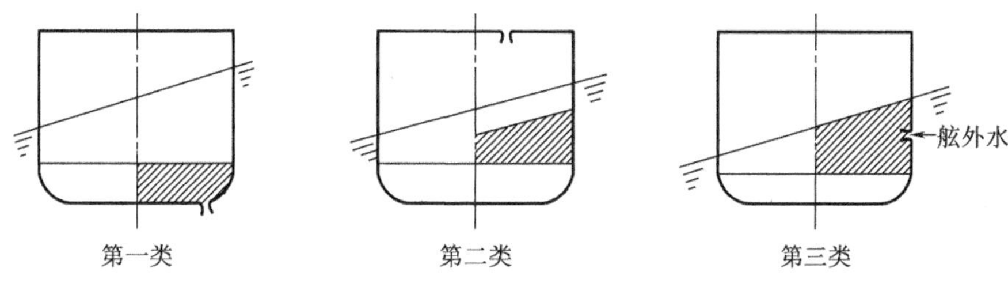

图7-2　进水舱的基本类型

第二类舱：舱室未灌满水，舱内的水与舷外的海水不相连通，存在自由液面。如因货舱盖损坏灌入海水使货舱被淹，以及船体破洞已被堵塞但尚未抽干的舱室属于这种情况。

第三类舱：舱的顶盖在水线以上，舱内的水与舷外海水相通，舱内的水面与海水保持同一水平面内。船体在水线附近破损引起货舱进水属于这种情况，这是破舱中最普通的情况。

当船的浮态改变时，进水舱的类型可能改变。进水舱从一类转变为另一类的界限是：进水舱中是产生还是消失了自由液面，进水舱和舷外水之间是产生还是停止了水的连通。确定进水舱的类型对于抗沉性计算是特别重要的，因为抗沉性的计算公式是按不同类型的进水情况建立的。

2. 渗透率(permeability)

在计算抗沉性时，还需要考虑到进水舱的型体积 V 与实际进水体积 V_1 的关系，船舱内有各种结构构件、设备、机械和货物等，要占去一部分体积，所以实际的进水体积 V_1 总是小于空舱的理论体积 V。实际进水体积 V_1 与理论体积 V 之比，称为体积渗透率 μ_V，即

$$\mu_V = \frac{V_1}{V}$$

同理，实际进水面积 A_1 与空舱面积 A 的比值，称为面积渗透率 μ_A，即

$$\mu_A = \frac{A_1}{A}$$

通常体积渗透率与面积渗透率之间并无关系，一般在计算中可取相同的数值。有时统称渗透率 μ，通常所说的渗透率指体积渗透率，渗透率 μ 是一个小于1的系数，其大小视舱室用途及装载情况而定，各种不同用途的舱室及不同货物的渗透率可参考表7-1。

表7-1　渗透率的参考值

舱室名称及渗透率 μ		货物名称及渗透率 μ	
起居处所	0.95	面粉(包装)	0.29
机舱、电站、渔业加工设备处所	0.85	牛油(箱装)	0.20
杂货舱、散货舱(矿砂除外)、煤舱、物料舱	0.60	罐装食品	0.30

表 7-1(续)

舱室名称及渗透率μ		货物名称及渗透率μ	
钢材、生铁、矿砂等重货的货舱	0.80	软木(包装)	0.24
装载油、水的双层底、深舱及尖舱	0 或 0.95①	木材	0.35
空舱	0.98	家具(箱装)	0.80
锚链舱、行李舱、轴隧、储藏间	0.60	机器(箱装)	0.85
—	—	车胎(箱装)	0.85
—	—	汽车	0.95
—	—	烟草、橡胶	0.678

①视何者对破舱稳性较为不利而定

3. 计算抗沉性的两种基本方法

船舱破损进水后,如进水量不超过排水量的 10% ~15%,则可用初稳性公式来计算船舶破损以后的浮态和稳性,其基本方法有两种:一种称为增加重量法,另一种称为损失浮力法,这两种方法均属于确定性方法(Deterministic Approach)。

(1)增加重量法(Added Mass)

增加重量法是把浸入破损舱内的水当作增加的液体载荷来考虑,把舱破损后浸入舱内的水的重量 p 当作是增加的重量,于是船的重心从 G 移到 G_1,排水量由 Δ 变为 $\Delta+p$。

(2)损失浮力法(Lost Buoyancy)

损失浮力法把浸入舱内的水当作舷外水来考虑,当舱室破损浸水后,把这一部分体积当做船体以外的一部分,浸入舱内的水也当作舷外水,因此破损后船的重量和重心不变,但是排水体积的形状发生变化,浮心由 B 移到 B_1,这时对应于破损前的水线 WL 的浮力减少了,所以称为损失浮力法。

在实际应用中,对于第一类和第二类破舱进水的情况,通常采用增加重量法确定破损船的浮态和稳性,对于第三类破舱进水的情况,通常在船舶设计时采用浮力损失法。还需要指出的是,用上述两种方法计算所得到的结果是完全一致的,但算出的初稳性高的值是不同的,这是因为初稳性高是对应某一排水量而言的。

7.2 舱室进水后船舶浮态及稳性计算

根据抗沉性计算的两种方法,现对各类舱室进水后船舶的浮态与稳性的计算分述如下。在计算中,假定舱室在进水前是空的,即渗透率 $\mu=1.0$。同时,假定船舶破损进水的进水量不是很大(不超过排水量的 10%),这样可根据初稳性公式进行计算。

7.2.1 第一类舱

如图 7-3 所示,船舶原浮于水线 WL,吃水为 d,排水体积为∇,水的重量密度为 w。

初稳性高为$\overline{GM}$,纵稳性高为$\overline{GM_L}$,水线面面积为 A_W,漂心纵向坐标为 x_F。设水线下进水舱的体积为 V,其重心在 $C(x,y,z)$。

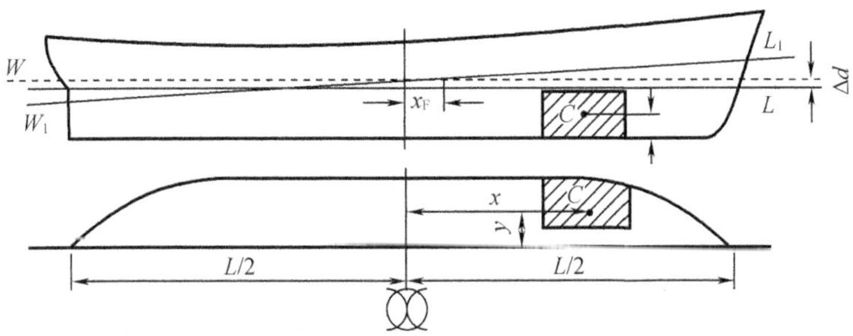

图 7-3　第一类舱进水浮态和稳性计算示意图

1. 按增加重量法计算

将进入舱内的水当作在(x,y,z)处增加了重量为 $p=wV$ 的液体载荷,由于水灌满舱室,所以不存在自由液面。以下计算可按第 4 章中的有关结论进行。

(1)平均吃水的增量

$$\delta d=\frac{p}{wA_W}=\frac{V}{A_W} \tag{7-1}$$

(2)新的横稳性高度

$$\overline{G_1M}=\overline{GM}+\delta h=\overline{GM}+\frac{p}{\Delta+p}\left(d+\frac{\delta d}{2}-\overline{GM}-z\right) \tag{7-2}$$

(3)新的纵稳性高度

$$\overline{G_1M_L}=\overline{GM_L}+\delta H=\overline{GM_L}-\frac{p}{\Delta+p}\overline{GM_L}=\frac{\Delta}{\Delta+p}\overline{GM_L} \tag{7-3}$$

(4)横倾角

$$\tan\phi=\frac{py}{(\Delta+p)\overline{G_1M}}=\frac{py}{\Delta\cdot\overline{GM}+p\left(d+\frac{\delta d}{2}-z\right)} \tag{7-4}$$

(5)纵倾角

$$\tan\theta=\frac{p(x-x_f)}{(\Delta+p)\overline{G_1M_L}}=\frac{p(x-x_f)}{\Delta\cdot\overline{GM_L}} \tag{7-5}$$

(6)由于纵倾而引起的艏艉吃水的变化

$$\delta d_F=\left(\frac{L}{2}-x_f\right)\tan\theta=\left(\frac{L}{2}-x_f\right)\cdot\frac{p(x-x_f)}{\Delta\,\overline{GM_L}} \tag{7-6}$$

$$\delta d_A=-\left(\frac{L}{2}+x_f\right)\tan\theta=-\left(\frac{L}{2}+x_f\right)\frac{p(x-x_f)}{\Delta\,\overline{GM_L}} \tag{7-7}$$

(7)船舶最后的艏艉吃水为

$$d_F'=d_F+\delta d+\delta d_F \tag{7-8}$$

$$d'_A = d_A + \delta d + \delta d_A \tag{7-9}$$

2. 按浮力损失法

船舶损失大小为 $p = wV$ 浮力后，平均吃水下沉到 W_1L_1 水线位置，这样就相当于将原来处于(x,y,z)处的浮力转移至$(x_f, 0, d + \frac{\delta d}{2})$处。

(1)平均吃水的变化

$$\delta d = \frac{p}{wA_W} = \frac{V}{A_W} \tag{7-10}$$

(2)浮心坐标的变化

浮力 pV 由(x,y,z)移至$(x_f, 0, d + \frac{\delta d}{2})$处，根据重心移动原理有

$$\Delta \cdot \delta x_B = wV(x_f - x) \tag{7-11}$$

即

$$\delta x_B = \frac{p(x_f - x)}{\Delta} \tag{7-12}$$

$$\Delta \cdot \delta y_B = wV(0 - y) \tag{7-13}$$

即

$$\delta y_B = -\frac{py}{\Delta} \tag{7-14}$$

$$\Delta \cdot \delta z_B = wV(d + \frac{\delta d}{2} - z) \tag{7-15}$$

即

$$\delta z_B = \frac{p \cdot (d + \frac{\delta d}{2} - z)}{\Delta} = \frac{V(d + \frac{\delta d}{2} - z)}{\nabla} \tag{7-16}$$

(3)新的稳性高度

初稳性高度的变动量 $\delta h = \delta(\overline{BM}) + \delta z_B - \delta z_G$，由于船舶重心位置未变，所以 $\delta z_G = 0$。又因为 p 是一个较小的量，平均吃水的增量 δd 不大，水线面 WL 与 W_1L_1 的惯性矩可以认为相等，船舶的排水体积不变，所以 $\delta(\overline{BM}) = (\frac{I_{T_1}}{\nabla} - \frac{I_T}{\nabla}) \approx 0$，由此

$$\delta h = \delta z_B = \frac{p \cdot (d + \frac{\delta d}{2} - z)}{\Delta} \tag{7-17}$$

新的初稳性高度应为

$$\overline{G_1M} = \overline{GM} + \delta h = \overline{GM} + \frac{p}{\Delta}(d + \frac{\delta d}{2} - z) \tag{7-18}$$

由于船舶的纵稳性高数值很大，损失大小为 $p = wV$ 浮力后，纵稳性高度的变动量 $\delta H = \delta z_B$ 是一个小量，故$\overline{G_1M_L} \approx \overline{GM_L}$。

上式与增加重量法所得的结论不同，这是由于两种不同方法所计算的船舶排水量不

同引起的。

(4)横倾角

由于船舶重心位置不变而浮心位置横移所引起的横倾力矩为$\Delta \cdot \delta y_B$,此时的复原力矩为$\Delta \cdot \overline{G_1M}\sin\phi$。两力矩大小相等而方向相反,有

$$\Delta \cdot \delta y_B + \Delta \cdot \overline{G_1M}\sin\phi = 0 \tag{7-19}$$

ϕ甚小时,$\sin\phi \approx \tan\phi$,所以可以写成

$$\tan\phi = \frac{-\Delta \cdot \delta y_B}{\Delta \cdot \overline{G_1M}} = \frac{py}{\Delta \cdot \overline{G_1M}} = \frac{py}{\Delta \cdot \overline{G_1M} + p\left(d + \frac{\delta d}{2} - z\right)} \tag{7-20}$$

(5)纵倾角

相似地有

$$-\Delta \cdot \delta x_B = \Delta \cdot \overline{G_1M_L}\sin\theta \approx \Delta \cdot \overline{GM_L}\tan\theta \tag{7-21}$$

$$\tan\theta = \frac{-\Delta \cdot \delta x_B}{\Delta \cdot \overline{GM_L}} = \frac{-\delta x_B}{\overline{GM_L}} = \frac{p(x - x_f)}{\Delta \cdot \overline{GM_L}} \tag{7-22}$$

对比式(7-4)和式(7-5),采用增加重量法和采用损失浮力法两种不同方法得到的结果是一致的。

例7-1 某内河船有一舱淹水后该船的排水量$\Delta = 755$ t,用增加重量法算得船舶遭受事故后的横稳性高度为1.20 m,若淹水舱的进水量为60 m^3,试用浮力损失法计算船舶遭受事故后的横稳性高度。

解 按增加重量法

$$\overline{GM_1} = \overline{GM} + \frac{p}{\Delta + p}\left(d + \frac{\delta d}{2} - z - \overline{GM}\right) = 1.2$$

按损失浮力法

$$\overline{GM_2} = \overline{GM} + \frac{p}{\Delta}\left(d + \frac{\delta d}{2} - z\right)$$

将$p = 60$ t代入到上述两个表达式中,有

$$\overline{GM_1} = \overline{GM} + \frac{60}{755}\left(d + \frac{\delta d}{2} - z - \overline{GM}\right) = 1.2$$

$$755 \cdot \overline{GM} + 60 \cdot \left(d + \frac{\delta d}{2} - z - \overline{GM}\right) = 1.2 \times 755$$

$$695 \cdot \overline{GM} + 60 \cdot \left(d + \frac{\delta d}{2} - z\right) = 1.2 \times 755$$

$$\overline{GM} + \frac{60}{695}\left(d + \frac{\delta d}{2} - z\right) = \frac{1.2 \times 755}{695} = 1.304(\text{m})$$

即按损失浮力法,该船在遭遇事故后的初稳性高为

$$\overline{GM_2} = \overline{GM} + \frac{p}{\Delta}\left(d + \frac{\delta d}{2} - z\right) = 1.034(\text{m})$$

7.2.2 第二类舱

这类舱室进水后的浮态与稳性计算比较简单，可采用增加重量法进行计算，同时应考虑到自由液面对稳性的影响。

如图 7－4 所示，船舶原浮于水线 WL，排水体积为∇，水的重量密度为 w，艏艉吃水分别为 d_F 和 d_A，横稳性高为$\overline{GM}$，纵稳性高为$\overline{GM_L}$，水线面积为 A_W，漂心纵向坐标为 x_f，设进水舱体积为 V，其重心在 $C(x,y,z)$ 处，进水舱内自由液面对于其本身的纵向主轴和横向主轴的惯性矩分别为 i_x 和 i_y。

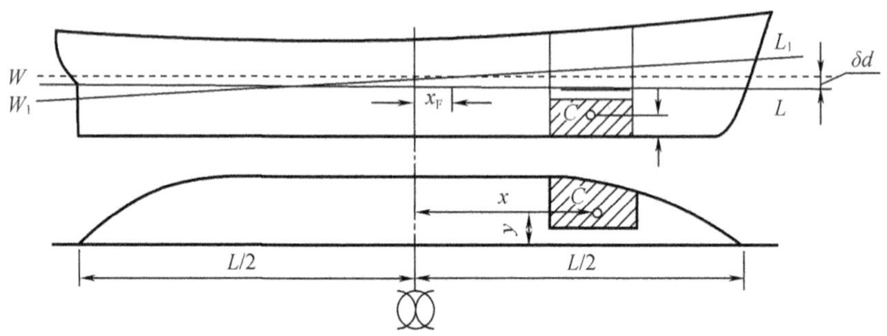

图 7－4 第二类舱进水浮态和稳性计算示意图

(1)平均吃水的增量

$$\delta d=\frac{p}{wA_W}=\frac{V}{A_W} \tag{7-23}$$

(2)新的横稳性高度

$$\overline{G_1M}=\overline{GM}+\frac{p}{\Delta+p}\left(d+\frac{\delta d}{2}-z-\overline{GM}\right)-\frac{w\cdot i_x}{\Delta+p} \tag{7-24}$$

(3)新的纵稳性高度

$$\overline{G_1M_L}=\frac{\Delta\cdot\overline{G_1M_L}}{\Delta+p}-\frac{w\cdot i_y}{\Delta+p} \tag{7-25}$$

(4)横倾角

$$\tan\phi=\frac{py}{(\Delta+p)\overline{G_1M}} \tag{7-26}$$

(5)纵倾角

$$\tan\theta=\frac{p(x-x_f)}{(\Delta+p)\overline{G_1M_L}}=\frac{p(x-x_f)}{\Delta\cdot\overline{GM_L}} \tag{7-27}$$

(6)由于纵倾而引起的艏艉吃水的变化

$$\delta d_F=\left(\frac{L}{2}-x_f\right)\tan\theta \tag{7-28}$$

$$\delta d_A = -\left(\frac{L}{2} + x_f\right)\tan\theta \tag{7-29}$$

(7)船舶最后的艏艉吃水为

$$d'_F = d_F + \delta d + \delta d_F \tag{7-30}$$

$$d'_A = d_A + \delta d + \delta d_A \tag{7-31}$$

例 7-2 某海船 $\Delta = 4\ 000$ t,$L = 125$ m,$B = 13$ m,$d = 4.0$ m,$C_{WP} = 0.72$, $x_f = -2.8$ m, $\overline{GM} = 1.0$ m,$\overline{GM_L} = 120$ m。现将一个矩形舱破损进水,经堵漏只淹进 240 t 海水,进水重心位置在 $C(-30,0,1.3)$处,该舱长 $l = 8.0$ m,宽 $b = 13$ m,高 $h = 3.8$ m,求淹水以后船舶的浮态和稳性。假设海水的密度为 1.025 t/m³。

解 首先判断进水舱室的类型,由于淹水舱的体积为 $V = l \cdot b \cdot h = 8 \times 13 \times 3.8 = 395.2\ \text{m}^3$,进入海水 240 t 且漏洞已堵住,故淹水舱类别为第 2 类舱室,可按增加重量法进行计算。

由 $A_W = C_{WP} \cdot L \cdot B$,有

$$\delta d = \frac{P}{w \cdot A_W} = \frac{240}{1.025 \times 0.72 \times 125 \times 13} \approx 0.2(\text{m})$$

$$\overline{GM_D} = GM + \frac{p}{\Delta + p}\left(d + \frac{\delta d}{2} - z - GM\right) - \frac{wi_x}{\Delta + p}$$

$$= 1.0 + \frac{240}{4\ 000 + 240} \times \left(4 + \frac{0.2}{2} - 1.3 - 1\right) - \frac{1.025 \times \frac{8 \times 13^3}{12}}{4\ 000 + 240}$$

$$\approx 0.748(\text{m})$$

$$\tan\phi = \frac{p \cdot 0}{(\Delta + p)\overline{GM_D}} = 0, \phi = 0, \text{无横倾}$$

$$\overline{GM_{LD}} \approx \frac{\Delta}{\Delta + p}\overline{GM_L} - \frac{wi_x}{\Delta + p}$$

$$= \frac{4\ 000}{4\ 000 + 240} \times 120 - \frac{1.025 \times \frac{13 \times 8^3}{12}}{4\ 000 + 240}$$

$$\approx 113(\text{m})$$

$$\tan\theta = \frac{p(x - x_p)}{(\Delta + p)\overline{GM_{LD}}} = \frac{240 \times [-30 - (-2.8)]}{(4\ 000 + 240) \times 113} \approx -0.013\ 6$$

由纵倾引起的艏艉吃水变化量为

$$\delta d_F = \left(\frac{L}{2} - x_f\right) \cdot \tan\theta = -0.888\ \text{m}$$

$$\delta d_A = -\left(\frac{L}{2} + x_f\right) \cdot \tan\theta = 0.812\ \text{m}$$

新的艏艉吃水为

$$d'_F = d + \delta d + \delta d_F = 4 + 0.2 - 0.888 = 3.312(\text{m})$$

$$d'_A = d + \delta d + \delta d_A = 4 + 0.2 + 0.812 = 5.012(\text{m})$$

7.2.3 第三类舱

这类舱室破损进水后，舱内的水面与船外海水保持同一水平面，其进水量需由最后的水线来确定，因此这类舱室宜采用浮力损失法进行计算，并认为进水后的排水量和重心位置保持不变。

如图 7－5 所示，船舶原浮于水线 WL，排水体积为∇，水的重量密度为 w，吃水为 d，横稳性高为$\overline{GM}$，纵稳性高为$\overline{GM_L}$，水线面积为 A_W，浮心坐标为$(X_B,0,Z_B)$，漂心下纵向坐标为 x_f。设进水舱在水线 WL 下的体积为 V，其重心在 $C(x,y,z)$处，损失水线面面积为 a，面积形心的坐标为$f(x_a,y_a)$。由于船舶损失了浮力而重量未变，因此必须下沉到水线 $W'L'$以获得增补的浮力来维持平衡。

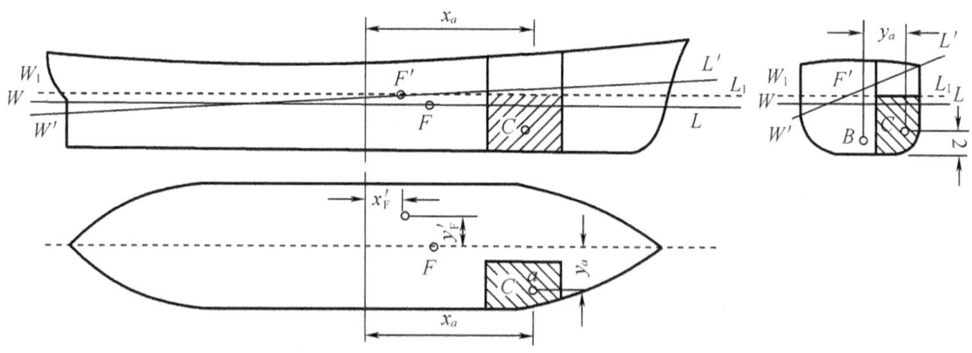

图 7－5 第三类舱进水浮态和稳性计算示意图

（1）平均吃水的增量

$$\delta d = \frac{V}{A_W - a} \tag{7-32}$$

式中，$(A_W - a)$称为有效水线面面积（或称剩余水线面面积）。

（2）有效水线面面积的漂心 $F'(x'_f, y'_f)$

有效水线面面积分别向船中、中线面取静矩，则有

$$x'_f = \frac{A_W x_F - a x_a}{A_W - a} \tag{7-33}$$

$$y'_f = -\frac{a y_a}{A_W - a} \tag{7-34}$$

（3）有效水线面面积对通过其漂心 F'的纵横轴惯性矩 I'_T、I'_L

设 I'_T、I'_L为原水线面面积 A_W 对通过其漂心 F 的纵横轴惯性矩，i_x、i_y 为损失水线面面积 a 对通过其本身形心 f 的纵横轴惯性矩。根据移轴公式，移至通过 F'的纵横轴，有

$$I'_T = I_T - (i_x + a y_a^2) - (A_W - a) y'^2_F \tag{7-35}$$

$$I'_L = I_L - [i_y + a(x_a - x_F)^2] - (A_W - a)(x'_F - x_F)^2 \tag{7-36}$$

(4)浮心位置的变化

损失浮力的作用点在 $C(x,y,z)$ 处,补充浮力的作用点在 $(x_F',y_F',d+\frac{\delta d}{2})$ 处,即将原来处于 (x,y,z) 处的浮力转移至 $(x_F',y_F',d+\frac{\delta d}{2})$,根据重心移动原理则有

$$\Delta\delta x_B = wV(x_F' - x)$$

$$\Delta\delta y_B = wV(y_F' - y)$$

$$\Delta\delta z_B = wV(d + \frac{\delta d}{2} - z)$$

可以推得

$$\delta x_B = -\frac{V(x - x_F')}{\nabla} \tag{7-37}$$

$$\delta y_B = -\frac{V(y - y_F')}{\nabla} \tag{7-38}$$

$$\delta z_B = -\frac{V[z - (d + \frac{\delta d}{2})]}{\nabla} \tag{7-39}$$

(5)纵稳性半径的变化

$$\delta(\overline{BM}) = \frac{I_T'}{\nabla} - \frac{I_T}{\nabla} \tag{7-40}$$

$$\delta(\overline{BM_L}) = \frac{I_L'}{\nabla} - \frac{I_L}{\nabla} \tag{7-41}$$

(6)新的稳性高度

稳性高度的变化为

$$\delta h = \delta(\overline{BM}) + \delta z_B - \delta z_G \tag{7-42}$$

$$\delta H = \delta(\overline{BM_L}) + \delta z_B - \delta z_G \tag{7-43}$$

由于船舶重心位置保持不变,故

$$\delta z_G = 0 \tag{7-44}$$

新的稳性高度为

$$\overline{G_1M} = \overline{GM} + \delta h = \overline{GM} + \delta(\overline{BM}) + \delta z_B \tag{7-45}$$

$$\overline{G_1M_L} = \overline{GM_L} + \delta H = \overline{GM_L} + \delta(\overline{BM_L}) + \delta z_B \tag{7-46}$$

(7)横倾角与纵倾角

$$\tan\phi = -\frac{\Delta\cdot(y - y_F')}{\Delta\cdot\overline{G_1M}} \tag{7-47}$$

$$\tan\theta = -\frac{\Delta\cdot(x - x_F')}{\Delta\cdot\overline{G_1M_L}} \tag{7-48}$$

(8)艏艉吃水变化

$$\delta d_{\mathrm{F}} = (\frac{L}{2} - x'_{\mathrm{F}})\tan\theta \tag{7-49}$$

$$\delta d_{\mathrm{A}} = -(\frac{L}{2} + x'_{\mathrm{F}})\tan\theta \tag{7-50}$$

(9)船舶最后的艏艉吃水

$$d'_{\mathrm{F}} = d_{\mathrm{F}} + \delta d + \delta d_{\mathrm{F}} \tag{7-51}$$

$$d'_{\mathrm{A}} = d_{\mathrm{A}} + \delta d + \delta d_{\mathrm{A}} \tag{7-52}$$

例 7-3　某长方形海船如图 7-6 所示,其船长 $L=20$ m,宽 $B=5$ m,未破损时吃水 $d_1=1.5$ m,该船内部有三个舱室(compartment),船首部(3 号舱室)和尾部舱室(1 号舱室)长 8 m,船舯处舱室(2 号舱室)长 $l=4$ m,假设该船 2 号舱室破损进水,未破损时该船重心高 $KG=1.5$ m,试求:

(1)完整状态下,该船的横稳性高$\overline{GM_1}$;

(2)采用损失浮力法,计算 2 号舱室破损进水后该船的剩余水线面面积 A_{L}、吃水 d_{L} 和横稳性高$\overline{GM_{\mathrm{Lost}}}$。

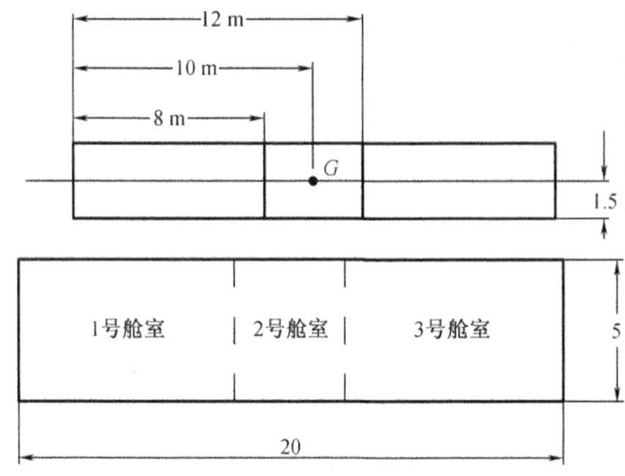

图 7-6

解　(1)完整状态下

该船的排水体积为

$$\nabla_1 = LBd_1 = 20 \times 5 \times 1.5 = 150(\mathrm{m}^3)$$

排水量为

$$\Delta_1 = \rho \nabla_1 = 1.025 \times 150 = 153.75(\mathrm{t})$$

水线面对纵向中心轴的横向惯性矩为

$$I_1 = \frac{B^3 L}{12} = \frac{5^3 \times 20}{12} = 208.333\ 3(\mathrm{m}^4)$$

横稳心半径为

$$\overline{BM_1} = \frac{I_1}{\nabla_1} = \frac{208.333\ 3}{150} = 1.389(\mathrm{m})$$

浮心高度为

$$\overline{KB_1}=\frac{d_1}{2}=0.75(\mathrm{m})$$

因此,完整状态下的该船的横稳性高为

$$\overline{GM_1}=\overline{BM_1}+\overline{KB_1}-\overline{KG_1}=1.389+0.75-1.50=0.639(\mathrm{m})$$

(2)2 号舱室破损后,采用损失浮力法,剩余的水线面面积为

$$A_{\mathrm{L}}=(L-l)B=(20-4)\times5=80(\mathrm{m}^2)$$

吃水为

$$d_{\mathrm{L}}=\frac{\nabla_1}{A_{\mathrm{L}}}=\frac{150}{80}=1.875(\mathrm{m})$$

浮心高为

$$\overline{KB_{\mathrm{L}}}=\frac{d_{\mathrm{L}}}{2}=0.938(\mathrm{m})$$

剩余的水线面对纵向中心轴的横向惯性矩为

$$I_{\mathrm{L}}=\frac{B^3(L-l)}{12}=\frac{5^3(20-4)}{12}\approx166.667(\mathrm{m}^4)$$

横稳心半径为

$$\overline{BM_{\mathrm{L}}}=\frac{I_{\mathrm{L}}}{\nabla_1}=\frac{166.6667}{150}=1.111(\mathrm{m})$$

破损后的横稳性高为

$$\overline{GM_{\mathrm{Lost}}}=\overline{BM_{\mathrm{L}}}+\overline{KB_{\mathrm{L}}}-\overline{KG_1}=1.111+0.938-1.50=0.549(\mathrm{m})$$

例7-4 某长方体船,$L=20$ m,$B=4$ m,$d=2$ m,现将船划分为8个舱室(A~H),如图7-7所示。开始时处于正浮状态,求G舱破损后长方体船的漂心位置,纵、横稳性高及四个角点 a、b、c、d 的吃水。(假设重心高度 $z_G=1.0$ m)

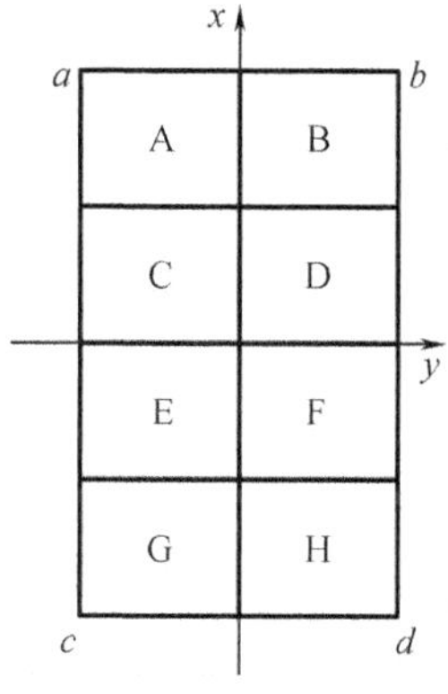

图7-7

解 采用损失浮力法计算:

损失的水线面面积 $a=\frac{LB}{8}$,形心 $f(x_a,y_a)=(-\frac{3}{8}L,-\frac{B}{4})$,重心位置 $c(x,y,z)=$

$c(-\frac{3L}{8},-\frac{B}{4},-\frac{d}{2})$

剩余的水线面面积为

$$A'_{\mathrm{W}}=A_{\mathrm{W}}-a=\frac{7}{8}LB$$

按损失浮力法,排水量不变:

$$\Delta=LBd$$

吃水改变量为

$$\delta d=\frac{LBd/8}{LB-LB/8}=\frac{d}{7}$$

新的吃水为

$$d'=d+d'=\frac{8d}{7}$$

G 舱破损后,剩余水线面面积 A'_{W} 的漂心位置 $F'(x'_{\mathrm{F}},y'_{\mathrm{F}})$:

$$x'_{\mathrm{F}}=\frac{M_{oy}}{A'_{\mathrm{W}}}=\frac{A_{\mathrm{W}}x_{\mathrm{F}}-LB/8\times(-3L/8)}{7LB/8}=\frac{3L}{56}=\frac{3\times20}{56}\approx1.07(\mathrm{m})$$

$$y'_{\mathrm{F}}=\frac{M_{ox}}{A'_{\mathrm{W}}}=\frac{A_{\mathrm{W}}y_{\mathrm{F}}-LB/8\times(-B/4)}{7LB/8}=\frac{B}{28}=\frac{4}{28}\approx0.143(\mathrm{m})$$

(注:未破损时,水线面面积 A_{W} 的漂心位置 $F(x_{\mathrm{F}},y_{\mathrm{F}})=F(0,0)$)

损失浮力的作用点在 $c(x,y,z)=c(-\frac{3L}{8},-\frac{B}{4},-\frac{d}{2})$处,补偿浮力的作用点在$(x'_{\mathrm{F}},y'_{\mathrm{F}},d+\frac{\delta d}{2})=(\frac{3L}{56},\frac{B}{28},\frac{15d}{14})$处,由重心移动原理可知:

$$\delta x_{B}=\frac{-v[x-x_{\mathrm{F}}]}{\nabla}=-\frac{1}{8}\times\left(-\frac{3}{8}L-\frac{3}{56}L\right)=\frac{3}{56}L$$

$$x'_{\mathrm{B}}=x_{\mathrm{B}}+\delta x_{\mathrm{B}}=\frac{3}{56}L=x'_{\mathrm{F}}$$

$$\delta y_{\mathrm{B}}=\frac{-v[y-y_{\mathrm{F}}]}{\nabla}=-\frac{1}{8}\times\left(-\frac{1}{4}B-\frac{1}{28}B\right)=\frac{1}{28}B$$

$$y'_{\mathrm{B}}=y_{\mathrm{B}}+\delta y_{\mathrm{B}}=\frac{1}{28}B=y'_{\mathrm{F}}$$

$$\delta z_{\mathrm{B}}=\frac{-v\left[z-(d+\frac{\delta d}{2})\right]}{\nabla}=-\frac{1}{8}\times\left(\frac{1}{2}T-\frac{15}{14}T\right)=\frac{1}{14}d$$

$$z'_{\mathrm{B}}=z_{\mathrm{B}}+\delta z_{\mathrm{B}}=\frac{1}{2}d+\frac{1}{14}d=\frac{4}{7}d$$

(方法二:由于水下部分为柱体,新的浮心位置 $z'_{\mathrm{B}}=\frac{d'}{2}=\frac{4d}{7}$;$x'_{\mathrm{B}}=x'_{\mathrm{F}}$;$x'_{\mathrm{B}}=x'_{\mathrm{F}}$)

破损后船的水线面惯性矩为

$$I'_{\mathrm{T}}=I_{\mathrm{T}}-(i_x+ay_a^2)-A'_{\mathrm{W}}y'^2_{\mathrm{F}}$$
$$=\frac{LB^3}{12}-\left[\frac{L/4\times(B/2)^3}{12}+\frac{LB}{8}\times(-\frac{B}{4})^2\right]-\frac{7LB}{8}\times(\frac{B}{28})^2$$

$$=0.0718LB^3$$

$$I_L' = I_L - [i_y + a(x_a - x_F)^2] - A_W'(x_F' - x_F)^2$$

$$= \frac{L^3B}{12} - \left[\frac{(L/4)^3 \times (B/2)}{12} + \frac{LB}{8} \times \left(-\frac{3L}{8} - 0\right)^2\right] - \frac{7LB}{8} \times \left(\frac{3L}{56} - 0\right)^2$$

$$=0.062593L^3B$$

新的稳心高为

$$GM' = z_B' + \frac{I_T'}{\nabla} - z_g = \frac{4d}{7} + 0.0718\frac{B^2}{d} - 1 = 0.7173\ \text{m}$$

$$GM_L' = z_B' + \frac{I_L'}{\nabla} - z_g = \frac{4d}{7} + 0.062593\frac{L^2}{d} - 1 = 12.661\ \text{m}$$

横倾角为

$$\tan\phi = \frac{v(y - y_F')}{\nabla\, GM'} = \frac{1}{8} \times \frac{(-\frac{1}{4}B - \frac{1}{28}B)}{0.7173} = -0.2$$

或

$$\tan\phi = -\frac{y_B'}{GM'} = -\frac{0.143}{0.7173} \approx -0.2$$

纵倾角为

$$\tan\theta = \frac{v(x - x_F')}{\nabla\, GM_L'} = \frac{1}{8} \times \frac{(-\frac{3}{8}L - \frac{3}{56}L)}{12.661} = -0.0845$$

或

$$\tan\theta = -\frac{x_B'}{GM_L'} = -\frac{1.07}{12.661} \approx -0.0845$$

a 点吃水：

$$d_a = d' + (\frac{L}{2} - x_F')\tan\theta - (\frac{B}{2} + y_F')\tan\phi$$

$$=2.286 + (10 - 1.07) \times (-0.0845) - (2 + 0.143) \times (-0.2) \approx 1.960(\text{m})$$

b 点吃水：

$$d_b = d' + (\frac{L}{2} - x_F')\tan\theta + (\frac{B}{2} - y_F')\tan\phi$$

$$=2.286 + (10 - 1.07) \times (-0.0845) + (2 - 0.143) \times (-0.2) \approx 1.160(\text{m})$$

c 点吃水：

$$d_c = d' - (\frac{L}{2} + x_F')\tan\theta - (\frac{B}{2} + y_F')\tan\phi$$

$$=2.286 - (10 + 1.07) \times (-0.0845) - (2 + 0.143) \times (-0.2) \approx 3.650(\text{m})$$

d 点吃水：

$$d_d = d' - (\frac{L}{2} + x_F')\tan\theta + (\frac{B}{2} - y_F')\tan\phi$$

$$=2.286 - (10 + 1.07) \times (-0.0845) + (2 - 0.143) \times (-0.2) \approx 2.850(\text{m})$$

7.2.4 一组舱室进水的情况

在一组舱室同时进水的情况下，则应当将这组舱室化成一个等量舱，即该舱进水后对船舶的浮态与稳性的影响同一组舱室进水的影响相同。为此首先需要算出等量舱的有关数据,然后仍用以上公式计算。

(1)等量舱的进水体积

$$V = \sum V_i \tag{7-53}$$

式中 V_i——第 i 舱进水体积。

(2)等量舱的形心位置

$$x = \frac{\sum V_i x_i}{\sum V_i}; \quad y = \frac{\sum V_i y_i}{\sum V_i}; \quad z = \frac{\sum V_i z_i}{\sum V_i} \tag{7-54}$$

式中 (x_i, y_i, z_i)——第 i 舱进水体积的形心坐标。

(3)等量舱损失水线面积

$$a = \sum a_i \tag{7-55}$$

式中 a_i——第 i 舱损失的水线面面积。

(4)等量舱损失水线面积形心

$$x_a = \frac{\sum a_i x_i}{a} \tag{7-56}$$

$$y_a = \frac{\sum a_i y_i}{a} \tag{7-57}$$

式中,(x_i, y_i)为第 i 舱损失水线面积形心坐标。

需要指出的是,上述单舱一组舱室进水所用的公式都是根据初稳性公式而得的,因此,只有在进水量不大(不超过排水量的 10% ~15%)的情况下,才能得到比较正确的结果,同时还要考虑进水舱的实际渗透率 μ 值。若进水量较大,则可用逐步近似法(或称累次近似法)求得比较正确的结果。

7.3 可浸长度的计算

7.3.1 可浸长度基本概念

为了保证船舶在遭受海损事故以后不致沉没,必须对其破舱后的下沉极限做出规定,对于民用船而言,其下沉极限是在舱壁甲板(水密横舱壁达到的最高一层甲板)顶面的边缘线以下 76 mm 处,也就是说,船舶在破损后至少应有 76 mm 的干舷。在船舶侧视图上,舱壁甲板边线以下 76 mm 处的一条与甲板边线平行的曲线称为安全限界线,如图 7-8 所示。限界线上各点的切线表示所允许的最高海损水线,或称极限海损水线。

要使船舶破舱以后的水线不超过安全限界线,就必须对船舱的长度加以限制,船舱的最大许可长度称为可浸长度(Floodable length),表示进水以后船舶的海损水线恰与安全限界线相切。舱室在船长方向的位置不同,它的可浸长度也不同。如图 7-8 所示,在分舱载重线(通常取满载水线)*WL* 时,设船舶某一假想舱 *AB* 破舱进水,使船舶下沉和纵倾最终达到平衡状态下的新水线 W_1L_1，刚好与限界线相切，则把这一假想舱的长度称为该舱长中点 R 处的可浸长度 l。

可浸长度的大小与其所在位置 R 有关。为了便于表示，将 R 点的可浸长度表示为 R 点的垂距 $RC=l$。将各点的可浸长度画成图7-8所示的可浸长度曲线，据此可得沿船长任一位置处的可浸长度。由图可见，位于船中部的可浸长度，虽然舱室进水体积较大，但因船舶几乎仅有平行下沉，故可浸长度较大；船中前后则因同时有纵倾，故可浸长度下降；位于舷两端，因船体形状瘦削，进水量显著减小，故可浸长度又增大。可浸长度的大小还与干舷高度的大小有关，干舷高度愈大 l 愈大，反之则愈小。此外，l 与渗透率 u 有关。

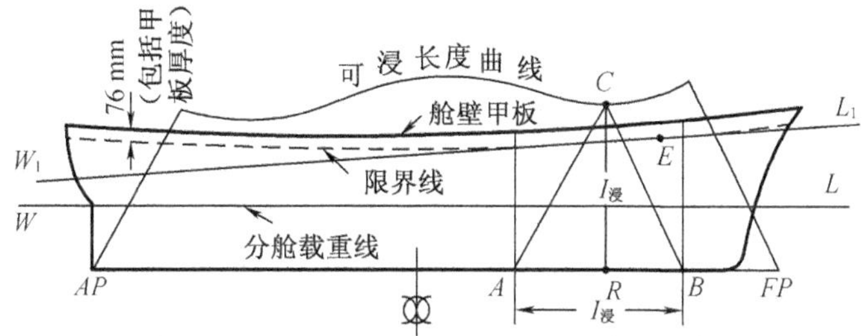

图7-8 限界线、极限海损水线和可浸长度曲线

7.3.2 计算可浸长度的基本原理

如图7-9所示，设船舶原浮于满载水线 WL，排水体积为 ∇，浮心纵向坐标为 x_B。若某舱破损进水后，其进水体积为 V_i，形心纵向坐标为 x_i，船舶下沉到 W_1L_1 水线，船舶排水体积为 ∇_1，浮心纵向坐标为 x_B'，如图7-9所示。

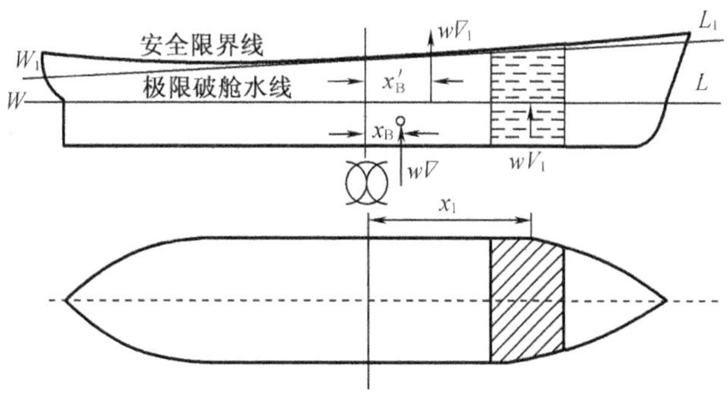

图7-9 极限破舱水线面

此时必存在这样的关系

$$\nabla_1 = \nabla + V_i \tag{7-58}$$

$$\nabla_1 x_B' = \nabla x_B + V_i x_i \tag{7-59}$$

或写为

$$V_i = \nabla_1 - \nabla \tag{7-60}$$

$$x_i = \frac{\nabla_1 x_B' - \nabla x_B}{V_i} = \frac{M_1 - M}{V_i} \tag{7-61}$$

式(7－61)中,$M_1 = \nabla_1 x_B'$,表示极限破舱水线 W_1L_1 以下的排水体积∇_1 对中横剖面的体积静矩;$M = \nabla\ x_B$ 表示计算水线 WL 以下的体积∇对中横剖面的体积静矩。∇、M、∇_1、M_1 可根据邦戎曲线用数值积分的方法求得。

7.3.3 可浸长度的计算

1. 绘制极限海损水线

在邦戎曲线图上先画出满载水线和限界线,并从限界线的最低点作一条水平的极限海损水线 p,然后在艏艉垂线处自 p 线向下量取一段距离 z,其数值可按下式求得

$$d = 1.6D - 1.5d$$

式中 D——舱壁甲板的型深;

d——吃水。

在距离 d 内取 2～3 个等分点,并从各等分点作与限界线相切的纵倾极限海损水线 $1F$、$2F$、$3F$、$1A$、$2A$、$3A$ 等,如图 7－10 所示,通常极限海损水线约取 7～10 条,其中艉倾水线 3～4 条。这些极限海损水线相应于沿船长不同舱室进水时船舶的最大下沉限度。

先在邦戎曲线图上分别量取满载水线及其极限海损水线的各站横剖面面积,并用近似法算出相应于满载水线及极限海损水线的排水体积∇和∇_1,以及对于船中剖面的体积静矩 M 和 M_1,根据式(7－60)和式(7－61)即可求得破舱进水体积 V_i 及其形心 x_i。计算可按数值积分方法列表进行,见表 7－2。并将计算结果绘成进水舱容积曲线,即 $V_i - x_i$ 曲线,如图 7－11 所示。

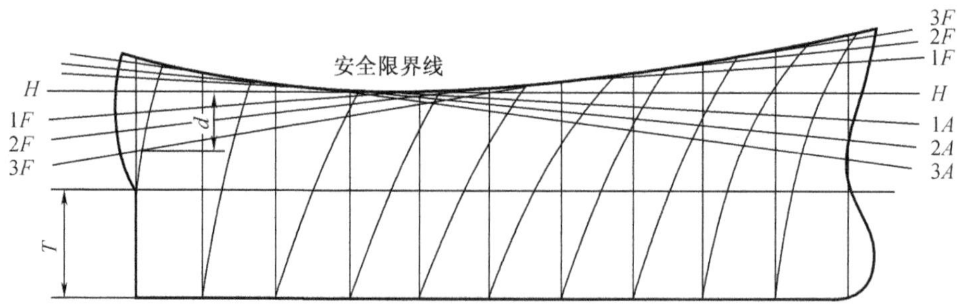

图 7－10 极限海损水线的绘制

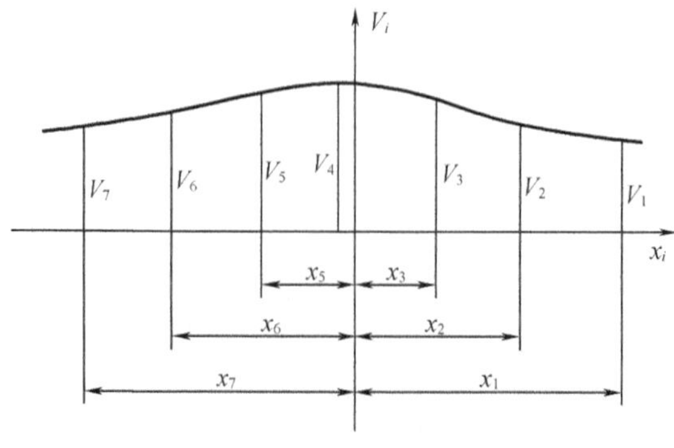

图 7－11 $V_i - x_i$ 曲线

3. 计算进水舱的可浸长度

某极限海损水线 W_1L_1 的进水舱体积及其重心位置用上述方法可以计算出来，现在的问题是怎样求出舱的长度和位置，使得该舱进水的体积恰为 V_i，而重心纵向位置恰为 x_i。对于这种计算，采用图解法最为简便。

先绘制在极限海损水线下进水舱重心位置 x_i 附近一段的横剖面面积曲线及该段的积分曲线，如图 7－12 所示。然后从船中量取 x_i 的值，作铅垂线与 A 的积分曲线交于 O 点，在该垂线上截取 $CD=V_i$，并使 AOC 面积等于 BOD 面积，则 A、B 两点之间的水平距离即为可浸长度 l，该舱中点至中横剖面的距离 x 也可在该图中量出。

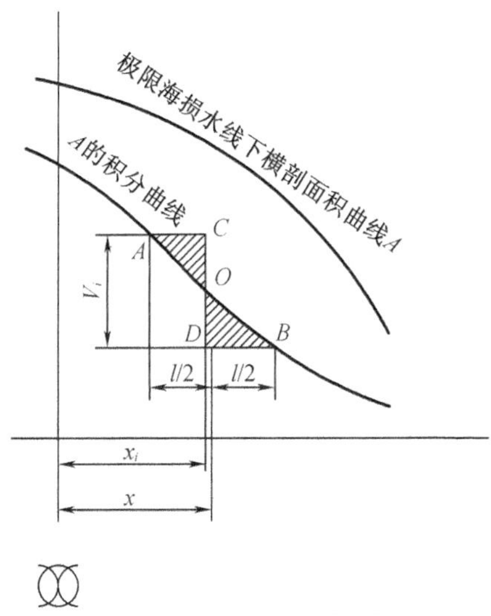

图 7－12 进水舱的可浸长度计算

表 7-2 极限海损水线下∇_i、M_i、V_i 及 x_i 计算表

		力臂乘数 K_i	极限海损水线号										
			H		$1A$		$2A$		$3A$		$1F$		…
			A_i/m^2	A_iK_i	A_i/m^2	A_iK_i	A_i/m^2	A_iK_i	A_i/m^2	A_iK_i	A_i/m^2	A_iK_i	…
横剖面站号	0	−10											
	1	−9											
	2	−8											
	3	−7											
	4	−6											
	5	−5											
	6	−4											
	7	−3											
	8	−2											
	9	−1											
	10	0											
	11	1											
	12	2											
	13	3											
	14	4											
	15	5											
	16	6											
	17	7											
	18	8											
	19	9											
	20	10											
总和 $\sum'$													
修正值 ε													
修正后总和 $\sum$													
$\nabla_i = \frac{L}{20}\sum A_i$		m^3											
$V_i = \nabla_i - \nabla$		m^3											
$M_i = (\delta L)^2 \sum A_iK_i$		m^4											
$m_i = M_i - M$		m^4											
$x_i = m_i/V_i$													

实践表明,进水舱的舱长中点通常总是在其相应极限海损水线与安全限界线切点附近,故极限海损水线下的横剖面面积曲线与限界线下的横剖面面积曲线在进水舱附近几乎相同。因此,常用限界线的横剖面面积曲线及其积分曲线来代替所有极限海损水线的横剖面面积曲线及积分曲线,如图7-13所示。这样便可迅速求出所有极限海损水线的进水舱长度及其位置。由于进水舱所对应的极限海损水线下的横剖面面积略小于安全限界线下的横剖面面积,故计算所得之可浸长度略小于实际长度,偏于安全,因此是允许的。

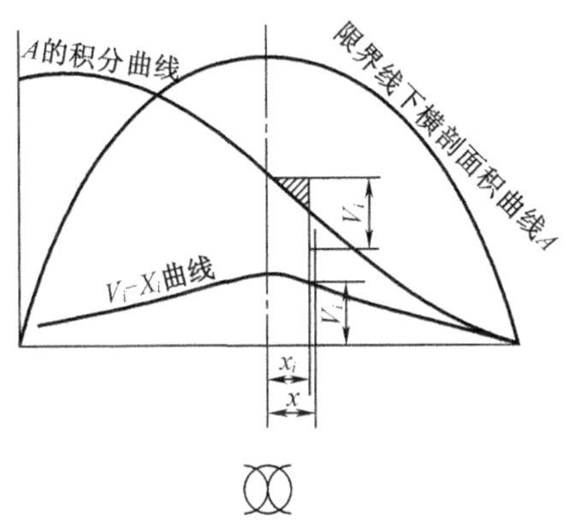

图7-13 限界线的横剖面面积曲线及其积分曲线

4. 绘制可浸长度曲线

根据上面计算所得各进水舱的可浸长度及其中点至中横剖面的距离,在船体侧视图上标出各进水舱的中点,并向上作垂线,然后截取相应的可浸长度为纵坐标,并连成曲线,即得可浸长度曲线,如图7-14所示。应当指出的是,以上所求得的可浸长度是假定渗透率$\mu=1$的情况,因而必须对求得的长度除以渗透率,以求得实际的可浸长度,画出实际的可浸长度曲线。显然,可浸长度曲线受艏、艉两端处$\theta=\arctan2$的两条斜线所限制,这是因为在此区域外,进水舱长度之半可能大于该舱的中点到两端的距离,即无法再分舱了。

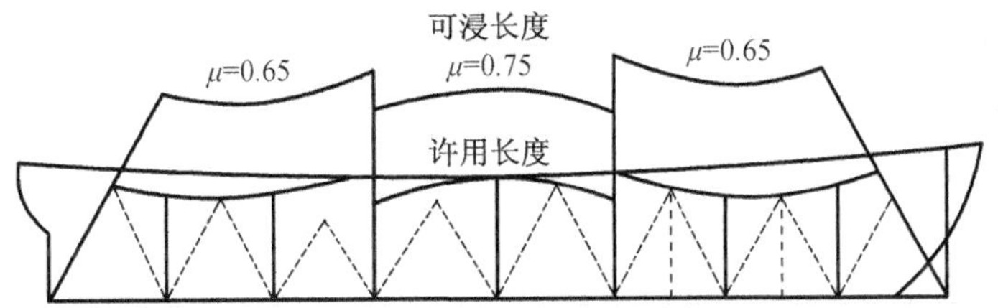

图7-14 可浸长度曲线

7.3.4 分舱因数及许用舱长

不同类型的船舶对抗沉性的要求是不同的,为了体现这些不同的要求,在《海船法定检验技术规则》中采用了一个小于1的系数F,即$F \leqslant 1$,称为分舱因数(factor of subdivision)。如果可浸长度为 l,则 Fl 称为许用舱长(permissible length),即

$$许用舱长 = 可浸长度\ l \times 分舱因数\ F = Fl$$

如果许用舱长等于可浸长度,即 $F=1$,称一舱制船,这表明船舶一舱进水后仍能浮于极限水线;如果许用舱长等于可浸长度之半,即 $F=0.5$,称二舱制船,这表明船舶在相邻二舱进水后仍能浮于极限水线;如果许用舱长等于可浸长度的1/3,即 $F\approx0.33$,称三舱制船,这表明船舶在相邻三舱进水后仍能浮于极限水线。若用分舱因数 F 来表示,则:

对于一舱制船　$1\geqslant F>0.5$

对于二舱制船　$0.5\geqslant F>0.33$

对于三舱制船　$0.33\geqslant F>0.25$

由此可见,分舱因素是决定船舶抗沉性要求的一个关键因素,其具体数值与船舶长度、用途及业务性质有关。船舶水密舱的划分,是根据实际需要而布置的。许用舱长曲线仅作为保证船舶满足抗沉性的要求,而对舱室的长度加以一定的限制。

以上讨论的可浸长度与许用舱长的计算都没有考虑船舶破损以后的稳性问题,故尚需对稳性进行校核计算,这对于客船更应引起重视。有关破舱稳性的要求可参阅相关规范文件。

7.4 破损稳性规范

船舶在一舱或数舱破损进水后是否会沉没或倾覆,除了和船舶受损的程度和破损后船员所采取的损害管制措施有关以外,船体水密舱壁的设置是关键的因素。分舱的规定就是对船舶用水密舱壁分隔的要求。破舱稳性的规定是指船舶在一舱或数舱破损进水后仍应保持一定的浮态和稳性的要求。破舱稳性也就是船舶残存的能力,它是保证船舶安全的一项重要性能。

近年来,为了进一步保障船舶的安全和防止海洋环境污染,国际公约和规则对船舶分舱和破舱稳性的要求越来越高,今后仍有更从严要求的趋势。现行的国际公约和规则,除了小型船舶以外,几乎对所有各型运输船舶都有破舱稳性的要求,对客船和油船还有具体的分舱规定。表7-3列举了涉及分舱和破舱稳性规定的主要国际公约、规则和文件,以及它们所适用的船舶类型。

表7-3　涉及破舱稳性规定的主要国际公约、规则和文件

序号	名称	适用船种	生效日期	使用性质
1	ICLL 66	"A""B-60""B-100"型船	1966.7	强制
2	ICLL 66/1988 年议定书	同1	2000.2	强制
3	SOLAS 90	客船	1990.4	强制

表 7 -3(续)

序号	名称	适用船种	生效日期	使用性质
4	SOLAS 92(B -1 规则)	干货船	1992.2	强制
5	IMO A.265(Ⅷ)	客船	1973.11	等效
6	MARPOL 73 / 78	现有油船	1983.10	强制
7	MARPOL 73 / 78 及 1992 年修正案	油船	1993.7	强制
8	SOLAS 74 / 83 修正案,IBC 规则	散装化学品船	1986.7	强制
9	SOLAS 74 / 83 修正案,IGC 规则	散装液化气船	1986.7	强制
10	IMO A.469(Ⅶ)	近海供应船	1981.11	推荐
11	IMO A.491(Ⅶ)	核动力商船	1981.11	推荐
12	IMO A.534(Ⅷ)	特殊用途船	1983	推荐
13	IMO MSC 36(63)	高速船	1996.1	强制
14	SOLAS 09 第Ⅻ章	客船、货船	2009.1.1	强制

ICLL 66——1966 年国际载重线公约。

ICLL 66/1988 年议定书——1966 年国际载重线公约 1988 年议定书。

SOLAS 90——1990 年国际海上人命安全公约综合文件,包括 1974 年国际海上人命安全公约,1978 年议定书,1981,1983,1988(4),1988(10)等修正案。

SOLAS 92(B -1 规则)——国际海上人命安全公约 1992 年综合文本的 B -1 规则。

IMO A.265(Ⅷ)——国际海事组织大会决议 A.265(Ⅷ)。

MARPOL 73/78——1973 年国际防止船舶造成污染公约及 1978 年议定书。

IBC 规则——国际散装运输危险化学品船舶构造和设备规则。

IGC 规则——国际散装运输液化气体船舶构造和设备规则。

IMO MSC 36(63)——国际海事组织海上安全委员会决议 MSC 36(63)。

SOLAS 09——经 MSC.194(80)和 MSC.216(82)修订的 SOLAS 公约。

* 适用于所有船长在 80 m 及以上的货船,但不包括油船、散装化学品船、散装液化气船、近海供应船、特殊用途船和适用载重线公约(ICLL)破损稳性要求的船。

表 7 -3 中,生效日期在后的公约、规则和文件的要求优先于生效日期在前的相关公约、规则和文件要求。“A 型”船舶指载运液体货物的船舶(如油船)。因这类船舶货舱口小且封闭条件好,露天甲板完整性高 ,再如油船甲板设备少,较易排水,货物渗透率低,抗沉的安全程度较高,规范将其归为一类,其最小干舷可低些。除此之外都是“B 型”船,其最小干舷应大些。“B -60”“B -100”型船为国际载重线公约对“B 型”船干舷不同要求而进行的划分。

对于非国际航行船舶,我国现行法规规定:对船长 80 m 以下的客船仅要求满足一舱不沉,在一舱破损情况下的破舱稳性要求与国际公约相比有所放宽;船长 80 m 及以上的客船与国际公约的要求完全一致;对一般货船还没有提出破舱稳性的要求;对油船,除载重量小于 3 000 t 的油船可免除双壳体结构要求以外,其余要求与国际公约基本一致;对散装化学品船和散装液化气体船的要求与国际规则一致。

破舱稳性的衡准以往都是采用确定性的计算方法(Deterministic Approach)。该方法规定了船体破损的范围、位置及破舱前的船舶状态,确定一个或几个最危险的破损舱或舱组,计算出破舱后的浮态和稳性,按规定的残存条件来衡准船舶是否满足破舱稳性要求。确定性方法要求任一计算状态都必须满足所有的残存条件。但是,海损事故统计表明,船舶的破损是随机的,各种可能的水密舱壁的分隔情况在浸水后对船舶残存能力的贡献也存在概率因素。因此,在20世纪70年代初提出了建立在海损事故统计分析基础上的破舱稳性概率衡准方法。1973年国际海事组织大会通过决议,首先在客船的破舱稳性衡准中采用了这种方法,并以等效规则的形式来执行(即与确定性方法等效)。随后,新建立起来的干货船的破舱稳性衡准也采用了概率衡准方法(Probabilistic Approach)。概率衡准方法的校核计算工作量要比确定性方法大得多。目前,除了客船的等效规则和干货船的破舱稳性衡准方法以外,其他公约和规则仍采用确定性方法。随着计算机辅助设计的普及和计算能力的提高,今后有可能更多采用概率衡准方法。

破舱稳性概率衡准方法与确定性方法比较,主要有以下区别:

(1)规定了船舶破损的最大范围,在该范围内横向、纵向和水平的分隔都可能破损,即不限制破损的部位,无论单独舱、两个舱还是两个以上相邻舱组都有破损浸水的概率。

(2)规定了船舶受损浸水后的残存概率,即规定了残存船舶的浮态和稳性指标与生存概率之间的关系。

(3)规定了破损前船舶的状态,然后对每一种状态计算所有可能对船舶破损后的“生存力”有贡献的舱和舱组(假定这种舱或舱组浸水),全部的这些贡献之和称为船舶达到的分舱指数(A)。

(4)破除了确定性方法中分舱因数F(即所谓“一舱制”“二舱制”“三舱制”)的概念,允许某些舱或舱组浸水后船舶残存能力低于衡准的要求。取而代之的是,根据统计资料规定了一个要求的分舱指数(R,Required subdivision index),当船舶达到的分舱指数(A,Attained subdivision index)不小于要求的分舱指数(R)时,就认为船舶破舱稳性满足要求。

值得注意的是,由于船首的破损可能性最大,因此所有船舶分舱时,都必须设置防撞舱壁。在货船的破舱稳性概率衡准方法中,还特别规定了防撞舱壁前的舱室破损时,其生存概率必须等于1。此外,法规在船舶构造的规定中,对防撞舱壁距艏垂线的距离也有明确的规定,主要也是基于船首易破损考虑。

下面以客船为列,简要介绍现有规范对客船分舱和破损稳性的要求。

7.4.1 客船的分舱和破舱稳性要求(确定性方法)

客船由于载运乘客的关系,国际公约(SOLAS)和法规对客船的分舱和破舱稳性要求比较高。除个别情况外,所有海洋客船(载客人数超过12人的船舶)都必须满足分舱(subdivision)和破舱稳性的要求。

确定性方法计算客船的分舱和破舱稳性,首先要根据型线图计算出可浸长度曲线,然后根据船舶的业务性质(由船的长度、乘客人数、乘客处所容积及机器处所容积和主船体总容积等因数决定),确定其分舱因数(F),由可浸长度和分舱因数计算得许可舱长。许可舱长是对船舶分舱最大长度的限制。然后再根据实际的分舱情况和破损范围,选取使船破损后的浮态和稳性出现最不利情况的浸水舱或舱组(不能确定时,选择几种可能出现不利情况的舱或舱组分别计算),计算出破舱后的浮态和剩余稳性,校核是否满足规定。计算中,可浸长度曲线和破损舱的进水量应考虑渗透率的影响,浸水舱的数量由分舱因数(F)及规定的破损范围所决定。

非国际航行的客船(船长小于 80 m),因仅要求任意一舱破损后满足浮态和破舱稳性,所以,可以不用计算分舱因数(F),也可以不提供可浸长度曲线。但在船舶设计过程中,先计算出可浸长度曲线有助于分舱,减少在分舱时的盲目性。

关于可浸长度曲线的计算原理和方法在船舶静力学中已有介绍,这里不做详细说明。本节主要介绍许可舱长的计算和对单体客船的破舱稳性及浮态的规定(国际航行客船)。对于滚装客船,SOLAS 公约还有特殊规定。此外我国法规对双体客船的分舱和破舱稳性也做了具体规定。

1. 许可舱长

许可舱长在 7.3 节已做介绍:

$$许可舱长 = 可浸长度 \times 分舱因数(F)$$

下面对上式中可浸长度、分舱因数(F)的计算和许可舱长分别说明。

(1)可浸长度

在考虑了渗透率影响的可浸长度曲线图上,船长范围内某一点的可浸长度表示:当以该点为中心,舱长为可浸长度的舱在相同的渗透率情况下破损后,船舶下沉和纵倾后正好不致于淹没限界线。限界线一般是指平行于舱壁甲板边线以下 76 mm 的一条线。渗透率应按法规的有关规定计算;经船检部门同意也可采用详细计算方法求得,此种情况下,各处所渗透率可取表 7 - 6 规定的值。

(2)分舱因数(F)

一定船长的分舱因数由业务衡准数 C_S 决定。C_S 用下式计算:

$$\begin{cases} C_S = 72\dfrac{M+2P}{V+P_1-P} & 如\ P_1 > P \\ C_S = 72\dfrac{M+2P}{V} & 如\ P_1 \leqslant P \end{cases} \tag{7-62}$$

式中 M——限界线以下机器处所的容积加上机器处所前后双层底以上的固定燃油舱的容积(m^3);

P——限界线以下乘客处所的总容积(m^3);

V——限界线以下船舶总容积(m^3);

$P_1 = KN$,其中 $K = 0.056\ L$,N 为乘客人数。如果 KN 的数值大于全船乘客处所总容积,则 P_1 应采用全船乘客处所总容积值或 $2KN/3$ 中较大者;

其中,L——船长,最深分舱载重线处的垂线间长。

分舱因数 F 的计算规定如下：

令
$$A=\frac{58.2}{L-60}+0.18$$
$$B=\frac{30.3}{L-42}+0.18$$

①$L\geqslant 131$ m 的船舶

$$\begin{cases} F=A & \text{如 } C_S\leqslant 23 \\ F=B & \text{如 } C_S\geqslant 123 \\ F=A-\dfrac{(A+B)(C_S-23)}{100} & \text{如 } 23<C_S<123 \end{cases} \tag{7-63}$$

如果 $C_S\geqslant 45$，且 $0.50<F\leqslant 0.65$ 时，取 $F=0.5$；如果 $F<0.4$，使机舱的分舱有困难时，经主管机关同意，F 可取不大于 0.4 的较大值。

②$L<131$ m 的船舶

令
$$S=\frac{3\,574-25L}{13} \tag{7-64}$$

$$\begin{cases} F=1.0 & \text{如 } C_S=S \\ F=B & \text{如 } C_S\geqslant 123 \\ F=1-\dfrac{(1-B)(C_S-S)}{123-S} & \text{如 } S<C_S<123 \end{cases} \tag{7-65}$$

③对于 $C_S<S$ 和 $L<79$ m 的船舶，$F=1.0$。如果此因数在该船的任何部分不适用时，经主管机关同意，可适当放宽。

(3)许可舱长

从上述计算可知，仅考虑了破舱后船的下沉和纵倾，还没有考虑破舱后船的横倾和稳性，按此许可舱长来分舱还没有达到完整意义上的“许可”，只能称为可能达到的最大许可舱长。所以满足客船的分舱和破舱稳性的要求，还需要根据分舱因数，以实际船的分舱情况来计算检验，核算在此分舱情况下船舶破损后的浮态和剩余稳性是否都满足要求。除此以外，公约对分舱还有其他一些特殊的规定，这里不再详述。

2. 单体客船破舱稳性及浮态的规定

单体客船应对每一种营运状态计算破舱（假定只有一个破洞）情况下的稳性和浮态。

(1)破损舱的数量

根据分舱因素(F)的计算结果，确定客船应考虑的同时破损舱的数量。

当 $F>0.5$ 时，考虑任一主舱浸水，这种船称为一舱制船。

当 $0.33<F\leqslant 0.5$ 时，任意相邻两主舱破损（即破 1 道主横舱壁），这种船称为二舱制船。

当 $F\leqslant 0.33$ 时，任意相邻三个主舱破损（即破 2 道主横舱壁），这种船称为三舱制船。

(2)破损范围

①纵向范围：$3.0+0.03L$ 或 11.0 m，取小者。若 $F\leqslant 0.33$，则纵向的破损范围实际上

增加至使其包括任何两个相邻的主横水密舱壁；

②横向范围：在最深分舱载重线处，自舷侧向中心线至 $B/5$ 的距离；

③竖向范围：自基线向上无限制；

④如小于上述范围的浸水会引起更严重的后果，则应对这种破损情况进行计算。

(3)破损后船的浮态

船舶在布置上应使不对称浸水降至最小程度，如需采用横贯装置来平衡横倾，平衡所需时间应不超过 15 min，平衡前的最大横倾角应不超过 15°。

船舶破损后及不对称浸水情况下经采取平衡措施后，其最终状态的浮态要求如下：

①在对称浸水情况下，当采用固定排水量法计算时，剩余初稳性高至少为 0.05 m。

②在不对称浸水情况下，一舱浸水的横倾角不得超过 7°，两舱或两舱以上同时浸水时的横倾角不超过 12°。

③在任何情况下，船舶浸水的最终状态不得淹没限界线。

(4)破损后的剩余稳性

船在破损后及经平衡后(若有平衡装置)，其最终状态的稳性要求如下：

①剩余复原力臂曲线在平衡角以外应至少有一个 15°的正值范围；这个范围可以减小到最小 10°，在这种情况下按②所规定的复原力臂曲线下的面积应按 15°/(范围)的比例增加，这个“范围”以度表示。

②从平衡角量到下列角度中之较小者之间的复原力臂曲线下的面积应不小于 0.015 m · rad；

a. 发生继续浸水的角度；

b. 在一舱浸水时为 22°，或在两舱及两舱以上浸水时为 27°，该角度均从正浮状态量起。

③在①所述稳性正值范围内的最大剩余复原力臂应不小于按下式计算所得的值，且应不小于 0.1 m。

$$l_{smax} = \frac{M}{\Delta} + 0.04 \quad (\mathrm{m}) \tag{7-66}$$

式中 M 在下列三种情况下倾侧力矩中的最大值：

a. 全部旅客集中一舷，按 4 人/m² 计算，每个旅客重 75 kg，旅客分布在各层甲板的一舷可站立的区域并产生最不利的横倾力矩；

b. 在一舷满载降放所有吊架降落式救生艇和筏；

c. 风压倾侧力矩(按 IMO 完整稳性中风压倾侧力矩计算方法计算，风压取 120 N/m² 受风面积取相应于船舶完整情况下的水线以上侧投影面积，风压力臂取相应于船舶完整情况下平均吃水一半处至受风面积中心的垂直距离)。

此外，在浸水中间阶段，最大复原力臂应不小于 0.05 m；正的复原力臂范围至少为 7°。

上述计算破舱稳性时各处所的容积和面积渗透率取客船的规定值。

3. 双体客船的破损稳性

(1)双体客船应校核浮态和稳性较差的装载情况下的破损稳性。

(2)应校核下述破损浸水情况:

① 片体的任何两个主横舱壁之间的所有舱室浸水。如果横舱壁之间的距离小于 $3+0.03L$ 或 11 m 之小者时,则应假定其中一个舱壁破损。

② 两个片体的艏尖舱(或艉尖舱)同时浸水。

③ 如果小于上述范围的破损会导致更为严重的后果,则应对此种情况进行计算。

(3)渗透率的取法详见法规要求。

(4)破损情况下的浮态和稳性如下:

① 在浸水最终阶段,舱壁甲板边线的任何部分均不应被淹没,在浸水中间阶段可能发生的继续进水的开口下缘不应被淹没。

② 在浸水最终阶段,横倾角不得超过 7°;在采取平衡措施前最大横倾角不得超过 12°。

③ 在浸水最终阶段复原力臂曲线在平衡角以外的正稳性范围应不小于 5°,在此范围内该曲线下的面积不小于 0.015 m · rad;在浸水中间阶段正稳性范围不应小于 3°,复原力臂曲线下的面积不小于 0.005 m · rad;在上述范围内不应有继续进水的开口被淹没。

(5)横贯浸水装置的平衡时间不超过 15 min。

7.4.2 IMO A.265(Ⅷ)对客船的分舱和破损稳性要求(概率论方法)

由于该规范所涉及的条款较多,这里简要介绍一下基本要求,详细条款可参阅该规范具体文件。

1. 对分舱和破损稳性的基本要求

(1)船舶能达到的分舱指数 A 应不小于要求的分舱指数 R。

(2)船长 L_S 为 100 m 及以上的船舶,艏尖舱及其相邻舱同时浸水的 S 值(按式(7-64)计算)应等于 1,且艏尖舱壁与相邻舱的后端壁的纵向距离不得小于 3 m + $0.03L_S$ 或11 m(取小者)。

(3)船舶在破损情况下的稳性应符合分舱和破损稳性确定性要求中涉及的条款。

2. 要求的分舱指数 R

根据船舶分舱船长和旅客及船员情况确定的分舱指数 R 是对船舶分舱指数的一种要求。

$$R=1-\frac{1\ 000}{4L_S+N+1\ 500} \tag{7-67}$$

式中　N_1——备有救生艇的人数;

N_2——船舶准予搭载的人数,多于 N_1,包括高级船员和普通船员。

如果较大的 N 值不能满足要求，主管机关可以考虑用较小的 N 值，但不得小于 N_1+N_2。

3. 达到的分舱指数 A

在计算达到的分舱指数 A 时，不必计算每一种可能性的舱或舱的组合，而只需计算那些有助于增加指数 A 值而使其大于或等于 R 的情况。

$$A=\sum aPS \tag{7-68}$$

式中 a——在 L_S 范围内舱室位置对破损概率的影响因素；

P——纵向破损范围变化对所考虑舱或舱组可能浸水的概率的影响因素；

S——所考虑舱或舱组在最终浸水状态时，干舷、稳性和横倾的影响因素。

与船舶分舱和破损稳性相关的规范、条约较多，限于篇幅，此处只对客船的分舱和破损稳性要求作简要介绍，对于其他类型的船舶，可根据表 7-3 查阅对应的规范文件。

习　　题

1. 船舶进水舱可分为几类，各有什么特点？渗透率 $\mu=0.9$ 表示什么意思？

2. 计算抗沉性的基本方法有哪两种，其要点是什么？

3. 请给出下列名词的定义，并用简图加以说明：舱壁甲板、限界线、渗透率、可浸长度、分舱因数及许用舱长。

4. 已知某船排水体积 $\nabla=1\ 226\ \mathrm{m}^3$，$L=88\ \mathrm{m}$，$d=2.93\ \mathrm{m}$，水线面面积 $A_W=680\ \mathrm{m}^2$，$x_F=-5.1\ \mathrm{m}$，$\overline{GM}=1.01\ \mathrm{m}$，$\overline{GM}_L=239\ \mathrm{m}$，该船在航行时，左舷前电站破损进水，进水的船舱舱长 $l=5.5\ \mathrm{m}$，舱宽 $b=3.64\ \mathrm{m}$，进水舱在水线以下的体积 $V=23\ \mathrm{m}^3$，其重心坐标为 $(6,-2,2.1)$，水线处进水面积 $a=20\ \mathrm{m}^2$，型心坐标为 $x_a=6\ \mathrm{m}$，$y_a=-2.17\ \mathrm{m}$，求破损进水后该船的浮态和稳性。

5. 破舱计算时，增加重量法和损失浮力法有何区别？损失浮力法适用于第一和第二类舱室的计算吗？

6. 某长方体型驳船 $L=20\ \mathrm{m}$，$B=4\ \mathrm{m}$，$d=3\ \mathrm{m}$，某破舱水线艏吃水 $d_F=6\ \mathrm{m}$，艉吃水 $d_A=4\ \mathrm{m}$，假设破舱形心附近水线以下部分的横剖面积为均匀分布，求：

(1) 该破舱水线下，任意船长位置处的吃水和水线以下部分的横剖面；

(2) 该破舱水线下排水体积和浮心纵向坐标；

(3) 该破舱水线对应的破舱体积和形心位置；

(4) 该破舱水线对应的可浸长度。

7. 如图 7-15 所示，某风力机平台的浮体由三个正三角形分布、水平截面为正方形的浮筒组成，浮筒中心间间距为 60 m，截面边长为 5 m，风力机排水量为 750 t，重心高度为 10 m，浮筒内每间隔 3 m 设置一个水平的水密舱壁。初始状态为正浮，若其中一个浮筒在水线附近的舱室破损，求破损后平台的倾斜角。

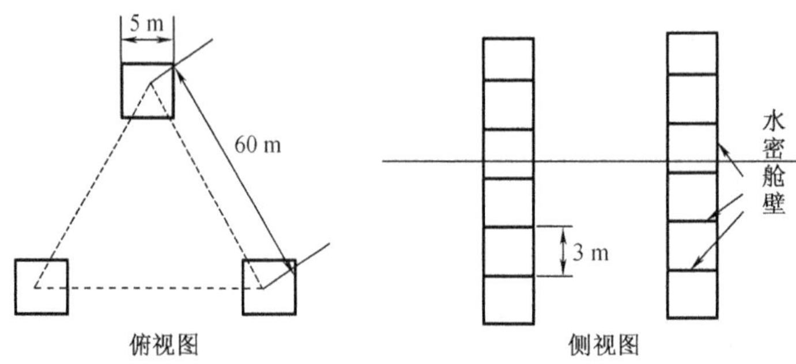

图 7－15　第 7 题图

8. 某海船的排水量 $\Delta = 8\ 000$ t，船长 $L = 126$ m，船宽 $B = 14.6$ m，吃水 $d = 6.0$ m，型深 $D = 9.0$ m。初稳性高度 $\overline{GM} = 1.04$ m，每厘米吃水吨数 $TPC = 15$ t/cm，船内右舷某边舱长 $l = 10$ m，宽 $b = 4.5$ m，深与型深相同，若该舱渗透率 $\mu = 0.85$，试求：

(1)舱内灌水占全舱体积的一半时该船的横倾角；

(2)当与舷外水相通时该船可能产生的最大横倾角。

9. 已知某船排水体积 $\nabla = 1\ 226$ m^3，$L = 88$ m，$d = 2.93$ m，水线面面积 $A_W = 680$ m^2，漂心纵向坐标 $x_f = -5.1$ m，横稳性高 $\overline{GM} = 1.01$ m，纵稳性高 $\overline{GM}_L = 239$ m，该船在航行时，左舷前电站破损进水，进水的船舱舱长 $l = 5.5$ m，舱宽 $b = 3.64$ m，进水舱在水线以下的体积 $V = 23$ m^3，其重心坐标为 $(6, -2, 2.1)$，水线处进水面积 $a = 20$ m^2，形心坐标为 $x_a = 6$ m，$y_a = -2.17$ m，求破损进水后该船的浮态和稳性。

第8章　平台稳性计算

由于平台一般不能像船那样避开恶劣的海洋环境，在作业期间更不能轻易撤离井位，因此平台的稳性要求相当严格，平台的完整稳性计算比一般船舶要复杂，除了常规漂浮状态外，还需要考虑坐底状态下的稳性和沉浮状态下的稳性。本章主要介绍海洋平台稳性计算方法及平台稳性衡准相关的内容。

本章的知识要点：

平台稳性计算方法及稳性衡准。

8.1　平台稳性计算方法简介

海上移动式钻井平台（Mobile Offshore Drilling Unit，MODU）或平台指能够为勘探或开采诸如液态或气态碳氢化合物、硫或盐等海床下资源而从事钻井作业的船舶。

平台的作用状态一般有如下3种：

(1)作业状况，指平台为进行钻井作业在井位上，且其环境荷载与作业荷载的组合在为这种作业所确定的适当设计限度之内。根据情况，该平台可以浮在海面上或被支撑在海床上。

(2)强风暴状况，指平台可能受到设计的最恶劣环境荷载时所处的状况。由于环境荷载的恶劣程度，假定钻井作业已被停止。根据情况，该平台可以浮在海面上或被支撑在海床上。

(3)移动状况，指平台从某一地理位置移往另一地理位置时所处的状况。

根据平台所处的不同状态对平台稳性有不同的要求。平台的稳性可分为以下4种类型（适用时）：

①完整稳性；

②破损稳性；

③坐底稳性；

④沉浮稳性。

平台漂浮于水面上时，计算其稳性的基本原理和方法与船舶是一样的，但需要注意的是，由于平台的长度和宽度比较接近，而且在海上将受到各种方向的风浪的作用，所以平台稳性不能像常规船那样只校核横稳性，而应考虑平台在不同风向时的稳性，此外，平台的稳性计算还要考虑采用自由纵倾计算方法，在进行稳性校核计算时应包括不同倾斜方向和各种装载状态下的倾斜力矩、复原力矩和进水角的计算。

平台的静水力和稳性横截曲线计算：

(1)坐标系

计算的坐标系可以参考船舶稳性计算的坐标系，由于海上移动式钻井平台结构型式的特殊性，因此应根据平台的具体结构型式确定坐标系。

对于自升式平台，可采用图 8 – 1 所示的坐标系。

对于半潜式平台，可采用图 8 – 2 所示的坐标系。

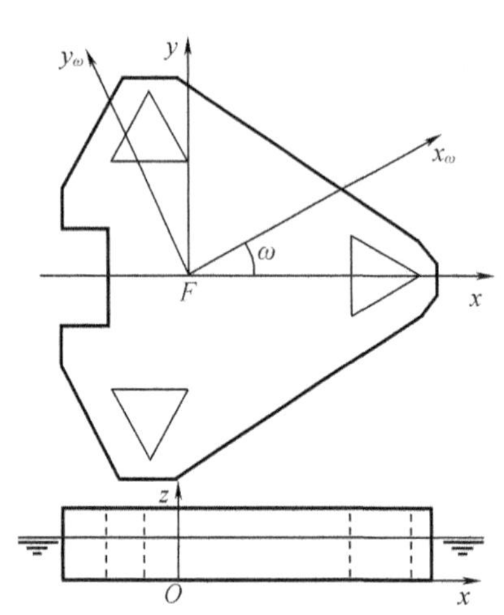

图 8 – 1　自升式平台坐标系

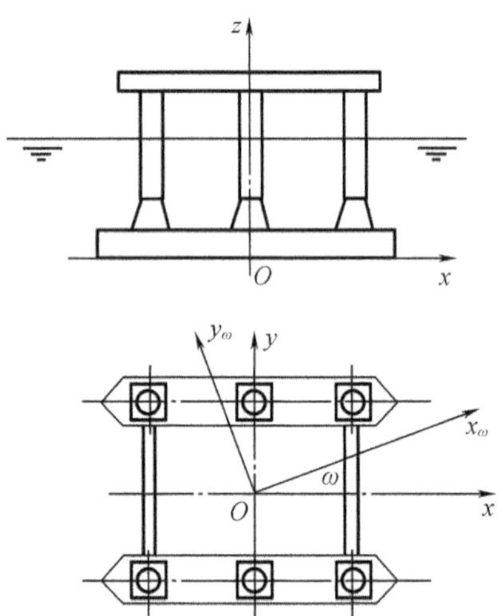

图 8 – 2　半潜式平台坐标系

从图 8 – 1 和图 8 – 2 可以看出，坐标原点 O 在平台中纵剖面、中横剖面及基平面的交点。x 轴指向艏部为正，y 轴指向左舷为正。为了计算平台在不同风向角下的稳性，图中也表示了另一坐标系，其 x_ω 和 y_ω 绕 z 轴旋转了一个 ω 角，原点仍然在 O，ω 为风向与 x 轴的夹角，即 x_ω 与风向一致。

由上述坐标系的定义可推导出这两种坐标系的关系为

$$\left.\begin{aligned} x_\omega &= x\cos\omega + y\sin\omega \\ y_\omega &= -x\sin\omega + y\cos\omega \\ z_\omega &= z \end{aligned}\right\} \tag{8-1}$$

(2)静水力要素计算

平台静水力要素计算的基本原理与船舶是一样的，由于一般海上移动式钻井平台的水下形状都是由不同几何体组合而成的，因此静水力要素的计算方法不同于船舶。对于某一水线，可以先分别计算单个几何体的静水力要素，然后再计算整个平台的静水力要素，见式(8 – 2)至式(8 – 7)。

总排水体积为

$$\nabla = \sum_{i=1}^{n} v_i \tag{8-2}$$

平台浮心坐标为

$$\left.\begin{aligned} x_B &= \frac{1}{\nabla}\sum_{i=1}^{n} x_i v_i \\ y_B &= \frac{1}{\nabla}\sum_{i=1}^{n} y_i v_i \\ z_B &= \frac{1}{\nabla}\sum_{i=1}^{n} z_i v_i \end{aligned}\right\} \tag{8-3}$$

水线面面积为

$$A_{\mathrm{W}} = \sum_{i=1}^{n} A_{\mathrm{W}_i} \tag{8-4}$$

漂心坐标为

$$\left.\begin{aligned} x_{\mathrm{F}} &= \frac{1}{\nabla}\sum_{i=1}^{n} x_{\mathrm{F}_i} A_{\mathrm{W}_i} \\ y_{\mathrm{F}} &= \frac{1}{\nabla}\sum_{i=1}^{n} y_{\mathrm{F}_i} A_{\mathrm{W}_i} \end{aligned}\right\} \tag{8-5}$$

横稳心和纵稳心半径为

$$\left.\begin{aligned} \overline{BM} &= \frac{1}{\nabla}\left[\sum_{i=1}^{n}(i_x + A_{\mathrm{W}_i} y_{\mathrm{F}_i}^2) - A_{\mathrm{W}} y_{\mathrm{F}}^2\right] \\ \overline{BM_L} &= \frac{1}{\nabla}\left[\sum_{i=1}^{n}(i_y + A_{\mathrm{W}_i} x_{\mathrm{F}_i}^2) - A_{\mathrm{W}} x_{\mathrm{F}}^2\right] \end{aligned}\right\} \tag{8-6}$$

静稳性臂为

$$\left.\begin{aligned} l_{\mathrm{trim}} &= (x_{\mathrm{B}} - x_{\mathrm{G}})\cos\theta + (z_{\mathrm{B}} - z_{\mathrm{G}})\sin\theta \\ l_{\mathrm{heel}} &= (y_{\mathrm{B}} - y_{\mathrm{G}})\cos\phi + (z_{\mathrm{B}} - z_{\mathrm{G}})\sin\phi \end{aligned}\right\} \tag{8-7}$$

式(8－2)至式(8－7)中，i 表示水线以下某一规则几何体的编号，j 表示所要计算的吃水编号。

(3)稳性横截曲线计算

按上述坐标系，如平台顺着风向倾斜一个倾角 ξ，如图 8－3 所示，则水线面方程可表示为

$$z = x_{\omega}\tan\xi + h \tag{8-8}$$

式中　h——水线面在 z 轴上的截距。

对应某一风向角 ω，以水线面倾角 ξ、水线面截距 h 为变量，可得到一系列的水线面方程。求出任一倾斜水线面下各几何体的排水体积及其对假定重心的体积矩，累加后可求得平台在各倾斜水线下的排水量及其对应的形状复原力臂，即可得出稳性横截曲线。

如已知平台某一工况的排水量 Δ 和重心位置(x_G, y_G, z_G)，则利用稳性横截曲线可求得该排水量时的形状复原力臂曲线，并根据实际重心位置与计算横截曲线时的假定重心位置的差值对复原力臂曲线进行修正，从而得出该工况下的静稳性曲线。

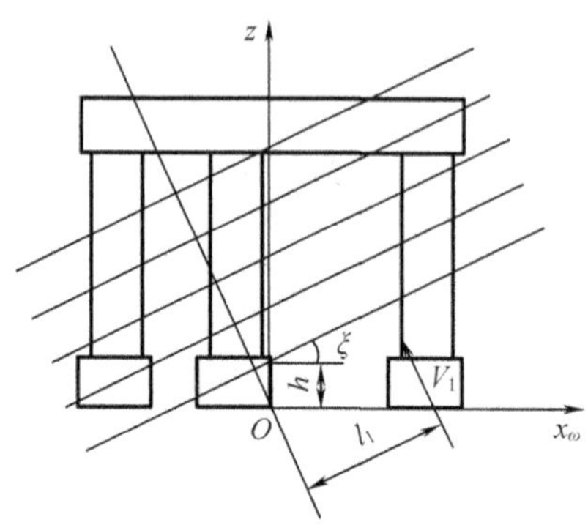

图 8－3　平台稳性横截曲线计算

一定的风向角 ω 及水线面倾角 ξ，必与平台一定的横倾角 ϕ 及纵倾角 θ 有如下关系：

$$\left.\begin{aligned}\tan\xi &= \pm\sqrt{\tan^2\phi+\tan^2\theta}\\ \tan\omega &= \tan\phi/\tan\theta\end{aligned}\right\} \tag{8-9}$$

在校核平台稳性时，一般至少要计算平台沿横向、纵向和对角线方向的三组横截曲线。对于长宽比较大的平台，如能确定横向稳性最小，也可只校核横向稳性。

(4) 进水角曲线计算

设平台上某一进水口的坐标为 x_J、y_J、z_J，在 $x_\omega y_\omega z_\omega$ 坐标系中为 $x_{J\omega}$、$y_{J\omega}$、$z_{J\omega}$。通过该进水口的倾斜水面方程为

$$z=(x_\omega - x_{J\omega})\tan\xi + z_J \tag{8-10}$$

对应某一进水口和风向角，结出一组水线倾斜角 ξ（如 $\xi=10°,20°,\cdots,60°$）便可得出如图 8－4 所示的一组水线。按照前面计算倾斜水线下排水体积的方法，可得到各倾斜水线下的排水体积，求出进水角曲线。平台上往往有几个进水口，而且当平台向不同方向倾斜时，最先进水的进水口也往往是不同的，应该算出各进水口在各风向下的进水角曲线，以便确定进水角。平台的稳性和进水角有很大关系，因此在考虑平台开口的水密性时应充分注意。

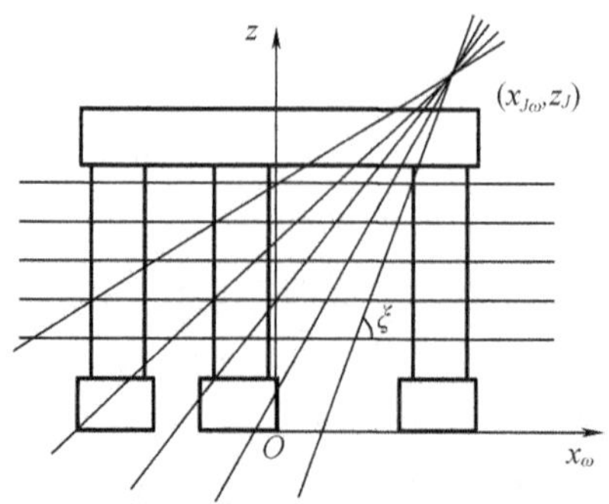

图 8－4　进水角曲线计算

8.2 平台稳性衡准

本节介绍中国船级社《海上移动钻井平台入级规范》(2016版)对平台稳性的要求。

各种平台均应校核完整稳性和破损稳性。对自升式平台,应校核坐底稳性;对坐底式平台和要求进行坐底作业的柱稳式平台应校核坐底稳性和沉浮稳性。在同一平台制造厂按同一设计图纸同批建造的第一座平台,应尽可能在接近完工时进行倾斜试验,以便准确地测定空船重量和重心位置。

8.2.1 复原力矩与风倾力矩

应在全部漂浮作业吃水范围内,包括迁移工况的吃水,计算并绘制足够数量的相应于最危险轴的复原力矩和风倾力矩曲线(如图8-5所示)。在上述计算中应考虑到最大的甲板负荷和设备处于实际可能的最不利位置上,并应计及液舱内自由液面的影响。就计算而言,假定平台处于无系泊约束的漂浮状态,但当系泊约束对平台稳性有不利影响时,就应加以考虑。

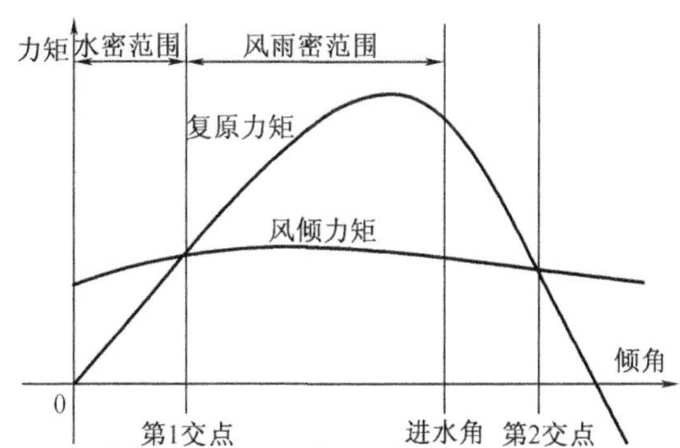

图8-5 典型完整状态静水力曲线图

作用在平台上的风倾力矩 M_q 由下式确定:

$$M_q = FZ \quad (\mathrm{kN \cdot m}) \tag{8-11}$$

式中 F——计算风力,kN,计算公式见式(8-12);

Z——计算风力作用力臂,m。

作用于构件上的风力 F 应按下式计算,并应确定合力作用点的垂直高度:

$$F = C_h C_s S P \quad (\mathrm{kN}) \tag{8-12}$$

式中 P——风压,kPa;

S——平台在正浮或倾斜状态时,受风构件的正投影面积,m^2;

C_h——受风构件的高度系数,其值可根据构件高度 h(构件型心到设计水面的垂直距离)选取,具体取值请参阅规范;

C_s——受风构件形状系数，其值可根据构件形状选取，或根据风洞试验确定。

为得到准确的风荷载和风倾力矩，关键是确定受风构件的形状系数和受风面积。平台甲板上有较多构件，但在风载荷模型建立过程中，主要建立主船体、井架、悬臂梁、钻台、吊机、桩腿及上层建筑等模型。对于一些很难准确模拟的结构，采取相应的等效方式进行建模。

计算风力作用力臂应取为受风面积压力中心至平台水下部分侧向阻力中心间的垂直距离，若平台装备了动力定位推进器，则计算时须考虑其影响。

对来自任何方向作用于平台的风力均应加以考虑，其风速值应按下述计算：

(1)通常，对迁移和正常作业工况，最小风速应取 36 m/s(70 kn)；

(2)对自存工况，最小风速应取 51.5 m/s(100 kn)；

(3)对具有营运限制附加标志的平台，其迁移和正常作业工况的风速可以适当减小，但不小于 25.8 m/s(50 kn)，且此作业限制条件应载入操作手册中。

从具有代表性的平台模型风洞试验得到的风倾力矩可代替上述方法。这种风倾力矩的测定应包括各个适用横倾角的升力和曳力效应。

8.2.2 完整稳性衡准

平台在各种作业工况下的完整稳性均应符合以下衡准(参见图 8-5)：

(1)对水面式和自升式平台，至第 2 交点或进水角处的复原力矩曲线下的面积中的较小者，至少应比至同一限定角处风倾力矩曲线下面积大 40%；

(2)对柱稳式平台，至第 2 交点或进水角处的复原力矩曲线下的面积中的较小者，至少应比至同一限定角处风倾力矩曲线下面积大 30%；

(3)对坐底式平台，至第 2 交点或进水角处的复原力矩曲线下的面积中的较小者，至少应比至同一限定角处风倾力矩曲线下面积大 40%；

(4)复原力矩曲线从正浮至第 2 交点的所有角度范围内，均应为正值。且在所有漂浮作业工况的整个吃水范围内，经自由液面修正后的初稳性高度应不小于 0.15 m。

当持续风速不小于 51.5 m/s 时，每座平台应具有在合理的时间段内从作业工况转变到自存工况的能力。在所有情况下，应规定极限风速，并在操作手册中注明通过重新调整可变载荷及装备，或通过调整吃水，或二者兼用以改变平台操作模式的须知，和上述调整所需的大约时间。这些操作程序和时间长短既要考虑作业工况也要考虑迁移工况。

8.2.3 破损稳性衡准

平台在作业期间，需要通过供应船向其输送各类物品，通过穿梭油轮外输原油，故存在着碰撞事故发生的可能，此外，在恶劣海况下，还存在着船体结构破损导致舱室进水的可能，因此，破损稳性也是平台安全性的重要指标。

规范对不同类型的平台的破损稳性要求是不同的。

1. 一般要求

在进行破损稳性计算时,应选取最坏的稳性状态进行计算,并假定平台处于无系泊的漂浮状态,但如系泊约束对稳性有不利影响时,就应加以考虑。

渗透率按表 8 - 1 进行选取。

表 8 - 1　舱室渗透率

处所	渗透率
贮物处所	0.95
起居处所	0.95
机器处所	0.85
空舱处所	0.95
液体处所	0.00 或 0.95 *

* 视何者导致较严重的后果而定

2. 水面式和自升式平台

平台应具有足够的干舷、储备浮力和稳性,以便在任何作业或迁移工况下,任何舱室受到规范规定的破损,并在来自任何方向,风速为 25.8 m/s(50 kn)的风倾力矩作用下,计及下沉、纵倾和横倾的联合影响后,破损水线应低于可能导致发生继续进水的任何开口的下缘。

自升式平台在经受任何单个舱室浸水后的剩余稳性应满足下式要求:

$$R_{os} \geqslant \max\{(7° + 1.5\theta_s), 10°\} \tag{8-13}$$

其中 $R_{os} = \theta_m - \theta_s$ 为稳性范围;θ_m 为稳性消失角;θ_s 为单个舱室浸水后的静倾角,如图 8 - 6 所示,上述参数的单位均为度。稳性范围的确定与进水角无关。

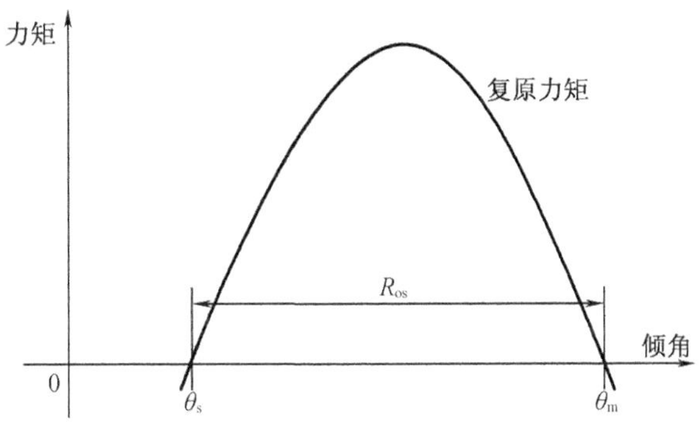

图 8 - 6　剩余稳性曲线

3. 柱稳式平台

平台应具有足够的干舷和水密分隔以提供足够的浮力和稳性,使其在任何作业或迁移工况下,在受到来自任何方向、风速为 25.8 m/s(50 kn)的风倾力矩作用下仍能符合下述要求：

(1)在经受破损范围规定的破损后，平台倾角应不大于17°，如图8－7所示。

(2)位于破损水线以下的开口应为水密，破损水线以上4 m范围内的开口应为风雨密，如图8－8所示。

(3)在经受上述规定的破损后，复原力矩曲线从第1交点至满足(2)所要求的风雨密完整性范围或第2交点(取较小者)应至少有7°的范围。且在此范围内于某同一角度量得的复原力矩应至少达到风倾力矩的2倍，如图8－7和图8－8所示。

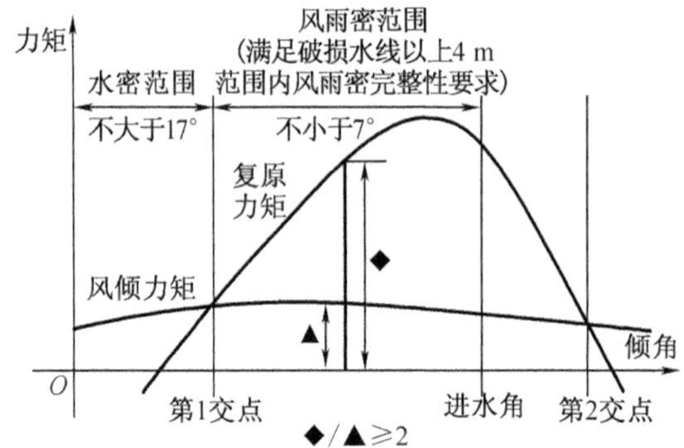

图8－7 半潜式平台破损稳性要求示意图

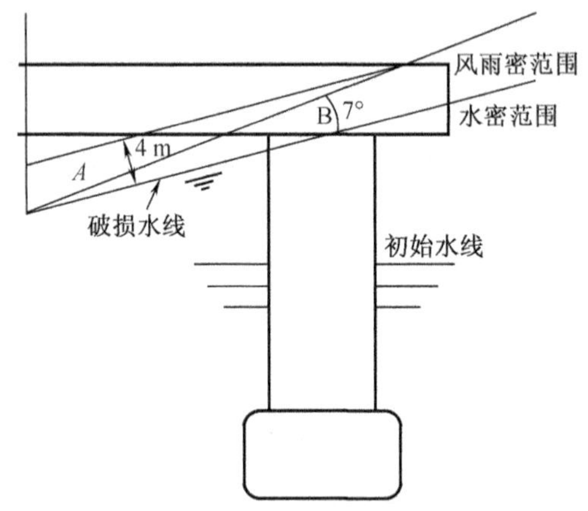

图8－8 半潜式平台破损后风雨密范围规范要求示意图

柱稳式平台破损范围应假定如下：

(1)只假定平台四周的立柱、下壳体和撑杆受到破损，并假定破损仅限于立柱、下壳体和撑杆的暴露部分；

(2)立柱和撑柱应假定在操作手册规定的吃水以下3 m和以上5 m之间任何部位发生垂向范围为3 m的破损。如果在此区域内设有水密平台，则应假定在该水密平台以上和以下两个舱室均发生破损。考虑到实际的作业情况，经CCS同意，可以在吃水以上或以下取较小的距离。但是，要求的破损区域范围至少应为操作手册规定的吃水以上和以下各1.5 m；

(3)垂向舱壁应假定不破损,但沿立柱外缘量得的舱壁间距小于该吃水处立柱外缘周长的1/8者除外,在这种情况下,一个或几个舱壁应假定不存在。

(4)水平破损贯入假定为1.5。

在任何作业或迁移工况下,平台应具有足够的浮力和稳性,以能经受任何一个全部或部分处于所考虑水线以下的水密舱室浸水,这些舱室可以是泵舱、设有海水冷却系统机械的舱室或与海水相邻的舱室,同时符合下述要求,如图8-9所示。

(1)单个水密舱室浸水后,平台的静倾角应不大于25°。

(2)位于与静倾角对应的最终水线以下的任何开口均应为水密。

(3)在这些情况下,平台复原力矩在静倾角与进水角或稳性消失角(取较小者)之间至少存在7°的正值范围。

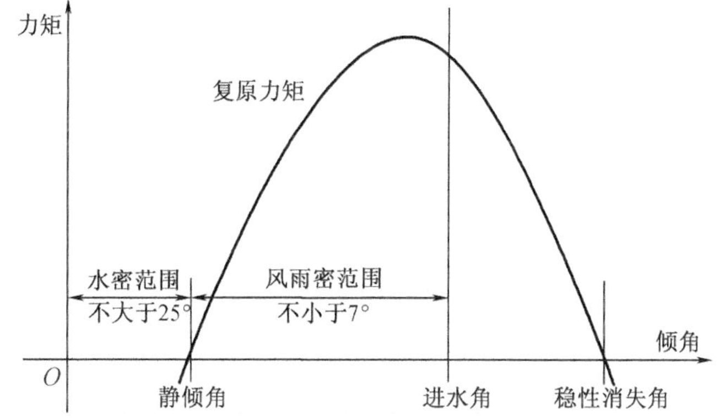

图8-9　半潜式平台单舱进水后剩余稳性要求示意图

规范还对坐底式平台的稳性要求、各类平台的破损稳性范围及平台的坐底稳性、沉浮稳性进行了详细的规定,具体的稳性要求请参阅中国船级社的规范文件。

附录A 预 备 知 识

这部分主要介绍浮体静力学与动稳性理论课程涉及的一些数学及物理概念，主要有面积、形心、惯性矩(二阶矩)、坐标变换等知识。

本章知识要点:

1. 面积、形心坐标计算方法;

2. 惯性矩的计算方法。

A1 平面图形的面积、形心和惯性矩

在平面上，任意一条闭曲线所围成的图形都可称为平面图形，任意平面图形的面积、形心和惯性矩都可采用定积分来计算。

1. 面积和面积形心

对于任意平面形状，其面积可用二重积分进行计算:

$$A = \iint_S \mathrm{d}x\mathrm{d}y = \int_{x_0}^{x_1} (y_u - y_d)\mathrm{d}x \tag{A1-1}$$

形心位置定义为

$$x_c = \frac{1}{A}\iint_S x\mathrm{d}x\mathrm{d}y = \frac{1}{A}\int_{x_0}^{x_1} x(y_u - y_d)\mathrm{d}x \tag{A1-2}$$

$$y_c = \frac{1}{A}\iint_S y\mathrm{d}x\mathrm{d}y = \frac{1}{A}\int_{x_0}^{x_1}\mathrm{d}x\int_{y_u}^{y_d} y\mathrm{d}y = \frac{1}{A}\int_{x_0}^{x_1}\frac{1}{2}(y_u^2 - y_d^2)\mathrm{d}x \tag{A1-3}$$

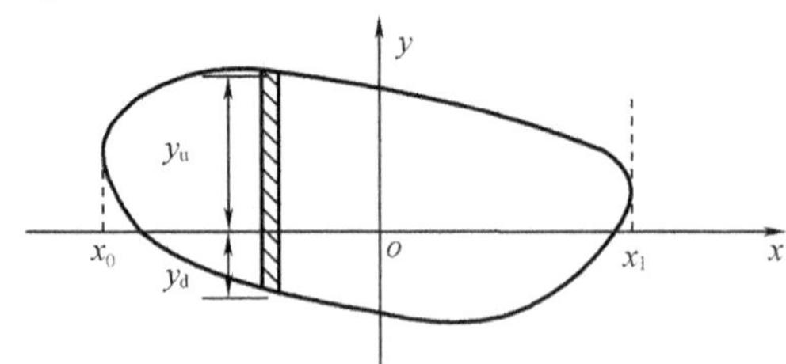

图 A1-1 平面形状的面积

其中

$$M_{oy} = \iint_S x\mathrm{d}x\mathrm{d}y = \int_{x_0}^{x_1} x(y_u - y_d)\mathrm{d}x \tag{A1-4}$$

为平面形状关于 oy 轴的一阶矩;

$$M_{ox} = \iint_S y\mathrm{d}x\mathrm{d}y = \int_{x_0}^{x_1}\frac{1}{2}(y_u^2 - y_d^2)\mathrm{d}x \tag{A1-5}$$

为平面形状关于 ox 轴的一阶矩。

一阶矩通常也称为静矩，从力学的角度来将，M_{oy} 相当于密度为 $\dfrac{1}{g}$ 的均质板在沿 oy 轴的重力作用下，重力关于坐标原点的矩。

2. 平面形状的惯性矩

考虑均质板绕 y 轴旋转时的动力学问题，若平板所受的力矩为 M，则有

$$M = \iint_S \rho x^2 \varepsilon \mathrm{d}x\mathrm{d}y = \rho I_{yy} \varepsilon \tag{A1-6}$$

其中

$$I_{yy} = \iint_S x^2 \mathrm{d}x\mathrm{d}y = \int_{x_0}^{x_1} x^2 (y_{\mathrm{u}} - y_{\mathrm{d}}) \mathrm{d}x \tag{A1-7}$$

为平面形状关于 oy 轴的惯性矩，由于惯性矩是坐标二阶量的积分，数学上也叫二阶矩。

同样，平面形状关于 ox 轴的惯性矩为

$$I_{xx} = \iint_S y^2 \mathrm{d}x\mathrm{d}y = \int_{x_0}^{x_1} \mathrm{d}x \int_{y_{\mathrm{d}}}^{y_{\mathrm{u}}} y^2 \mathrm{d}y = \frac{1}{3} \int_{x_0}^{x_1} (y_{\mathrm{u}}^3 - y_{\mathrm{d}}^3) \mathrm{d}x \tag{A1-8}$$

除了以上两种二阶矩外，还有一种二阶矩为

$$I_{xy} = \iint_S xy \mathrm{d}x\mathrm{d}y = \int_{x_0}^{x_1} \mathrm{d}x \int_{y_{\mathrm{d}}}^{y_{\mathrm{u}}} y^2 \mathrm{d}y = \frac{1}{3} \int_{x_0}^{x_1} (y_{\mathrm{u}}^3 - y_{\mathrm{d}}^3) \mathrm{d}x \tag{A1-9}$$

在船舶与海洋工程静力学中，二阶矩具有其他物理含义。

3. 惯性矩的平行轴定理

平面图形的惯性矩和旋转轴的位置有关，如图所示，0—0 轴是过平面图形形心且平行于 y 轴，1—1 轴是平行于 y 轴的任意轴。平面形状关于 1—1 轴的惯性矩为

$$I_{1-1} = \iint_S (x - x_1)^2 \mathrm{d}x\mathrm{d}y \tag{A1-10}$$

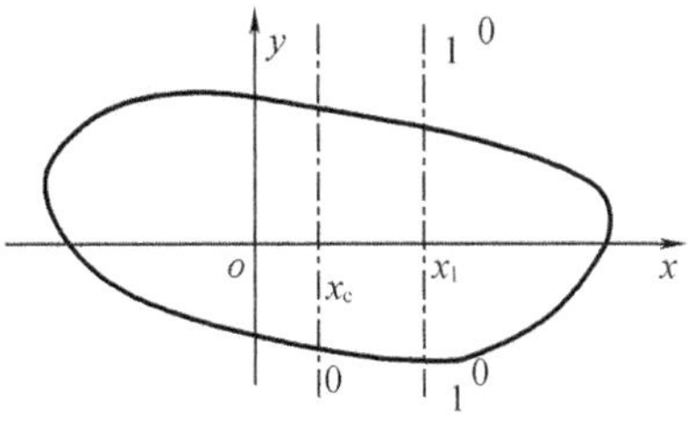

图 A1-2　平行轴定理

关于 0—0 轴的惯性矩为

$$I_{0-0} = \iint_S (x - x_c)^2 \mathrm{d}x\mathrm{d}y \tag{A1-11}$$

由于

$$(x - x_1)^2 = (x - x_c + x_c - x_1)^2 = (x - x_c)^2 + 2(x_c - x_1)(x - x_c) + (x_c - x_0)^2 \tag{A1-12}$$

代入式(A1－10)得

$$I_{1-1} = \iint_S (x - x_0)^2 \mathrm{d}x\mathrm{d}y = I_{0-0} + 2(x_c - x_0)\iint_S (x - x_c)\mathrm{d}x\mathrm{d}y + (x_c - x_0)^2 \iint_S \mathrm{d}x\mathrm{d}y \tag{A1-13}$$

由于 x_c 为平面形状的形心横坐标,因此有

$$\iint_S (x - x_c)\mathrm{d}x\mathrm{d}y = \iint_S x\mathrm{d}x\mathrm{d}y - x_c\iint_S \mathrm{d}x\mathrm{d}y = x_cA - x_cA = 0 \tag{A1-14}$$

代入式(A1－13)得

$$I_{1-1} = I_{0-0} + (x_c - x_0)^2 A \tag{A1-15}$$

记关于过形心且平行于 y 轴的惯性矩为

$$I_{yy}^c = \iint_\Sigma (x - x_c)^2 \mathrm{d}x\mathrm{d}y \tag{A1-16}$$

则关于任意平行于 y 轴的轴的惯性矩为

$$I_{yy} = I_{yy}^c + (x_0 - x_c)^2 A \tag{A1-17}$$

其中 $x_0—x_c$ 为任意轴到过形心轴的距离。

同理可证

$$I_{xx}^c = \iint_\Sigma (y - y_c)^2 \mathrm{d}x\mathrm{d}y \tag{A1-18}$$

$$I_{xx} = I_{xx}^c + (y_0 - y_c)^2 A \tag{A1-19}$$

$$I_{xy}^c = \iint_\Sigma (x - x_c)(y - y_c)\mathrm{d}x\mathrm{d}y \tag{A1-20}$$

$$I_{xy} = I_{xy}^c + (x_0 - x_c)(y_0 - y_c)A \tag{A1-21}$$

式(A1－17)就是惯性矩的平行轴定理,对于平行于 ox 轴的情况,有

$$I_{1-1} = I_{0-0} + (y_c - y_0)^2 A \tag{A1-22}$$

4. 不同坐标系下平面形状惯性矩换算公式

如图 A1－3 所示:坐标系 $o-xy$ 和坐标系 $o-x'y'$间的夹角在两个坐标系间的坐标转换关系为

$$\begin{pmatrix} x' \\ y' \end{pmatrix} = \begin{pmatrix} \cos\theta & \sin\theta \\ -\sin\theta & \cos\theta \end{pmatrix}\begin{pmatrix} x \\ y \end{pmatrix} \tag{A1-23}$$

简记为

$$r' = E \cdot r \tag{A1-24}$$

在 $o-x'y'$下,绕坐标轴的惯性矩为

$$\ell' = \begin{pmatrix} I_{x'x'} & I_{x'y'} \\ I_{y'x'} & I_{y'y'} \end{pmatrix} = \iint \begin{pmatrix} y'^2 & y'x' \\ x'y' & y'^2 \end{pmatrix}\mathrm{d}s \tag{A1-25}$$

在 $o-xy$ 下,绕坐标轴的惯性矩为

$$\ell = \begin{pmatrix} I_{xx} & I_{xy} \\ I_{yx} & I_{yy} \end{pmatrix} = \iint \begin{pmatrix} y^2 & yx \\ xy & y^2 \end{pmatrix}\mathrm{d}s \tag{A1-26}$$

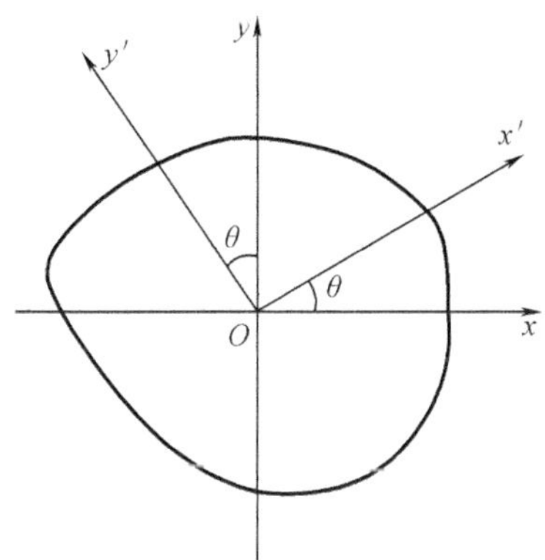

图 A1-3 坐标转换关系图

其中

$$I_{x'x'} = \iint y'^2 \mathrm{d}s = \iint (x^2\sin^2\theta - xy\sin\theta\cos\theta + y^2\cos^2\theta)\mathrm{d}s$$

$$= I_{yy}\sin^2\theta - 2I_{xy}\sin\theta\cos\theta + I_{xx}\cos^2\theta \tag{A1-27}$$

$$I_{y'y'} = \iint x'^2 \mathrm{d}s = \iint (y^2\sin^2\theta + 2xy\sin\theta\cos\theta + x^2\cos^2\theta)\mathrm{d}s$$

$$= I_{xx}\sin^2\theta + 2I_{xy}\sin\theta\cos\theta + I_{yy}\cos^2\theta \tag{A1-28}$$

$$I_{x'y'} = \iint x'y'\mathrm{d}s = \iint (y^2 - x^2)\cos\theta\sin\theta + xy(\cos^2\theta - \sin^2\theta)\mathrm{d}s$$

$$= (I_{xx} - I_{yy})\cos\theta\sin\theta + I_{xy}(\cos^2\theta - \sin^2\theta) \tag{A1-29}$$

写成矩阵的形式为

$$\begin{pmatrix} I_{x'x'} & I_{x'y'} \\ I_{y'x'} & I_{y'y'} \end{pmatrix} = \begin{pmatrix} \cos\theta & -\sin\theta \\ \sin\theta & \cos\theta \end{pmatrix}\begin{pmatrix} I_{xx} & I_{xy} \\ I_{yx} & I_{yy} \end{pmatrix}\begin{pmatrix} \cos\theta & \sin\theta \\ -\sin\theta & \cos\theta \end{pmatrix} \tag{A1-30}$$

简记为

$$\ell' = E^{\mathrm{T}} \cdot \ell \cdot E \tag{A1-31}$$

当 θ 角取某一个特定的角度 θ_0 时，有

$$I_{x'y'} = \frac{1}{2}(I_{xx} - I_{yy})\sin 2\theta_0 + I_{xy}\cos 2\theta_0 = 0 \tag{A1-32}$$

$$\tan 2\theta_0 = \frac{2I_{xy}}{I_{yy} - I_{xx}} \tag{A1-33}$$

由此可得

$$\theta_0 = \frac{1}{2}\tan^{-1}\frac{2I_{xy}}{I_{yy} - I_{xx}} \tag{A1-34}$$

对于任意平面图形，必存在一个坐标原点在形心且关于该坐标系的坐标轴的交叉惯性矩为零的坐标系，该坐标系的两条坐标轴称为该平面图形的惯性主轴。

5. 组合图形面积、形心和惯性矩的计算

有多个简单子图形组合而成的图形称为组合图形。组合图形的面积为各子图形面积 A_k 的和：

$$A = \sum_{k=1}^{N} A_k \tag{A1-35}$$

组合图形的形心为

$$x_c = \frac{1}{A}\sum_{k=1}^{N} A_k x_{ck} \tag{A1-36}$$

$$y_c = \frac{1}{A}\sum_{k=1}^{N} A_k y_{ck} \tag{A1-37}$$

(x_{ck}, y_{ck})为各子图形的形心。

在计算平面图形的惯性矩时应利用平行轴原理，首先过每个子图形的形心作平行于系统轴的中和轴（过子图形形心的轴），计算子图形关于自身中和轴的惯性矩 I_k，再利用平行轴原理计算图形关于系统轴的惯性矩，求和后得到整个图形系关于系统轴的惯性矩。

$$I = \sum_{k=1}^{N}(I_{ck} + A_k r_k^2) \tag{A1-38}$$

式中　r_k——第 k 个子图形的中和轴到系统轴的距离。

如果要计算整体组合图形系关于整体中和轴的惯性矩，在组合图形形心位置未知的情况下，应设置一平行于中和轴的参考轴，计算组合图形关于参考轴的惯性矩，在计算出形心位置后，利用平行轴原理得到关于组合图形中和轴的惯性矩。

$$I_c = I - Ar_c^2 = \sum_{k=1}^{N}(I_{ck} + A_k r_k^2) - Ar_c^2 \tag{A1-39}$$

式中　r_c——参考轴到中和轴的距离。

例 A1-1　求图 A1-4 所示图形的面积、形心和关于过形心且平行于 x 轴或 y 轴的轴的惯性矩。

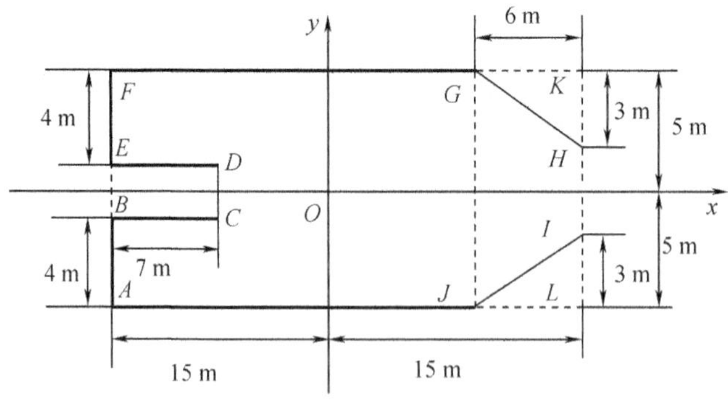

图 A1-4　某船水线面图

分析　该图形可以看作几个简单图形的组合，其中一种组合形式是在长方形 $AFKL$ 上割去三角形 HGK、IJL 和长方形 $BCDE$。

解　图形 1：长方形 $AFKL$

面积：$A_1 = 30 \times 10 = 300(\text{m}^2)$；

形心：$x_1 = y_1 = 0$；

关于自身中性轴的惯性矩:

$$I_{cxx}=\frac{1}{12}\times 30\times 10^3=2\ 500(\mathrm{m}^4)$$

$$I_{cyy}=\frac{1}{12}\times 10\times 30^3=22\ 500(\mathrm{m}^4)$$

图形2:三角形 *HKG*

面积:$A_2=\frac{1}{2}\times 6\times 3=9(\mathrm{m}^2)$;

形心:$x_2=15-\frac{6}{3}=13(\mathrm{m})$;$y_1=5-\frac{3}{3}=4(\mathrm{m})$

关于自身中性轴的惯性矩:

$$I_{cxx}=\frac{1}{36}\times 6\times 3^3=4.5(\mathrm{m}^4)$$

$$I_{cyy}=\frac{1}{36}\times 6^3\times 3=18(\mathrm{m}^4)$$

图形3:三角形 IJL

面积:$A_3=\frac{1}{2}\times 6\times 3=9(\mathrm{m}^2)$

形心:$x_3=15-\frac{6}{3}=13(\mathrm{m})$;$y_3=-(5-\frac{3}{3})=-4(\mathrm{m})$

关于自身中性轴的惯性矩:

$$I_{cxx}=\frac{1}{36}\times 6\times 3^3=4.5(\mathrm{m}^4)$$

$$I_{cyy}=\frac{1}{36}\times 6^3\times 3=18(\mathrm{m}^4)$$

图形4:长方形 *BCDE*

面积:$A_4=2\times 7=14(\mathrm{m}^2)$

形心:$x_4=-15+\frac{7}{2}=-11.5(\mathrm{m})$;$y_4=0$

关于自身中性轴的惯性矩:

$$I_{cxx}=\frac{1}{12}\times 7\times 2^3\approx 4.667(\mathrm{m}^4)$$

$$I_{cyy}=\frac{1}{12}\times 7^3\times 2\approx 51.167(\mathrm{m}^4)$$

原图形(图形2,3,4是去掉的部分,在求和时应取相反数)

面积:$A=\sum A_k=300-9-9-7=268(\mathrm{m}^2)$

形心:$x_c=\frac{\sum A_k x_k}{A}=\frac{300\times 0-9\times 13-9\times 13-7\times(-11.5)}{268}\approx -0.272(\mathrm{m})$

$$y_c=\frac{\sum A_k x_k}{A}=\frac{300\times 0-9\times 4-9\times(-4)-7\times 0}{275}=0$$

面积关于 x 轴的矩：

$$\begin{aligned}I_x &= \sum (I_{cx} + A_k y_k^2)\\ &= (2\ 500+0)-(4.5+9\times 4^2)\times 2-(4.667+0)\\ &\approx 2\ 198.33(\mathrm{m}^4)\end{aligned}$$

面积关于 y 轴的矩：

$$\begin{aligned}I_y &= \sum (I_{cy} + A_k x_k^2)\\ &= (22\ 500+0)-(18+9\times 13^2)\times 2-(51.167+14\times 11.5^2)\\ &\approx 17\ 513.33\ \mathrm{m}^4\end{aligned}$$

关于过形心且平行于 x 轴的矩

$$I_T = I_x - Ay_c^2 = 2\ 198.33-0=2\ 198.33(\mathrm{m}^4)$$

关于过形心且平行于 y 轴的矩

$$I_L = I_y - Ax_c^2 = 17\ 513.33-268\times(-0.272)^2\approx 17\ 493.50(\mathrm{m}^4)$$

A2 体积和体积形心的计算

对于任意形状的连续三维形体,体积和形心可用三维积分计算。

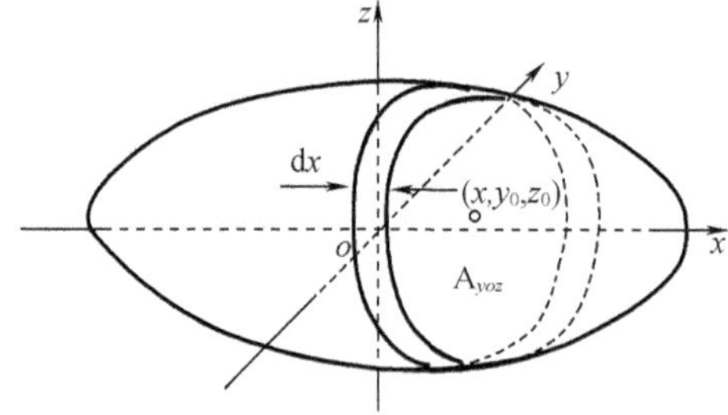

图 A2－1 三维形体

体积：

$$V = \iiint_{\Omega} \mathrm{d}x\mathrm{d}y\mathrm{d}z \tag{A2-1}$$

形心：

$$x_c = \frac{1}{V}\iiint_{\Omega} x\mathrm{d}x\mathrm{d}y\mathrm{d}z \tag{A2-2}$$

$$y_c = \frac{1}{V}\iiint_{\Omega} y\mathrm{d}x\mathrm{d}y\mathrm{d}z \tag{A2-3}$$

$$z_c = \frac{1}{V}\iiint_{\Omega} z\mathrm{d}x\mathrm{d}y\mathrm{d}z \tag{A2-4}$$

在实际计算时,可按三个维度上的依次进行积分,例如可先在 y 方向和 z 方向进行积

分,计算垂直于 x 轴的截面和体积截交面的面积和形心,最后计算体积和形心。具体步骤如下:

计算任意平行于 yoz 平面的截面的面积和静矩:

$$A_s(x) = \iint_{S(x)} \mathrm{d}y\mathrm{d}z = \int_{z_d(x)}^{z_u(x)} \mathrm{d}z \int_{y_d(x,z)}^{y_u(x,z)} \mathrm{d}y = \int_{z_d}^{z_u} (y_u - y_d)\mathrm{d}z \tag{A2-5}$$

$$m_{xoy}(x) = \iint_{S(x)} z\mathrm{d}y\mathrm{d}z = \int_{z_d(x)}^{z_u(x)} z\mathrm{d}z \int_{y_d(x,z)}^{y_u(x,z)} \mathrm{d}y = \int_{z_d}^{z_u} z(y_u - y_d)\mathrm{d}z \tag{A2-6}$$

$$m_{xoz}(x) = \iint_{S(x)} y\mathrm{d}y\mathrm{d}z = \int_{z_d(x)}^{z_u(x)} \mathrm{d}z \int_{y_d(x,z)}^{y_u(x,z)} y\mathrm{d}y = \frac{1}{2}\int_{z_d}^{z_u} (y_u^2 - y_d^2)\mathrm{d}z \tag{A2-7}$$

求出截面的形心位置:

$$y_0 = m_{xoz}/A_s, z_0 = m_{xoy}/A_s \tag{A2-8}$$

沿 x 轴方向积分获得体积和体积静矩:

$$V = \iiint_{\Omega} \mathrm{d}x\mathrm{d}y\mathrm{d}z = \int_{x_d}^{x_R} \mathrm{d}x \iint_{S(x)} \mathrm{d}y\mathrm{d}z = \int_{x_d}^{x_R} A_s(x)\mathrm{d}x \tag{A2-9}$$

$$M_{yoz} = \iiint_{\Omega} x\mathrm{d}x\mathrm{d}y\mathrm{d}z = \int_{x_d}^{x_u} x\mathrm{d}x \iint_{S(x)} \mathrm{d}y\mathrm{d}z = \int_{x_d}^{x_u} xA_s(x)\mathrm{d}x \tag{A2-10}$$

$$M_{xoz} = \iiint_{\Omega} y\mathrm{d}x\mathrm{d}y\mathrm{d}z = \int_{x_d}^{x_u} \mathrm{d}x \iint_{S(x)} y\mathrm{d}y\mathrm{d}z = \int_{x_d}^{x_u} m_{xoz}(x)\mathrm{d}x = \int_{x_d}^{x_u} y_0(x)A_s(x)\mathrm{d}x \tag{A2-11}$$

$$M_{xoy} = \iiint_{\Omega} z\mathrm{d}x\mathrm{d}y\mathrm{d}z = \int_{x_d}^{x_u} \mathrm{d}x \iint_{S(x)} z\mathrm{d}y\mathrm{d}z = \int_{x_d}^{x_u} m_{xoy}(x)\mathrm{d}x = \int_{x_d}^{x_u} z_0(x)A_s(x)\mathrm{d}x \tag{A2-12}$$

最后计算体积形心:

$$x_c = \frac{M_{yoz}}{V}, y_c = \frac{M_{xoz}}{V}, z_c = \frac{M_{xoy}}{V} \tag{A2-13}$$

其他积分次序也可获得类似的结果。

对于由简单形体组成的组合形体,若组合形体的第 k 个子形体的体积为 V_k,形心位置为(x_k, y_k, z_k)则组合形体的体积和形心可通过下面的公式计算:

$$V = \sum_{k=1}^{N} V_k \tag{A2-14}$$

$$x_c = \frac{1}{V}\sum_{k=1}^{N} V_k x_{ck} \tag{A2-15}$$

$$y_c = \frac{1}{V}\sum_{k=1}^{N} V_k y_{ck} \tag{A2-16}$$

$$z_c = \frac{1}{V}\sum_{k=1}^{N} V_k z_{ck} \tag{A2-17}$$

A3 重量、重心的计算

对于连续介质的重量计算方法和连续体积的计算方法基本相同,可以通过体积分来计算。

重量:

$$W = \iiint_{\Omega} \rho g \mathrm{d}x\mathrm{d}y\mathrm{d}z \tag{A3-1}$$

重心:

$$x_g = \frac{1}{W}\iiint_{\Omega} \rho g x \mathrm{d}x\mathrm{d}y\mathrm{d}z \tag{A3-2}$$

$$y_g = \frac{1}{V}\iiint_{\Omega} \rho g y \mathrm{d}x\mathrm{d}y\mathrm{d}z \tag{A3-3}$$

$$z_g = \frac{1}{V}\iiint_{\Omega} \rho g z \mathrm{d}x\mathrm{d}y\mathrm{d}z \tag{A3-4}$$

式中 ρ——密度;

g——重力加速度。

若物体是壳体,若壳体的密度为ρ,厚度分布为$t(x,y,z)$,则壳体重量可以采用曲面积分计算:

$$W = \iint_{\Sigma} \rho g t(x,y,z)\mathrm{d}S \tag{A3-5}$$

重心:

$$x_g = \frac{1}{W}\iint_{\Sigma} \rho g x \cdot t(x,y,z)\mathrm{d}S \tag{A3-6}$$

$$y_g = \frac{1}{V}\iint_{\Sigma} \rho g y \cdot t(x,y,z)\mathrm{d}S \tag{A3-7}$$

$$z_g = \frac{1}{V}\iint_{\Sigma} \rho g z \cdot t(x,y,z)\mathrm{d}S \tag{A3-8}$$

对于离散的重量系统,重量和体积的计算可按如下公式进行:

$$W = \sum_{k=1}^{N} W_k \tag{A3-9}$$

$$x_g = \frac{1}{W}\sum_{k=1}^{N} W_k x_{gk} \tag{A3-10}$$

$$y_g = \frac{1}{W}\sum_{k=1}^{N} W_k y_{gk} \tag{A3-11}$$

$$z_g = \frac{1}{W}\sum_{k=1}^{N} W_k z_{gk} \tag{A3-12}$$

式中 W_k——第k个重量子系统的重量;

(x_{gk},y_{gk},z_{gk})——对应重量子系统的重心位置。

附录 B　常用稳性计算商业软件简介

这部分主要介绍稳性计算相关的商业软件，包括 NAPA、GHS、CCS - Compass 及 Maxsurf 和 MOSES 软件。

1. NAPA 软件

NAPA(Naval Architecture Package)是由芬兰 NAPA 公司(该公司于 2014 年被日本 NK 船级社收购)研制和开发的一款大型船舶设计应用软件，可以用于各类船舶及海洋平台和大型海上建筑物的总体设计和结构设计。NAPA 软件以其卓越的性能和可靠性，成为船舶总体设计的主流软件之一，得到了世界各大船级社和知名设计公司的认可。在船舶的总体设计中，NAPA 软件不仅可以方便地生成船舶的模型，进行相关的总体性能计算，还可以利用自带的 NAPA Basic 语言编制相关的宏程序，以达到设计人员所期待的目标，具有较大的灵活性。

NAPA 软件是一个集成型的综合软件，采用“总—分”式结构，除了主控制界面以外，还拥有大量的子模块，以 NAPA Release 2008.1 版本为例，其子模块的数量一共是 27 个，在这些子模块中，按其性质来划分，可以简要地分为应用模块、辅助模块和工具模块。

应用模块(表 B-1)是 NAPA 软件的主要组成部分，它涉及到对船舶及海工建筑的模型建立、静水力性能分析、水动力性能分析、舱室划分、装载情况分析、操纵性能分析和结构设计等多个方面。在应用模块中，除了建模模块以外，其余的均为分析类模块。在船舶的设计中，这些模块对模型的计算值可以模拟出待设计船舶的各种性能指标，通过可视化界面和相关的计算值，就可以判断待设计船的性能是否优良、可靠，以便进一步设计和修改。

辅助模块和工具模块是对应用模块功能的填补，其中辅助模块是对应用模块中的计算结果进行处理，如数据的分类及格式、图形的显示方式、图表的导入和导出等；工具模块则是为上述两个模块提供处理的平台和界面。依靠三类模块之间的协同，NAPA 软件就可以直观、清晰和准确地定义型线和船型，并进行后续的总体性能及结构方面的分析和计算。

表 B-1　NAPA 软件的应用模块

应用模块名称	说明及用途
Geometry subsystem (GM)	模型建立模块，用于模型建立
Hydrostatics subsystem (HD)	静水力分析模块，用于静水力指标计算
Capacities subsystem (CP)	舱容分析模块，用于核算舱容

表 B－1(续)

应用模块名称	说明及用途
Ship Model subsystem (SM)	船舶模型模块,用于查看全船总布置情况
Loading Conditions subsystem (LD)	船舶载况计算模块,用于计算各载况下的指标
Stability Criteria subsystem (CR)	稳性衡准模块,用于计算船舶的完整稳性
Damage Stability subsystem (DA)	破舱稳性模块,用于计算船舶的破舱稳性
Launching (LN)	下水计算模块,用于船舶的下水计算
Inclining Test (INC)	倾斜试验模块,用于模拟船舶倾斜试验
Weight Calculation (WG)	重量计算模块,用于全船重量的计算
Container Loading (CL)	集装箱装载模块,用于集装箱装载时的计算
Ship Hydrodynamics (SH)	水动力分析模块,用于水动力性能分析
Seakeeping (SHS)	耐波性计算模块,用于耐波性分析
Manoeuvring (SHM)	操纵性计算模块,用于操纵性分析
NAPA Steel (ST)	结构设计模块,用于结构详细设计

2. GHS

GHS(http://www.ghsport.com)是造船工程师的常用软件,主要用于设计、估算各种船型及海上浮动结构件性能、强度的软件,具有以下功能:

静水力、舱容、吨位、完整稳性、破舱稳性、打捞救助、静水弯矩及切力、总纵强度计算、船舶装载计算;搁浅反力计算;溢油、测深、液舱容积表计算;散粮稳性计算。GHS 软件可对海洋平台进行稳性、强度校核等计算;GHS 还可以处理任何线型的船舶;准确度高,型值输入是无格式(可以任意加站和加点)。

3. CCS－Compass

COMPASS 系统为中国船级社(CCS)开发的商业软件,包含 COMPASS－RULES 和 COMPASS－INLAND 两部分。

COMPASS－RULES 海船规范计算系统是中国船级社为了适应造船业和航运业高速发展、向用户提供高水平服务,根据 CCS《钢质海船入级与建造规范》、国际船级社协会统一要求(IACS UR)、中华人民共和国海事局《船舶与海上设施法定检验规则》、IMO 相关公约、规则等最新技术标准而开发的高起点、高技术含量、拥有自主知识产权的海船安全评估系统,反映了中国船级社海船规范、科研最新成果。该软件在船舶审图、规范科研、辅助设计、航运安全评估等技术工作中得到了广泛的应用,先后用于上千艘船舶的分析计算和安全评估工作,大力支持了中国造船和航运业快速发展。

COMPASS－INLAND 内河船舶规范计算系统包括船舶静力学计算及稳性衡准系统和甲板大开口船舶弯扭组合分析程序系统。上述程序系统能有效地分析和解决船舶设计、审图和营运检验中的大量技术问题。

(1)船舶静力学计算及稳性衡准系统:适用于内河各种类型船舶的静水力性能计算、

自由液面修正计算、倾斜试验计算、完整稳性计算、舱容曲线计算、可浸长度曲线计算、破舱稳性计算、纵向下水计算。

(2)甲板大开口船舶弯扭组合分析程序系统:适用于内河集装箱船、单舷长大开口船舶,内河双壳船的弯扭强度计算分析,并可用于内河各种类型船舶的静水力弯矩计算、波浪弯矩计算及总纵强度校核分析。

4. Maxsurf 软件

Maxsurf 软件是由澳大利亚 Formation Design Systems 公司(目前已被 Bentley Systems 公司收购)为船舶设计和建造者开发的,适用于各种船舶设计、分析和建造的一套非常完整的计算机辅助船舶设计和建造软件。Maxsurf 软件目前在全球已拥有广泛分布在澳大利亚、中国、日本、德国、荷兰、新加坡、美国等国家的 1 000 多位船舶设计和建造用户,在各种船舶设计和建造领域都得到了非常普遍的应用。

Maxsurf 软件由众多子模块组成,包含 Maxsurf Modeler(建模模块)、Maxsurf Fitting(通过型值建模)、Maxsurf Stability(静水力和完整稳性、破损稳性计算)、Maxsurf Resistance(阻力估算)、Maxsurf Motion(耐波性计算)等模块。

5. Moses 软件

Moses(Multi - Operational Structural Engineering Simulator)软件由 ultramarine 公司(目前已被 Bentley Systems 公司收购)开发,首次发布于 1977 年。Moses 不仅可对平台的稳性进行计算,还可以对各种船舶、平台等海油工程钢结构进行模拟和分析。对于船舶,Moses 可以对海洋结构的上驳、下水、安装、浮托和敷管等过程进行分析,同时也能对系泊船舶进行时域分析和频域分析。Moses 软件功能强大,是海洋工程界分析所采用的最广泛的数值模拟软件之一。

附录 C　Floquet 理论及马修方程的数值解

1. Floquet 理论

高阶变系数的常微分方程求解很困难，对于二阶变系数微分方程一般采用 Floquet 理论。

二阶变系数常微分方程可以写为

$$\frac{\mathrm{d}^2y}{\mathrm{d}z^2}+[\lambda-\phi(z)]y=0 \tag{C-1}$$

其中 $\phi(z)$ 为以 ω 为振荡频率的周期函数，则其解满足如下性质：

$$y(z+\omega)=\sigma y(z) \tag{C-2}$$

式中，σ 是与 z 无关的常数，$y(z)$ 称为 Floquet 解。

由于式(C-1)的解完全由初值条件决定，故式(C-2)等价于如下初值条件：

$$y(\omega)=\sigma y(0),y'(\omega)=\sigma y'(0) \tag{C-3}$$

现在讨论在什么条件下 $y(z)$ 存在。设 $f(z)$、$g(z)$ 是式(C-1)的基本解，并满足如下初值条件：

$$\begin{gathered} f(0)=1,f'(0)=0 \\ g(0)=0,g'(0)=1 \end{gathered} \tag{C-4}$$

则式(C-1)的任意解都满足线性叠加原理：

$$y(z)=Af(z)+Bg(z) \tag{C-5}$$

将式(C-4)代入式(C-5)可得

$$\begin{gathered} y(\omega)=Af(\omega)+Bg(\omega)=\sigma A \\ y'(\omega)=Af'(\omega)+Bg'(\omega)=\sigma B \end{gathered} \tag{C-6}$$

或者表示为

$$\begin{gathered} (f(\omega)-\sigma)A+g(\omega)B=0 \\ f'(\omega)A+(g'(\omega)-\sigma)B=0 \end{gathered} \tag{C-7}$$

由于 A、B 不同时为零，σ 必须满足如下行列式：

$$\begin{vmatrix} f(\omega)-\sigma & g(\omega) \\ f'(\omega) & g'(\omega)-\sigma \end{vmatrix}=0 \tag{C-8}$$

可得

$$\sigma^2-(f(\omega)+g'(\omega))\sigma+1=0 \tag{C-9}$$

令

$$\sigma=\mathrm{e}^{\mathrm{i}\nu\omega},\nu=\frac{1}{\mathrm{i}\omega}\ln\sigma \tag{C-10}$$

将式(C-2)两端同时乘以 $\mathrm{e}^{-\mathrm{i}\nu(\omega+z)}$ 可得

$$\mathrm{e}^{-\mathrm{i}\nu(\omega+z)}y(\omega+z)=\mathrm{e}^{-\mathrm{i}\nu z}y(z) \tag{C-11}$$

令

$$e^{-i\nu z}y(z)=u(z) \tag{C-12}$$

则 Floquet 解可以写成如下形式：

$$y(z)=e^{i\nu z}u(z) \tag{C-13}$$

通过讨论可得出马修方程(Mathieu Equation)解的稳定性与 ν 存在如下关系：

表 C-1　Mathieu Equation 解的稳定性与 ν 之间的关系

ν 值	解的稳定性	解的周期性
复数	无界	无
无理数	有界	无
有理数$\frac{s}{p}$，非整数	有界	$s\pi$ 或 $2s\pi$
整数	有界	π 或 2π

因此，只要求得 ν 值即可判断运动的稳定性。下面将介绍运用数值方法求解 ν 值。

2. 马修方程(Mathieu Equation)的数值解

1955 年 Kerwin 考虑了单个自由度的横摇运动，在忽略 Smith 效应的情况下其假定，在迎浪状态下，船舶复原力臂为一周期性改变的函数。如下式所示：

$$\frac{d^2x}{d\tau^2}+[p-2q\cos(2\tau)]x=0 \tag{C-14}$$

式(C-14)的解可以写成 Floquet 形式：

$$y_1(z)=e^{i\nu z}\chi(z) \tag{C-15}$$

将 $\chi(z)$ 展开成周期为 π 的傅里叶级数：

$$\chi(z)=\sum_{k=-\infty}^{+\infty}c_k e^{2ikz} \tag{C-16}$$

将式(C-16)代入式(C-14)可以得到关于 c_k 的方程组：

$$[(2k+v)^2-a]c_k+q[c_{k+1}+c_{k-1}]=0 \tag{C-17}$$

式(C-17)写成矩阵形式如下：

$$(H_v-aI)c=0 \tag{C-18}$$

式(C-18)具有非零解，因此

$$\det(H_v-aI)=0 \tag{C-19}$$

$$\det(H_v-aI)=\Delta(v)=\begin{vmatrix} \cdots & \cdots & \cdots & \cdots & \cdots & \cdots & \cdots & \cdots \\ \vdots & \frac{q}{(v-2)^2-a} & 1 & \frac{q}{(v-2)^2-a} & 0 & 0 & 0 & \vdots \\ \vdots & 0 & \frac{q}{v^2-a} & 1 & \frac{q}{v^2-a} & 0 & 0 & \vdots \\ \cdots & \cdots & \cdots & \cdots & \cdots & \cdots & \cdots & \cdots \end{vmatrix} \tag{C-20}$$

当 $a \neq (2k)^2$ 时，有

$$v = \frac{2}{\pi}\arcsin\sqrt{\Delta(0)\sin^2\left(\frac{\pi}{2}\sqrt{a}\right)} \tag{C-21}$$

当 $a = (2k)^2$ 时，有

$$v = \frac{1}{\pi}\arccos[2\Delta(1) - 1] \tag{C-22}$$

当给定一组 (p,q)，即可通过迭代求解式(C-20)得到 v 值，进而可以判断 Mathieu 方程解的稳定性。图 C-1 表示了用数值方法求得的马修方程解。

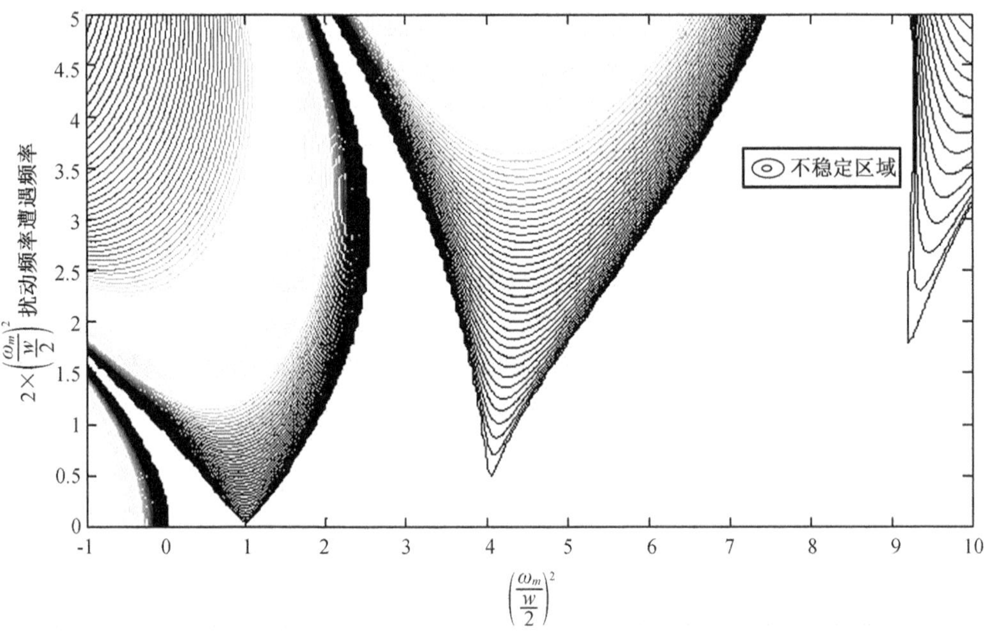

图 C-1 在不考虑阻尼的情况下，Mathieu 方程解的稳定性，阴影部分为不稳定区域

图 C-1 中横坐标表示 $\left(\frac{\omega_m}{\frac{\omega}{2}}\right)^2$，其中 ω_m 表示系统固有频率，ω 表示遭遇频率；纵坐标表示 $\left(\frac{\omega_a}{\frac{\omega}{2}}\right)^2$，反映了 GM 的变化剧烈程度。从图中可以清楚看到，当 $\frac{\omega_m}{\frac{\omega}{2}} = 1,2,3,\cdots$ 是参数不稳定的临界点。而在 $\frac{\omega_m}{\frac{\omega}{2}} = 1$ 附近，系统是极其不稳定的，外界稍有激励便可导致系统失稳。虽然 $\frac{\omega_m}{\frac{\omega}{2}} = 2,3$ 时，系统易发生参数失稳，但是需要的外界激励更大，而对船舶而言，遭遇频率为高频时对应的波浪为短波，此种情况下，入射波浪不会对船舶产生大的激

励。因此,船舶发生参数横摇的条件为:频率满足$\frac{\omega_a}{\frac{\omega}{2}}=1$的关系。

当存在阻尼影响时,马修方程写成如下形式:

$$\frac{d^2x}{d\tau^2}+[p-2q\cos(2\tau)]x=0 \qquad (C-23)$$

式中:$p=(\bar{\omega}_m^2-\mu^2)$;$q=-\frac{\bar{\omega}_a^2}{2}$。假设式(C-23)的解为 $x(\tau)$,最后综合阻尼影响,其解最终可以写为

$$\phi(\tau)=x(\omega t/2)\exp(-\delta t) \qquad (C-24)$$

从式(C-24)明显看出,阻尼限制振幅的增长,即使 $x(\tau)$ 为不稳定解,如果阻尼足够大,不稳定的运动也可以被抑制。在本算例中取 δ 的变化范围为:[0, 0.38],其中最大阻尼取临界阻尼的 10%。

以下图中横坐标为 $p=(\bar{\omega}_m^2-\mu^2)$,纵坐标为 $q=-\frac{\bar{\omega}_a^2}{2}$。通过图 C-2 至图 C-5 可以看出,随着横摇阻尼的增大,不稳定区域变小。阻尼主要起耗散系统能量的作用,阻尼越大,其消耗系统能量的能力越强,如果外界输入系统的能量被阻尼“吃掉”,系统将会保持稳定。

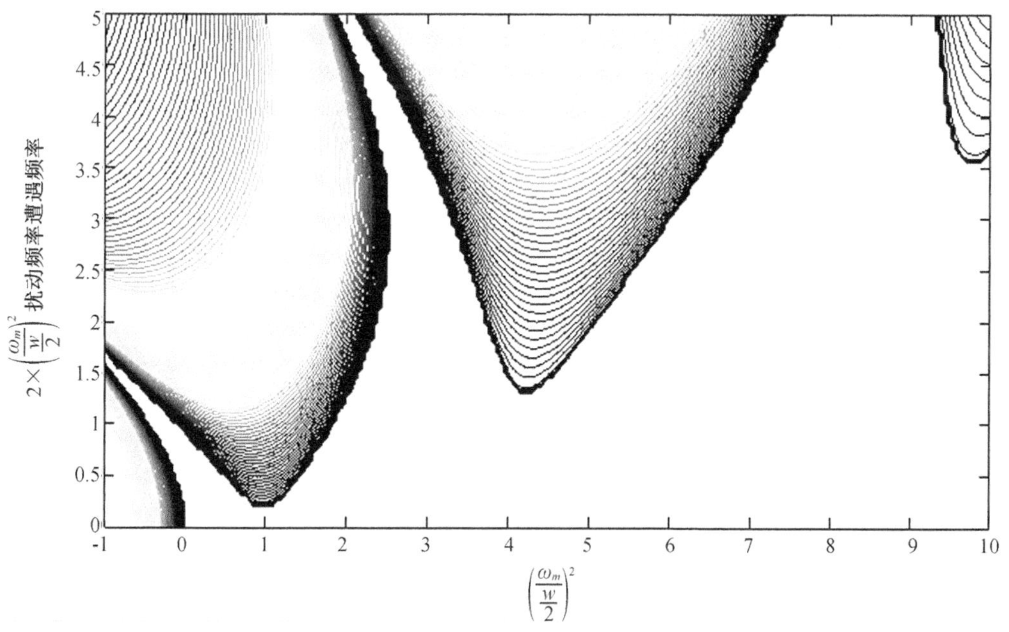

图 C-2　$\delta=0.1$ 时,马修方程解的稳定性,阴影部分为不稳定区域

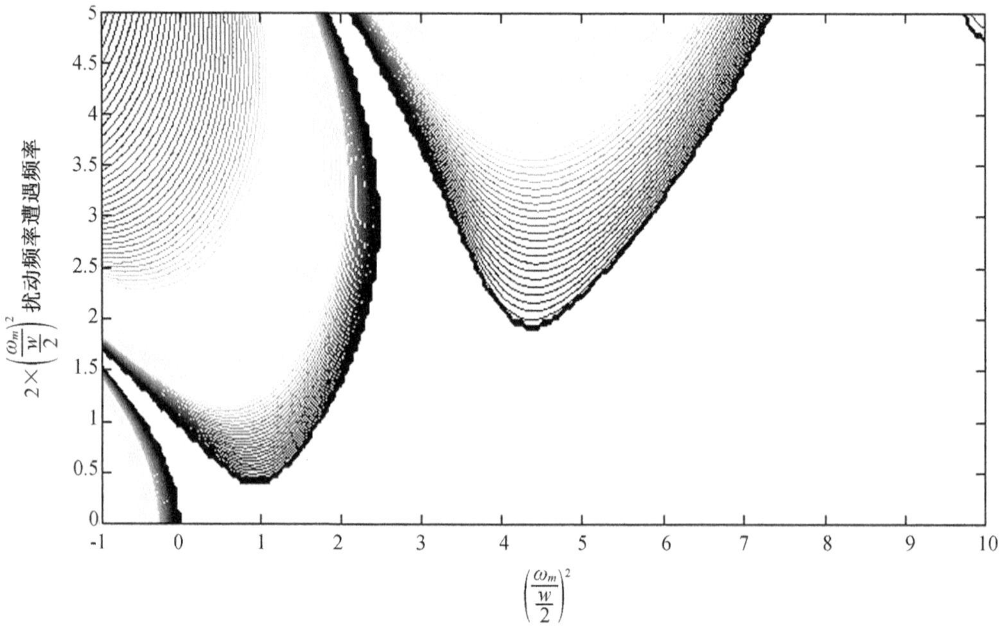

图 C-3 δ=0.2 时，马修方程解的稳定性，阴影部分为不稳定区域

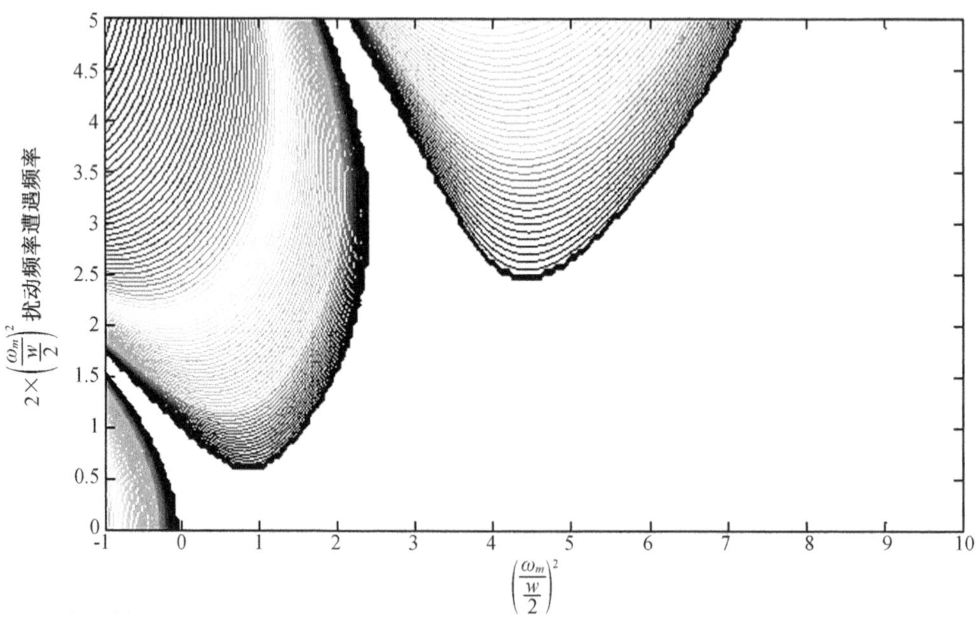

图 C-4 δ=0.3 时，马修方程解的稳定性，阴影部分为不稳定区域

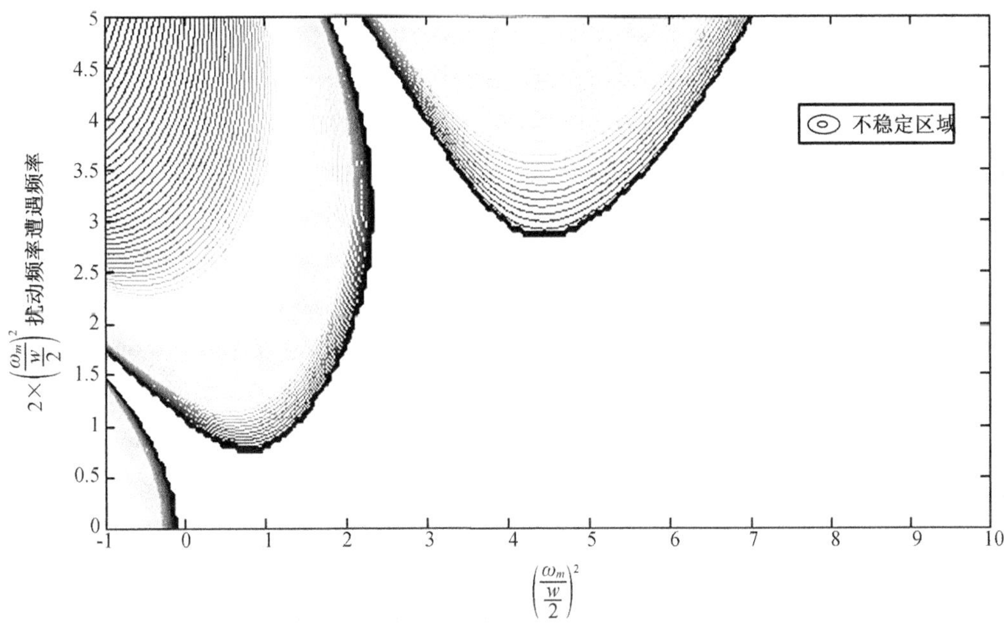

图 C-5 $\delta=0.38$ 时,马修方程解的稳定性,阴影部分为不稳定区域

参考文献

[1] 刘雪梅. 船舶原理[M]. 哈尔滨:哈尔滨工程大学出版社,2004.

[2] 盛振邦. 船舶静力学[M]. 北京:国防工业出版社,1979.

[3] RAWSON K J, TUPPER E C. Basic ship theory[M]. 5th ed. Oxford: Butterworth – Heinemann,2001.

[4] BIRAN A. Ship hydrostatics and stability [M]. 2nd ed. Boston: Butterworth – Heinemann,2013.

[5] EDWARD V, LEWIS. Principles of naval architecture [J]. The Society of Naval Architects and Marine Engineers. 1988.

[6] 盛振邦,刘应中. 船舶原理[M]. 上海:上海交通大学出版社,2004.

[7] 张宝吉. 船舶静力学[M]. 上海:上海交通大学出版社,2016.

[8] 卢晓平. 舰船原理[M]. 北京:国防工业出版社,2009.

[9] 杨永祥,管义锋. 船体制图[M]. 北京:国防工业出版社,2008.

[10] 林国庚. 船体结构与识图[M]. 哈尔滨:哈尔滨工程大学出版社,1996.

[11] 中国船舶工业集团公司,等. 船舶设计实用手册(总体分册)[K]. 3 版. 北京:国防工业出版社,2013.

[12] 顾敏童. 船舶设计原理[M]. 2 版. 上海:上海交通大学出版社,2001.

[13] 马坤,邹梦瑶,吕振望. 水面舰船破损稳性的概率评估方法[J]. 中国舰船研究,2016,11(6):1 –7.

[14] MACIEJ PAWLOWSKI. Subdivision and damage stability of ships [M]. Gdansk: Fundacja Promocji Przemyslu, 2004.

[15] International Maritime Organization: Subdivision and Stability, Part B of Chapter Ⅱ – 1 in the International Convention for the Safety of Life at Sea , SOLAS 1974 [S]. London:IMO,1974 .

[16] 顾民,鲁江,王志荣. IMO 第二代完整稳性衡准评估技术进展综述[J]. 中国造船,2014,55(4):185 – 193.

[17] 中国船级社,译. 国际海事组织 2008 年国际完整稳性规则(2008 年 IS 规则)及其解释性说明[S]. 北京:人民交通出版社,2009.

[18] 中华人民共和国船舶检验局. 船舶与海洋设施法定检验规则(国际航行海船法定检验技术规则,1999)[S]. 北京:人民交通出版社,1999.

[19] 中华人民共和国船舶检验局. 船舶与海洋设施法定检验规则(非国际航行海船法定检验技术规则,1999)[S]. 北京:人民交通出版社,1999.

[20] International Maritime Organization. 2009 年海上移动式钻井平台构造和设备规则(2009 年 MODU 规则)[S]. London:IMO,2009.

[21] 中国船级社.海上移动平台入级规范(2016)[S]. 北京:中国船级社,2016.

[22] MOLLAND A F. The maritime enginnering reference book[M]. Oxford: Elsevier LTD, 2008.

[23] KOBYLINSKI L, KASTNER S. Stability and Safety of Ships[J]. Elsevier LTD, Oxford, Jagric, food Chem, 2003, 51(15):4376 -4381.

[24] TUPPER E C. Introduction to Naval Architecture[M]. 4th ed. Oxford: Butterworth - Heinemann, 1982.

[25] 彭公武. 船体结构与制图[M].哈尔滨:哈尔滨工程大学出版社,2007.